产业集聚视角下中国高技术
产业创新效率及其
空间分异研究

徐　妍　著

中国财经出版传媒集团

经济科学出版社
Economic Science Press

图书在版编目（CIP）数据

产业集聚视角下中国高技术产业创新效率及其空间
分异研究／徐妍著.—北京：经济科学出版社，2017.6
ISBN 978 - 7 - 5141 - 8175 - 3

Ⅰ.①产… Ⅱ.①徐… Ⅲ.①高技术产业 - 产业
发展 - 研究 - 中国 Ⅳ.①F279.244.4

中国版本图书馆 CIP 数据核字（2017）第 142060 号

责任编辑：侯晓霞 程辛宁
责任校对：隗立娜
责任印制：李 鹏

产业集聚视角下中国高技术产业创新
效率及其空间分异研究
徐 妍 著

经济科学出版社出版、发行 新华书店经销
社址：北京市海淀区阜成路甲 28 号 邮编：100142
教材分社电话：010 - 88191345 发行部电话：010 - 88191522
网址：www. esp. com. cn
电子邮箱：houxiaoxia@ esp. com. cn
天猫网店：经济科学出版社旗舰店
网址：http://jjkxcbs. tmall. com
北京密兴印刷有限公司印装
710 × 1000 16 开 14.75 印张 200000 字
2017 年 7 月第 1 版 2017 年 7 月第 1 次印刷
ISBN 978 - 7 - 5141 - 8175 - 3 定价：38.00 元
（图书出现印装问题，本社负责调换。电话：010 - 88191510）
（版权所有 侵权必究 举报电话：010 - 88191586
电子邮箱：dbts@ esp. com. cn）

前　言

　　知识经济时代，大力发展高技术产业是中国抢占新一轮国际竞争制高点的战略性选择。然而，国内各地区的高技术产业发展绩效，特别是技术创新绩效存在明显差距，仍旧延续了"东高西低"的传统区域格局。随着高技术产业对国民经济增长的带动作用日益凸显，其技术创新效率的空间分异会进一步加剧业已扩大的区域经济发展差距。因此，研究高技术产业技术创新效率的影响因素及其空间分异机理对加快经济增长方式转变以及构建社会主义和谐社会都具有一定的政策含义。理论和实践都表明，空间集聚是高技术产业的显著区位特征，与技术创新具有内在关联性。于是，在考察中国高技术产业技术创新效率的影响因素及其空间分异时，产业集聚是一个无法回避的前提和切入点。本书正立足于此，借鉴空间经济学和创新经济学的相关理论，构建了高技术产业集聚创新分析框架，以此揭示从产业集聚到产业技术创新效率空间分异的实现机理，在此基础上，运用随机前沿分析、主成分分析、传统增长收敛性判别以及空间统计分析等方法实证检验了产业集聚对中国高技术产业技术创新效率及其空间分异的影响。

　　在中国经济转型和对外开放背景下，高技术产业集聚动因既包括具有创新创业精神的企业家、缄默知识溢出本地化、产业垂直关联效应、区域创新资源优势等一般因素，也包括外商直接投资和政府作用等符合中国现实的特殊因素。通过产业集聚自组织机制，这些驱动因素又进一步衍生出广义资本积累、知识本地溢出和创新环境优化三种集聚效应，从而对高技术产业技术创新效率及其空间分异产生影响。为检验这一理论框架的适用性，本书基于 1997~2011 年中国 28 个省域（不包含西藏、青海和新疆以及港澳台地区）的面板数据，实证分析了高技术产业集聚对其区域技术创新效率的提升、分异作用，结论显示，其一，物质资本与企业家资本的交互作用对创新效率提升具有"1 + 1 > 2"的影响效果，但物质资本与劳动型人力资本只有相互匹配才能显著提升创新效率；其二，外资研发、国外技术引进、大学研发以及技术消化吸收能力等知识溢出因素都有利于提升创新效率，但以国内技术购买为渠道的知识溢出却发挥反向作用，技术消化吸收能力薄弱使其对各渠道知识溢出的促进作用未充分显现；其三，技术市场化和国内外市场的新产品消费潜力、本地同业竞争以及生产性服务业发展都有利于提升创新效率，但政府支持的促进作用不显著；其四，创新环境优化效应和各集聚效应的交互作用对全国各省域创新效率差异的贡献最大，知识本地溢出效应和创新环境优化效应对东部各省域创新效率差异的贡献最大，各集聚效应的交互作用对中部各省域创新效率差异的贡献最大，知识本地溢出效应和各集聚效应的交互作用对西部各省域创新效率差异的贡献最大；其五，东、中、西部地区的组间效率差距以及东部地区的组内效率差距是全国总体效率差距的主要构成，仅全国和中部地区存在省域创新效率的绝对 β 收敛，但全国和东、中、西部地区都存在省域创新效率的条件 β 收敛，就全国而言，各省域创新效率呈现"高—高"邻近、"低—低"邻近的空间正关联模式，印证了中国高技术产业技术创新效率存在"东高西低"两大俱乐部收敛。

本书的可能创新点体现为：在规范分析方面，现有文献在选取高技术产业技术创新效率的影响因素时缺乏一定的系统性，本书则尝试将产业集聚引入分析框架，通过梳理高技术产业集聚动因归纳出广义资本积累、知识本地溢出和创新环境优化三条影响路径，从而使分析结论更具系统性；在实证分析方面，一是现有文献在处理产业集聚效应的时间滞后性时通常采用滞后一期的做法，本书则借助面板 Granger 因果检验将相关变量设为滞后四期，从而使分析结论更具客观性，二是现有文献在考察区域高技术产业技术创新效率差异变动趋势时大都采用变异系数等简易指标，本书则综合运用传统增长收敛性判别、空间相关性判别等方法进行考察，从而使分析结论更具稳健性。

目　录

第一章 引　言

第一节　问题提出

知识经济时代，大力发展高技术产业已成为中国抢占新一轮国际竞争制高点的战略性选择。与传统的中低技术产业相比，高技术产业一方面注重以研发为基础的技术创新，另一方面又表现出空间集聚的区位特征。那么，以高技术产业为载体，在产业集聚与产业技术创新之间是否存在某种内生关联？若存在，这种关联是否有助于破解中国高技术产业技术创新效率"低端锁定"的困局？这些思考正是本书选题的基本出发点。

一、学术研究存在的不足

目前，国内学者已对高技术产业技术创新、集聚和两者关联性进行了广泛研究，但本书通过文献梳理发现，现有研究仍存在一些有待完善的地方。

第一，伴随现代生产效率理论的引入和推广，国内学者对高技术产业技术创新问题的研究重点逐渐由创新能力、绩效转向创新效率，其中，从行业维度考察高技术产业技术创新效率的文献往往忽略"空间因素"，但任何产业发展都离不开现实的地理载体，同一产业在不同区域的运行绩效总会存在差异，在中国区域经济发展差距"居高不下"的背景下，从区域维度考察高技术产业技术创新效率可能会有更好的政策含义。然而，这部分文献在考察区域产业技术创新效率的影响因素时都未涉及产业集聚，对区域产业技术创新效率差异的动态演化及其驱动机制也存在进一步研究的空间。

第二，国内有关区域技术创新效率的文献较多，但这类文献界定的区域技术创新活动不仅包括商业化导向的产业技术创新，还包括大学、科研院所等非营利性机构的技术创新，笼统地研究区域技术创新效率可能无法准确反映出区域内某一产业技术创新系统的运行绩效。此外，在当前国内大学和科研院所"只研不发"以及产学研协同创新不显著的背景下，以企业为主要创新主体的产业技术创新系统对增强区域经济可持续发展后劲将产生更为重要的影响。进一步考虑到高技术产业的研发强度、创新频率都明显高于其他产业，对区域技术创新能力提升的带动作用更强，因此，围绕区域高技术产业技术创新效率问题进行探讨更富于理论和现实意义。

第三，产业集聚已不是一个新论题，自新古典经济学鼻祖马歇尔率先对产业集聚展开论述之后，国外学者相继建立了多种理论对"产业集聚何以发生"进行阐释，但以往研究中的"产业"大都泛指工业或制造业，并未特别突出产业技术特性对产业集聚机理的影响。那么，高技术产业与传统的中低技术产业在集聚机理方面是否存在不同？高技术产业集聚的特殊性体现在哪些方面？这些方面是否又将导致高技术产业技术创新效率空间分异？探讨这些问题有助于拓展高技术产业集聚及其技术创新效率的相关研究。

第四，以产业集群为视角研究技术创新的国内外文献已十分丰富，但这类文献侧重于论述网络学习机制对集群内部创新优势形成的作用，较少探讨不同产业集群在技术创新系统运行方面的差异。此外，国内学者在提及产业集群时，多指东部沿海发达地区具有"块状经济"特点的传统产业区以及由政府主导形成的各类工业园区、经济技术开发区等。

由于这些产业集群涉及的地理空间较小，以其为基础的研究也较难反映出更大区域层面，如省域的产业技术创新问题。伴随高技术产业发展对省域经济增长的带动作用日益显著，从中宏观的产业集聚视角对高技术产业技术创新效率问题进行研究，能够为优化产业生产力布局、促进区域经济协调发展的政策设计提供一定的理论依据。

二、现实发展引发的思考

中国高技术产业的发展起步于 20 世纪八九十年代，随着一系列国家科技计划的实施以及各类高新技术开发区的建立，中国高新技术产业化进程不断加快，产业技术创新活动日益活跃。按 1997 年不变价计算，1997~2011 年，中国高技术产业总产值从 5971.63 亿元增至 69632.41 亿元，增长了 10.7 倍，年均增长率为 19.2%；同期，新产品产值从 1084.79 亿元增至 16896.26 亿元，增长了 14.6 倍，年均增长率为 21.7%，在增幅和增速上都领先于高技术产业的一般性生产活动①。此外，中国高技术产业的研发活动也发展迅速，1997~2011 年，企业办研发机构数从 1680 个增至 5941 个，专利申请量从 713 件增至 101267 件，分别增长了 2.6 倍和 141.0 倍。然而，技术创新规模扩大并不必然意味着技术创新效率提升。目前，中国仍处于国际分工价值链的低端，主要充当"组装加工车间"的角色，同时国内创新创业型人才比较匮乏，研发经费投入强度也长期处于较低水平。因此，中国高技术产业技术创新效率还较低，缺乏规模效益，技术创新资源利用主要表现为低研发—低转化模式（肖仁桥等，2012③）。

另一方面，中国高技术产业技术创新效率的区域差异也较明显。简单而言，若以新产品产值与新产品开发经费之比反映产品创新绩效，

---

①② 根据 2002 年和 2012 年《中国高技术产业统计年鉴》的相关数据计算得出。

③ 肖仁桥，钱丽，陈忠卫. 中国高技术产业创新效率及其影响因素研究 [J]. 管理科学，2012，25（5）：85-98.

2011 年，东、中、西部地区的绩效值分别为 12.59、8.34 和 10.01，单位新产品开发项目产生的新产品产值分别为 3799.66 万元、1649.35 万元和 1589.48 万元；若以研发内部经费支出与专利申请量之比代表研发创新成本，从而间接反映研发创新绩效，2011 年，东、中、西部地区的成本值分别为 137.52 万元/项、152.58 万元/项和 199.78 万元/项[①]。显然，东部地区的产品、研发创新表现都优于中、西部地区。

中国高技术产业的空间集聚态势也较显著。按当年价计算，2011 年，东部地区的高技术产业产值占全国总产值的比重为 81.7%，在电子及通信设备制造业、电子计算机及办公设备制造业上的规模优势更突出，相应比重分别为 87.5% 和 91.4%[②]。实际上，东部地区的高技术产业技术创新活动也相对活跃。2011 年，东部地区的新产品开发项目数为 48954 项，分别为中、西部地区的 5.66 倍、5.44 倍；发明专利申请数为 47832 件，分别为中、西部地区的 11.82 倍、20.41 倍[③]。

至此，本书不禁思考，如何破解中国高技术产业技术创新效率"低端锁定"的困局？产业技术创新效率的影响因素有哪些，这些因素对不同区域的高技术产业是否存在差异化影响？本书认为，高技术产业集聚不仅是生产活动的集聚，更是创新活动的集聚，两类活动的集聚区位通常保持一致，因为当研发部门和生产部门地理邻近时，新想法、新思路能更好地在部门之间传递和衔接，从而降低创新风险和交易成本，进一步增进创新成功的机会和概率。可以说，空间集聚和技术创新以高技术产业为载体实现了"天然的"内生耦合。基于此，在考察高技术产业技术创新效率的影响因素及其区域差异的演化机理时，产业集聚是一个无法回避的前提和切入点。实际上，美国硅谷、印度班加罗尔以及中国台湾新竹等高技术产业集聚区的成功发展经验表明，产业集聚化、企业集群化对区域高技术产业技术创新效率具有

---

①②③ 根据 2012 年《中国高技术产业统计年鉴》的相关数据计算得出。

重要影响。

三、选题及其意义

基于学术研究存在的不足以及现实发展引发的思考，本书决定以"产业集聚视角下中国高技术产业创新效率及其空间分异"作为研究主题。

如前所述，目前，国内有关技术创新效率的研究或从区域创新系统整体出发，从而缺乏细致的产业维度视角，或忽视高技术产业的空间集聚特征，致使对产业技术创新效率影响因素的考察缺乏系统性。因此，本书尝试将产业集聚与高技术产业技术创新效率相结合进行研究，以期为丰富这一领域的学术成果贡献绵薄之力。另一方面，中国高技术产业发展正处于向创新驱动型转变的关键期，同时各大经济区的增长差距尚未明显缓解，在此背景下，研究中国高技术产业技术创新效率的影响因素及其空间分异机理将具有现实紧迫性，于是，本书也希望为相关政府部门解决上述问题提供一定的决策依据和措施建议，从而有助于打破中国高技术产业技术创新效率"低端锁定"的长期困境，同时促进各地区经济协调发展以实现中国社会主义和谐社会建设向前推进。

第二节 研究对象界定

清楚界定研究对象是开展一项研究任务的起点和基础。从标题看，本书的研究任务是以中国高技术产业为载体，试图厘清产业集聚对区域产业技术创新效率的影响机理及效果。因此，高技术产业、产业集聚以及产业技术创新及其效率是本书的核心关键词，必须首先对它们加以界定。

一、高技术产业

目前，国际公认的高技术产业划分标准主要依据研发强度（研发经费占工业总产值或增加值的比重）将高技术产业划分为航空航天器制造，医药制造，办公、会计和计算机设备制造，广播、电视和通信设备制造以及医疗、精密和光学仪器制造五类行业①。结合国内产业技术发展现状，中国国家统计局将研发强度在制造业平均水平—倍以上的行业划入高技术产业的统计范围，具体内容如表 1 - 1 所示。

表 1 - 1　　　　中国高技术产业统计分类目录

代码	行业名称	代码	行业名称
253	核燃料加工	3684	医疗、外科及兽医用器械制造
2665	信息化学品制造	3685	机械治疗及病房护理设备制造
27	医药制造业	3686	假肢、人工器官及植（介）入器械制造
2710	化学药品原药制造	3689	其他医疗设备及器械制造
2720	化学药品制剂制造	376	航空航天器制造
2730	中药饮片加工	3761	飞机制造及修理
2740	中成药制造	3762	航天器制造
2750	兽用药品制造	3769	其他飞行器制造
2760	生物、生化制品的制造	40	通信设备、计算机及其他电子设备制造业
2770	卫生材料及医药用品制造	401	通信设备制造
368	医疗仪器设备及器械制造	4011	通信传输设备制造
3681	医疗诊断、监护及治疗设备制造	4012	通信交换设备制造
3682	口腔科用设备及器具制造	4013	通信终端设备制造
3683	实验室及医用消毒设备和器具的制造	4014	移动通信及终端设备制造

---

① Martin Schaaper. OECD 划分高技术产业、测度 ICT 和生物技术产业的方法 [J]. 科技管理研究，2005（12）：60 - 62，78.

续表

代码	行业名称	代码	行业名称
4019	其他通信设备制造	4112	电工仪器仪表制造
402	雷达及配套设备制造	4113	绘图、计算及测量仪器制造
403	广播电视设备制造	4114	实验分析仪器制造
4031	广播电视节目制作及发射设备制造	4115	试验机制造
4032	广播电视接收设备及器材制造	4119	供应用仪表及其他通用仪器制造
4039	应用电视设备及其他广播电视设备制造	412	专用仪器仪表制造
404	电子计算机制造	4121	环境监测专用仪器仪表制造
4041	电子计算机整机制造	4122	汽车及其他用计数仪器制造
4042	计算机网络设备制造	4123	导航、气象及海洋专用仪器制造
405	电子器件制造	4124	农林牧渔专用仪器仪表制造
4051	电子真空器件制造	4125	地质勘探和地震专用仪器制造
4052	半导体分立器件制造	4126	教学专用仪器制造
4053	集成电路制造	4127	核子及核辐射测量仪器制造
4059	光电子器件及其他电子器件制造	4128	电子测量仪器制造
406	电子元件制造	4129	其他专用仪器制造
4061	电子元件及组件制造	4141	光学仪器制造
4062	印制电路板制造	4154	复印和胶印设备制造
407	家用视听设备制造	4155	计算器及货币专用设备制造
4071	家用影视设备制造	4190	其他仪器仪表的制造及修理
4072	家用音响设备制造	621	公共软件服务
409	其他电子设备制造	6211	基础软件服务
411	通用仪器仪表制造	6212	应用软件服务
4111	工业自动控制系统装置制造	405	电子器件制造

资料来源：根据中国国家统计局网站的相关资料绘制。

本书的"高技术产业"主要指《中国高技术产业统计年鉴》涉及的医药制造业、航空航天器制造业、电子及通信设备制造业、电子计算机及办公设备制造业以及医疗设备及仪器仪表制造业，对核燃料加工、信息化学品制造以及公共软件服务等缺乏统计数据或不属于制造业范畴的高技术行业暂不考虑。

二、产业集聚

在描述经济活动的地理集中现象时，集聚和集群是一对经常被使用的概念。"集聚"（agglomeration）一词最早由阿尔弗雷德·韦伯（Alfred Weber，1909）使用，以概括 19 世纪下半叶德国工业企业的生产地方化现象。20 世纪 90 年代，美国管理学权威迈克尔·波特（Michael E. Porter，1990）又提出"集群"（cluster）一词①，以指代硅谷、第三意大利等新产业区的中小企业地理邻近现象。实际上，两者的差别之处主要体现在邻近事物的关联强度和方式上，如《牛津高阶英汉双解词典》对"集聚"的释义为杂乱聚集的团、块、堆（a group of things together in no particular order or arrangement），对"集群"的释义为同类物丛生或聚集的簇、团、束、串（a group of things of the same type that grow or appear close together），由此看出，集聚事物不如集群事物那样关联紧密、有序。有学者指出，"集聚只是一种'物理'集中、'形聚而神不聚'，集群则是类似于生物有机群落的企业综合体，前者是后者的初级阶段，后者则是前者的理想前景"②。也有学者认为，集聚和集群都以地理邻近为前提，但集群更强调相关企业、机构的组织邻近③，是在某一

---

① 也有少数国内学者将"cluster"译为"簇群"，本书则采用大多数学者的译法，即"集群"。

② 刘义圣，林其屏. 产业集群的生成与运行机制研究 [J]. 东南学术，2004 (6)：130 - 137.

③ 王缉慈. 产业集群和工业园区发展中的企业邻近与集聚辨析 [J]. 中国软科学，2005 (12)：91 - 98.

特定领域内相互联系、地理集中的公司和机构的集合，形成簇群的目的在于获得持久的竞争优势①。

此外，集聚与地理集中也存在区别和联系。地理集中反映了生产力布局的空间非均衡性，即产值或就业集中在少数地区，主要由资源优势、区位条件、规模经济和制度安排等因素导致。通常，产业地理集中既可对应于由少数大企业区位于个别地区而引起的生产力不均衡分布，也可对应于由大量相互联系的中小企业地理集聚而引起的生产力不均衡分布。

本书倾向于从宏、微观两个层面把握"产业集聚"的内涵。一方面，产业集聚首先表现为众多微观经济主体的区位邻近，以功能邻近为前提的产业集群是其理想的发展状态；另一方面，区域内部不同产业集聚区的形成和发展又有利于增进区域竞争优势，从而形成经济活动在较大地理空间上的不均衡分布。实际上，本书将产业集聚视为从微观产业集群到宏观产业地理集中的中间桥梁和链接纽带。

三、产业技术创新及其效率

目前，有关产业技术创新的概念界定还比较少。本书沿用庄卫民、龚仰军在《产业技术创新》（2005）一书中的表述，"产业技术创新是指以市场为导向，以企业技术创新为基础，以提高产业竞争力为目标，以技术创新在企业与企业、产业与产业之间的扩散为重点过程的从新产品或新工艺设想的产生，经过技术的开发（或引进、消化吸收）、生产、商业化到产业化整个过程一系列活动的总和"②。由此看出，产业技术创新具有丰富的概念内涵，既涉及微观的企业技术创新，也涉及宏观的产业结构升级、区际知识扩散等。

技术创新不同于一般的生产性活动，是一种产生新产品、新工艺，

---

① 迈克·E. 波特. 簇群与新竞争经济学［J］. 郑海燕译. 经济社会体制比较，2000（2）：21 -31.

② 庄卫民，龚仰军. 产业技术创新［M］. 上海：东方出版中心，2005：18.

同时面向市场、以商业化为核心导向的创造性生产活动，主要以高质量的人力资本和知识资本为投入，其产出也不局限于物质形态，还包括知识、技术和信息等非物质形态，因此，技术创新同样存在效率问题。与朱有为、徐康宁（2006[①]）以及郑坚（2008[②]）的观点相同，本书认为，技术创新效率是一种技术效率，反映了实际创新产出到生产前沿面的距离。具体而言，在创新投入一定时，实际创新产出距离生产前沿面越近，技术创新效率就越高；反之，亦然。当实际创新产出恰好位于生产前沿面上时，技术创新效率就达到最大，创新投入—产出关系相应满足如下条件之一：其一，除非增加一种或一种以上的投入或减少其他种类的产出，否则就不能再增加任何产出；其二，若减少某种投入，就必定会减少产出或需要追加另一些投入才能保持产出不变（池仁勇，2003[③]）。此外，产业技术创新效率是基于产业整体数据测算得到，只能反映出产业内企业技术创新效率的平均水平。

第三节　研究目标、内容及方法

一、研究目标

本书的研究目标是在中国对外开放和经济转型背景下探究高技术产业集聚的动因和效应，在此基础上，借鉴空间经济学和创新经济学的相关理论构建高技术产业集聚创新分析框架，以此尝试对中国高技术产业

---

① 朱有为，徐康宁. 中国高技术产业研发效率的实证研究 [J]. 中国工业经济，2006 (11)：38-45.

② 郑坚. 高技术产业技术创新效率评价的改进 DEA 方法研究 [D]. 哈尔滨：哈尔滨工业大学，2008：25-27.

③ 池仁勇. 企业技术创新效率及其影响因素研究 [J]. 数量经济技术经济研究，2003 (6)：105-108.

技术创新效率的影响因素及其空间分异机理、演化进行考察。为实现上述目标,本书设计了相应的技术路线,具体如图 1-1 所示。

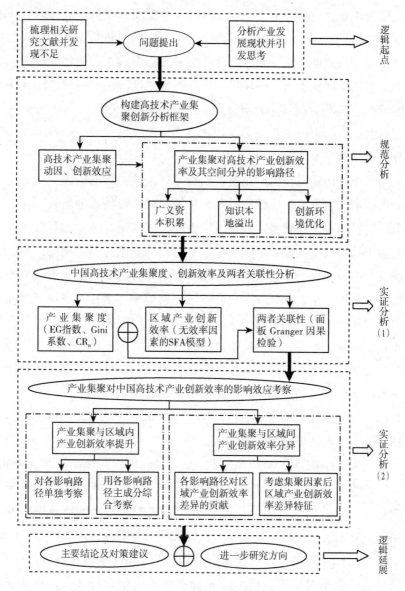

图 1-1　本书研究的技术路线

第一步，问题提出。一方面，梳理了国内外有关产业集聚与技术创新效率的关系，特别是以中国高技术产业为例的相关文献并发现，以产业集聚为切入点对高技术产业技术创新效率空间分异机理进行研究还有待加强。另一方面，浅析了中国高技术产业技术创新和生产力布局的现状并发现，产业创新活动和生产活动都显著集聚在东部地区，同时，东部地区的产业创新绩效也明显优于中、西部地区，由此引发"产业集聚与区域产业技术创新效率差异之间是否存在某种关联"的思考。鉴于此，本书最终选定以"产业集聚视角下中国高技术产业创新效率及其空间分异"作为研究主题。

第二步，构建高技术产业集聚创新分析框架。本书的研究主题是以中国高技术产业为载体，试图揭示产业集聚对产业技术创新效率及其空间分异的影响机理和效果。依据现代生产效率理论，技术创新效率在本质上属于技术效率，反映了实际创新产出到创新生产前沿面的距离。当创新生产前沿面保持不变或随技术进步发生外移时，产业集聚若能显著增加实际创新产出，就有利于提升技术创新效率。于是，要探究产业集聚如何引发产业技术创新效率空间分异，首先应明确产业集聚如何影响产业技术创新。对此，本书在借鉴空间经济学、创新经济学等理论的基础上，尝试构建高技术产业集聚创新分析框架。具体而言，首先分析了高技术产业集聚的动因和效应，由此归纳出广义资本积累、知识本地溢出和创新环境优化三条影响途径，以进一步阐释产业集聚如何影响区域高技术产业技术创新及其效率。

第三步，中国高技术产业集聚度、创新效率及两者关联性分析。在实证检验产业集聚对中国高技术产业技术创新效率及其空间分异的影响之前，应首先考察产业集聚态势、区域产业技术创新效率以及两者是否存在稳定相关性。对此，本书采用 EG 指数、Gini 系数、区域集中度等指标考察高技术产业集聚态势，基于 Battese 和 Coelli（1992）的随机前沿模型对省域高技术产业技术创新效率进行测度，在此基础上，对两者进行面板单位根、面板协整以及面板 Granger 因果关系等计量检验。

第四步，产业集聚对中国高技术产业创新效率的影响效应考察。在明确两者具有稳定相关性之后，应进一步考察产业集聚是否通过广义资本积累、知识本地溢出和创新环境优化三条路径对中国高技术产业技术创新效率及其空间分异产生影响。首先，考察产业集聚对区域内产业创新效率提升的影响，具体分为对三条路径的单独考察以及基于各路径主成分的综合考察。其次，考察产业集聚对区域间产业创新效率差异的影响，涉及考虑各路径主成分之后的省域产业创新效率测度及其差异特征再考察以及各路径主成分对区域产业创新效率差异的贡献度计算。

第五步，主要结论、政策启示和进一步研究方向。结合本书的实证分析结论，针对性地提出围绕中国高技术产业集聚化发展以及技术创新效率提升的对策建议，最后指出本书存在的不足，以明确有待进一步完善的研究方向。

二、研究内容

遵循以上研究思路，本书的章节内容安排具体如下：

第一章，引言。确定研究主题及其意义，对研究对象进行内涵界定，明确研究目标、内容及方法，最后指出研究难点与创新点。

第二章，理论回顾与文献综述。梳理了国内外有关产业集聚、技术创新效率、两者关联性以及聚焦中国高技术产业的相关文献，在此基础上，明确现有研究的进展与不足，从而为本书提供有益的理论支撑和经验佐证。

第三章，产业集聚对高技术产业技术创新效率空间分异的影响：理论框架。旨在构建高技术产业集聚创新分析框架，首先阐释了高技术产业集聚的动因和效应，由此引申出高技术产业集聚的广义资本积累效应、知识本地溢出效应和创新环境优化效应，以此揭示产业集聚对高技术产业技术创新效率及其空间分异的影响机理。

第四章，中国高技术产业集聚与技术创新效率的实证分析。对 1997 ~ 2011 年中国高技术产业集聚演进态势、省域高技术产业技术创新效率以及省域高技术产业专业化指数和技术创新效率之间的 Granger 因果关系进行测度和检验，从而为后续章节的实证分析奠定基础。

第五章，产业集聚对中国高技术产业技术创新效率空间分异的影响：经验证据。实证分析了广义资本积累效应、知识本地溢出效应和创新环境优化效应对省域高技术产业技术创新效率的影响，在利用主成分分析法得到各集聚效应主成分的基础上，进一步考察了产业集聚对省域高技术产业技术创新效率的综合影响，最后通过方差分解测算出上述三种集聚效应在导致高技术产业技术创新效率空间分异时的方差贡献度。

第六章，中国高技术产业技术创新效率空间收敛性分析。借助 Battese 和 Coelli（1995）的技术效率模型，考察了加入产业集聚因素后中国高技术产业技术创新效率的空间分异特征，主要涉及 σ 收敛、β 收敛、俱乐部收敛以及全域、局域空间相关性判别等。

第七章，结论、启示及展望。归纳本书的主要结论，在此基础上，有针对性地提出对策建议，最后指出进一步的研究方向。

三、研究方法

本书在研究过程中运用了基于面板数据的随机前沿模型、主成分分析、单位根检验、协整检验、Granger 因果检验、传统收敛性判别以及空间相关性判别等方法，具体操作则涉及 Frontier 4.1、Stata 11.0、Eviews 6.0 以及 Geoda 0.9.5-i 等软件。此外，本书在选取研究方法时还注意把握以下原则：

（1）规范分析和实证分析相结合。规范分析和实证分析是最基本的研究方法。一般而言，实证分析侧重于对研究对象进行事实性描述，规范分析则侧重于依据特定的价值标准对研究对象进行合理性评价。就本书而言，既要通过规范分析对高技术产业集聚的动因、效应以及产业集聚对高技术产业技术创新效率及其空间分异的影响机理做出理性判断，又要通过实证分析客观考察中国高技术产业集聚、技术创新效率及其空间分异的现状以及前者对后者的影响效果，由此检验规范分析的结论是否与现实相符。因此，本书对规范分析和实证分析加以综合运用。

（2）动态分析和静态分析相结合。产业集聚和产业技术创新效率空间分异都是长期、动态的演化过程，必然涉及相关变量及其交互作用的时间序列趋势，因此，有必要采用动态分析方法进行研究。另外，产业集聚和产业技术创新效率空间分异都与经济活动的区域不均衡性密切相关。由于本书的截面样本涉及中国 28 个省域，不同省域之间以及东、中、西部地区之间在高技术产业集聚水平、创新绩效等方面都存在较大差距，因此，深入剖析特定时点上高技术产业发展的"静态"区域差异，对全面探究产业集聚对产业技术创新效率的影响效果是必要和有益的。因此，本书对动态分析和静态分析加以综合运用。

（3）宏观分析和微观分析相结合。考虑到统计数据可得性，本书对中国高技术产业集聚、技术创新效率及其区域差异的实证分析只能在省域和东、中、西部地区等宏观层面上展开。此外，区域产业创新绩效差异分析本身就属于一项宏观研究。因此，本书必然带有较浓的宏观基调。然而，产业集聚和区域产业技术创新都离不开企业的区位选择、创新决策等微观行为以及企业与其他相关企业、辅助机构之间的交互作用，这就要求本书在规范分析产业集聚对高技术产业技术创新效率及其空间分异的影响机理时，有必要从微观视角对集聚创新主体的行为模式以及与此相关的资本积累、知识溢出、环境优化等效应进行分析，以合理把握区域内、区域间的集聚创新效应。因此，本书对宏观分析和微观分析加以综合运用。

第四节　难点与可能的创新点

本书的难点主要体现为：首先，创新效率是一个相对概念，对其内涵界定和测度方法的不同都会产生不同的创新效率值，因此，如何理解技术创新效率并由此构建产业集聚影响高技术产业技术创新效率及其空间分异的理论分析框架是本书的最大难点。对此，本书借鉴现代生产效率理论，将技术创新效率界定为技术效率，反映了实际创新产出到创新生产前沿面的距离，该距离越小意味着技术创新效率越高。当创新生产前沿面保持不变时，产业集聚若能增加实际创新产出就能提高技术创新效率；即便创新生产前沿面随技术进步发生外移，只要产业集聚引起的实际创新产出增加大于前沿面外移幅度，产业集聚也能提高技术创新效率。沿着这一思路，产业集聚对区域高技术产业技术创新效率的作用机理就可从产业集聚如何影响区域高技术产业技术创新产出这一角度进行阐述。其次，在厘清产业集聚如何促成高技术产业技术创新效率空间分异之后，合理设计实证分析路径是本书的又一难点。对此，本书以中国高技术产业为例，先对产业集聚和区域产业技术创新效率的关联性进行分析，在此基础上，进一步检验产业集聚因素对区域产业技术创新效率是否具有影响以及这种影响在不同区域之间是否存在差异，以此检验产业技术创新效率空间分异的集聚机制。最后，将产业集聚因素加入效率测度模型以考察中国高技术产业技术创新效率的空间分异态势。

本书的可能创新点主要体现为：在规范分析方面，尽管现有文献在测算中国高技术产业技术创新效率时已兼顾考察了多种效率因素，但这些因素的选取往往"仁者见仁，智者见智"，本书的"进步之处"在于，尝试将产业集聚这一高技术产业的显著区位特征引入分析框架，在梳理高技术产业集聚动因和效应的基础上，归纳出广义资本积累、知识本地溢出和创新环境优化三条影响路径，从而系统性地阐释从产业集聚到区

域高技术产业技术创新效率提升、分异的实现机理。在实证分析方面，
首先，现有文献在处理产业集聚效应的时间滞后性问题时，通常"约定
俗成"地采用滞后一期的做法，本书的"进步之处"在于，通过面板
Granger 因果检验发现，产业集聚对高技术产业技术创新效率的影响从第
四年开始显现，据此更客观地将相关变量指标设定为滞后四期；其次，
现有文献在考察区域高技术产业技术创新效率差异变动趋势时，大都采
用变异系数等简易指标，本书的"进步之处"在于，综合运用传统增长
收敛性判别、空间相关性判别等方法进行全面考察，从而保证了分析结
论的稳健性。

第二章　理论回顾与文献综述

　　本书的研究任务是以中国高技术产业为例，试图厘清产业集聚与产业技术创新效率及其区域差异的关系。在梳理文献时，首先对产业集聚、技术创新的基本理论进行了简要回顾，其次对产业集聚与技术创新效率的关系以及中国高技术产业集聚、技术创新效率及两者关联性的研究进行了系统梳理，以明确现有文献的进展与不足，从而为本书研究提供有益的理论支撑和经验借鉴。

第一节　基本理论回顾

一、新古典微观区位论

　　在微观层面上，产业集聚表现为某一产业或关联产业的众多企业"扎堆"在同一区位。因此，企业区位选择是产业集聚分析的逻辑起点，与此密切相关的当属新古典微观区位论，主要以韦伯、霍特林等人的理论为代表。

（一）工业集聚"纯"理论①

最先对工业集聚问题展开研究的是阿尔弗雷德·韦伯（Alfred Weber），他在《工业区位论》（1909）一书中将区位因素定义为"经济活动发生在某个（些）特定点，而不是发生在其他点所获得的成本节约优势"②，同时围绕运输成本、劳动力成本和集聚因素探讨了工业区位结构的形成和变化。

在原料地和消费地固定以及劳动力不可流动的前提下，韦伯假设各企业生产都定位于区位多边形中运输成本最小点上，随后，只要劳动力成本的减少以及位置更有利的新原料地所引发的运输成本减少之和足以抵消区位偏离成本，各企业就将生产区位从运输成本最小点移向劳动力成本优势点，从而使生产区位网络由运输成本指向转为劳动力成本指向。这一过程往往存在大多数企业在某个（些）原料地、消费地或劳动力成本优势点附近集中生产的情况。

在韦伯看来，集聚理论"不讨论由其他指向原因导致的生产地方集中化"，"只研究作为集聚因素必然结果的'纯'的或'技术'的集聚"③。他的"纯"理论分析主要涉及两个问题：第一，集聚何时发生，"集聚中心的形成以及单个生产单元在该中心的集聚依赖两个条件：一是与假定的集聚单元相联系的临界等运费线的交叉部分存在，二是在这些交叉部分中必须达到一定的生产量。当这些条件满足时，单个生产单元将发生集聚，这种集中化影响生产复合体的任何部分"④；第二，集聚何地发生，临界等运费线交叉部分中的每个点都是可能的集聚点，但真

---

① 多数学者将韦伯划入古典区位论的历史范畴，认为新古典区位论以克里斯塔勒（1933）为开端。本书之所以与其他学者不同，一是考虑到韦伯是在新古典学派出现之后提出的工业区位论，二是参考了高进田（2007）的划分方法，具体内容参见：高进田.区位的经济学分析［M］.上海：上海人民出版社，格致出版社，2007：32.

② ［德］阿尔弗雷德·韦伯.工业区位论［M］.李刚剑等译.北京：商务印书馆，2010：36.

③ ［德］阿尔弗雷德·韦伯.工业区位论［M］.李刚剑等译.北京：商务印书馆，2010：138.

④ ［德］阿尔弗雷德·韦伯.工业区位论［M］.李刚剑等译.北京：商务印书馆，2010：140.

正的集聚中心必须使参与集聚的各生产单元的运输成本总和最小，如图2-1中的 A 点；若出现某一生产单元的等运费线与周边生产单元的等运费线存在多个交叉部分，则该生产单元将选择离其运输成本最小点最近的那个集聚中心，如图2-2 中的 A_2 点。

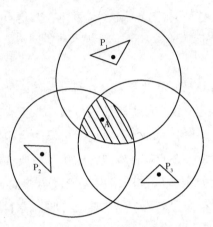

图 2-1　多个生产单元的集聚中心

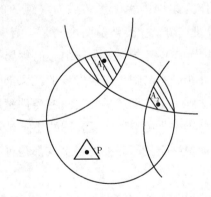

图 2-2　单个生产单元的集聚中心

具体地，韦伯将工业集聚因素总结为四个方面：第一，生产技术的不可分性和专业化发展产生了技术集聚倾向，从而使主工厂与辅助车间相互邻接；第二，灵活、新颖的劳动力组织能够满足工业集聚对熟练技术工人的大规模市场需求；第三，区域生产规模扩大既降低了单个工厂采购原材料的价格和风险，又会形成统一的产品市场以吸引更多的消费者亲临购买；第四，对公共基础设施的共享降低了单个工厂的生产经营成本。他还指出，工业区位的最终状况是集聚力和分散力的综合作用结果。在集聚力居主导时，工业区位呈现集聚倾向；随着集聚规模扩大，土地需求也相应增大，并引发地租和工资大幅上涨，从而削弱了集聚的成本节约优势，一旦分散力强化到足以超过集聚力时，工业区位就呈现分散倾向。

（二）企业区位依存论

市场交易的发生必然涉及空间成本，特别是运输成本，从而使单个供给者对靠近它的众多需求者产生一定的市场垄断力。然而，"一旦承认了厂商有能力影响价格这一基本事实，自然就不得不承认厂商改变价格经常会招致其他厂商的报复"[①]。哈罗德·霍特林（Harold Hotelling）最先对价格、区位同时变化条件下竞争厂商之间的市场区划分问题进行了研究，他在《竞争的稳定性》（1929）一文中反复强调空间因素对单个厂商形成市场垄断地位的重要性，单个厂商的产品销量是自身价格与竞争对手价格的连续函数[②]。因此，价格略微上涨只会使厂商失去部分消费者，而非如伯川德（Bertrand，1883）和埃奇沃思（Edgeworth，1925）所言的突变至零[③]，从而使市场均衡状态可能出现多个出清价格。

---

① ［美］沃尔特·艾萨德. 区位与空间经济：关于产业区位、市场区、土地利用、贸易和城市结构的一般理论［M］. 杨开忠等译. 北京：北京大学出版社，2011：142.

② Hotelling H.. Stability in Competition［J］. The Economic Journal，1929，39（1）：41－57.

③ 伯川德（Bertrand，1883）和埃奇沃思（Edgeworth，1897）都认为，在古诺均衡中，每个厂商都有激励通过小幅降价来夺取对方的全部市场份额，以试图将其赶出市场。如此一来，双方难免陷入持续降价的恶性循环，直至各自的生产利润为零。具体参见：Bertrand J.. Théorie mathématique de la richesse sociéte［J］. Journal des Savants，1883：499－508；Edgeworth F. Y.. Papers Relating to Political Economy，Vol. 1［M］. London：Macmillan，1925：116－126.

为证明空间竞争均衡的多重性，霍特林构建了一个不同于前人点状市场的线形市场模型。具体而言，消费者均匀分布于一个长度为 l 的线形市场中，单位长度的市场需求量为 1、产品运输费为 t；消费者是否购买产品只取决于出厂价与运输费之和，与其他条件无关；市场中只存在两个厂商 A 和 B，生产成本都为零，分别到线形市场两端的距离为 a、b 且 $a+b \leqslant l$，如图 2-3 所示。那么，厂商 A、B 将如何确定最优出厂价 p_1^*、p_2^* 以及最佳市场区位 a^*、b^*？

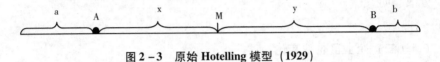

图 2-3 原始 Hotelling 模型（1929）

第一步，确定市场范围临界点 M。在 M 点，消费者到厂商 A、B 的距离分别为 x、y，并对其产品无偏好差异，即 $p_1 + tx = p_2 + ty$。由于 $a+x+b+y=l$，故得出：$x=[l-a-b+(p_2-p_1)/t]/2$，$y=[l-a-b+(p_1-p_2)/t]/2$。

第二步，求解市场出清状态（p_1^*，p_2^*；q_1^*，q_2^*；π_1^*，π_2^*）。由于假设市场需求完全刚性以及购买意愿只受价格影响，故厂商 A、B 的产品销量 q_1、q_2 分别为 $a+x$ 和 $b+y$，从而 $\pi_1=p_1q_1=(l+a-b)/2p_1-p_1^2/2t+p_1p_2/2t$，$\pi_2=p_2q_2=(l-a+b)/2p_2-p_2^2/2t+p_1p_2/2t$，根据利润最大化的一阶、二阶条件得出：$p_1^*=t[l+(a-b)/3]$，$p_2^*=t[l-(a-b)/3]$；$q_1^*=[l+(a-b)/3]/2$，$q_2^*=[l-(a-b)/3]/2$；$\pi_1^*=t[l+(a-b)/3]^2/2$，$\pi_2^*=t[l-(a-b)/3]^2/2$。若 $a \neq b$，则 $p_1^* \neq p_2^*$、$q_1^* \neq q_2^*$、$\pi_1^* \neq \pi_2^*$。换言之，若两厂商能保持一定的空间距离，它们就可拥有独立的市场垄断力以制定不同的出清价格，从而印证了存在多重市场均衡的可能性。

第三步，选择最佳市场区位（a^*，b^*）。不难看出，$\partial\pi_1^*/\partial a>0$ 和 $\partial\pi_2^*/\partial b>0$ 意味着，两厂商都有激励向彼此靠近。这是因为，当厂商 B 固定，厂商 A 向右移动直至紧靠在厂商 B 的左边时，厂商 A 会有利可图①；反之，厂商 B 则有利可图。最终，"两厂商将同时位于线形市场的中心，更严谨地讲，一厂商在中心而另一厂商紧邻其某一侧"②。此时，$a^* = b^* = 1/2$，市场出清状态则类似于古诺均衡，只要两厂商都采取分享市场的合作定价策略以制定统一出厂价，市场需求完全刚性的假设就可保证利润空间充分大，从而使它们"集聚"于市场中心的均衡状态具有稳定性。

尽管该模型的若干假设被不断放宽以贴近现实（Lerner & Singer, 1937③；Chamberlin, 1938④；Smithies, 1941⑤；Ackley, 1942⑥），但原始模型和拓展模型始终保留着"竞争性企业市场关联"的根本前提，以原始 Hotelling 模型为例，必然得出 $\partial \pi_2^*/\partial a < 0$ 和 $\partial \pi_1^*/\partial b < 0$，即一厂商向其竞争对手靠近以试图增大自身利润通常是以对方利润减小为代价的，具有明显的负外部性特征，从而违背了集聚经济的正外部性本质。

二、集聚外部性理论

产业集聚是由集聚企业共同决定的外部经济，但新古典微观区位论或将集聚经济视为企业区位决策的外生影响因素，或与集聚经济的正外部性相悖，从而无法真正触及产业集聚机理的内核。与此不同，由马歇

---

① 若从较短的市场一侧靠近 B，A 不仅无法获得最大利润，还会发现越过 B 并紧靠在其另一侧将更有利。

② ［美］沃尔特·艾萨德. 区位与空间经济：关于产业区位、市场区、土地利用、贸易和城市结构的一般理论［M］. 杨开忠等译. 北京：北京大学出版社，2011：144.

③ Lerner A. P. , Singer H. W. . Some Notes on Duopoly and Spatial Competition［J］. Journal of Political Economy, 1937, 45 (2)：145 - 186.

④ Chamberlin E. . The Theory of Monopolistic Competition：A Re-orientation of The Theory of Value［M］. Cambridge MA：Harvard University Press, 1938, 3rd edition, Appendix C.

⑤ Smithies A. . Optimum Location in Spatial Competition［J］. Journal of Political Economy, 1941, 49 (3)：423 - 439.

⑥ Ackley G. . Spatial Competition in a Discontinuous Market［J］. Quarterly Journal of Economics, 1942, 56 (2)：212 - 230.

尔开启的外部经济理论始终强调，产业集聚是由外部规模经济导致。自此，有关产业集聚机理的理论研究得到广泛、深入的发展。

（一）新古典学派[①]

对产业集聚现象的分析始于新古典学派的代表人物阿尔弗雷德·马歇尔（Alfred Marshall），他在《经济学原理》（1890）一书中初步论述了产业集聚的形态、起源和利益等内容。马歇尔将许多性质相似的小企业集中于特定地方的现象称为地方性工业，并指出气候和土壤的性质、在附近地方的矿山和石坑、水陆交通的便利等自然条件以及宫廷贵族对高品质货物的大量需求是引起地方性工业的主要原因[②]。实际上，马歇尔对产业集聚研究的最大历史贡献在于，他对地方性工业利益的阐述，具体内容如下[③]：

当一种工业已这样选择了自己的地方时，它是会长久设在那里的：……行业的秘密不再成为秘密；……机械上以及制造方法和企业的一般组织上的发明和改良之成绩，得到迅速的研究：如果一个人有了一种新思想，就为别人所采纳，并与别人的意见结合起来，因此，它就成为更新的思想之源泉。不久，辅助行业就在附近地方产生了，供给上述工业以工具和原料……

在同一种类的生产的总量很大的区域里，即使用于这个行业的个别的资本不很大，高价机械的经济使用，有时也能达到很高的程度。……虽然这种机械的原价也许很高，折旧率也许很大，但也能够本。

---

① 这里指狭义的新古典学派，即 19 世纪末至 20 世纪二三十年代以马歇尔为代表，以边际效用价值论和边际分析方法为特征的英国经济学派，由于成员大都出身于剑桥大学，也被称为剑桥学派。具体内容参见：胡代光，高鸿业主编. 现代西方经济学词典 [M]. 北京：中国社会科学出版社，1996：27.

② ［英］阿尔弗雷德·马歇尔（1890）. 经济学原理（上）[M]. 朱志泰译. 北京：商务印书馆，2010：280 – 283.

③ ［英］阿尔弗雷德·马歇尔（1890）. 经济学原理（上）[M]. 朱志泰译. 北京：商务印书馆，2010：284.

地方性工业因不断地对技能提供市场而得到很大的利益。雇主们往往到他们会找到他们所需要的有专门技能的优良工人的地方去；同时，寻找职业的人，自然到有许多雇主需要像他们那样的技能的地方去，因而在那里技能就会有良好的市场……

马歇尔认为，上述利益都是产业集聚外部性的具体表现。随后，马歇尔外部性被进一步概括为三个方面：一是地理集中的产业能培育专业化供应商；二是同行业厂商的集聚有利于创造出一个劳动力蓄水池；三是地理上的接近有利于信息的传播①。20世纪末，保罗·克鲁格曼（Paul Krugman）等新经济地理学家将第一方面解读为上下游企业的垂直关联，并将其内化于"中心—外围"模型，以分析运输成本、规模递增和关联效应对产业集聚的作用，从而使空间因素向现代主流经济学的回归之路更进了一步。

（二）最佳集聚规模论

埃德加·M. 胡佛（Edgar M. Hoover）是研究集聚经济外部性的另一位代表人物，他在《区域经济学导论》（1975）一书中将产业集聚视为一种高度群集型的产业区位结构，并强调"不能只根据制约单个区位单位的区位因素来理解产业集聚，还要认识到区位单位之间的相互依存关系"②。胡佛将产业集聚动因总结为三个方面：一是产品市场或原材料产地集中在少数地方；二是更新频繁的非标准化产品的生产企业倾向于集聚，因为这类企业集聚将形成一个"产品展览会"，以多样性吸引消费者，新企业的进入丰富了产品种类而受到欢迎，此时，单个企业的集聚收益大小就取决于集聚体的规模变化；三是基于垂直分工的企业集聚有利于降低中间投入品的交易成本和风险，基于水平分工的企业集聚则

---

① ［日］藤田昌久，［美］保罗·克鲁格曼，［英］安东尼·J. 维纳布尔斯. 空间经济学——城市、区域与国际贸易［M］. 梁琦等译. 北京：中国人民大学出版社，2011：15.
② ［美］埃德加·M. 胡佛. 区域经济学导论［M］. 王翼龙译. 北京：商务印书馆，1990：71.

有利于获取各种重要的外部信息①。他还指出，"预期收益的不确定性以及考虑、实施搬迁的货币及心理成本等因素往往会导致企业的区位惰性，即企业一旦选择了初始区位就缺乏强烈的迁移动机，从而使产业倾向于空间集中"②。不难看出，与克鲁格曼（Krugman，1991）等人类似，胡佛也认为产业集聚存在某种"自增强"的累积循环发展机制。

胡佛对产业集聚理论发展的历史贡献还在于，他提出了"产业集聚存在一个最佳规模"的论断，即集聚企业太少会达不到规模经济的效果，集聚企业太多则可能由于地租上涨等因素而导致规模不经济并使集聚整体效益下降。实际上，胡佛区分了区位单位、公司以及聚集体三个不同层次的规模经济，其中，前两个层次都属于内部规模经济，单个聚集体则对应了外部规模经济。具体而言，若公司的最佳规模大于区位单位的最佳规模，该公司就可在不同区位经营管理多个区位单位；若集聚体的最佳规模大于公司或区位单位的最佳规模，该集聚体内部就存在众多区位单位和（或）公司。此外，胡佛还在《区位理论与靴鞋和皮革工业》（1937）一书中将马歇尔外部性分为两类：一类是地方化经济（localization economies），即同一产业内生产相似或关联产品的厂商集聚所产生的经济效益；另一类是城市化经济（urbanization economies），即一定区域内整个产业体系的规模和水平所决定的经济效益③。

（三）动态外部性

在集聚经济文献中，动态外部性被普遍用于解释产业集聚如何对区域经济增长产生影响。动态外部性的核心在于知识溢出，主要指单个企业的创新知识和技术会通过各种正式、非正式的媒介渠道向具有技术相

---

① ［美］埃德加·M. 胡佛. 区域经济学导论［M］. 王翼龙译. 北京：商务印书馆，1990：88 - 92.

② ［美］埃德加·M. 胡佛. 区域经济学导论［M］. 王翼龙译. 北京：商务印书馆，1990：17 - 18.

③ E. M. Hoover. Location Theory and the Shoe and Leather Industries ［M］. Cambridge：Harvard University Press，1937，Chapter Ⅵ.

似性的其他企业扩散，从而实现一定区域范围内企业整体生产效率的提升。因此，随着区域内企业集聚度上升，信息循环处理的效率也得以提高（Audretsch & Feldman，1996①）。目前，学术界根据知识溢出是否来源于同一产业的企业而将动态外部性分为 MAR 外部性、Jacobs 外部性和 Porter 外部性三类。

MAR 外部性是对 Marshall（1890）、Arrow（1962）和 Romer（1986）三位经济学家知识溢出观点的综合，主要针对同一产业的企业集聚现象，强调专业化对经济增长的促进作用。在集聚区内部，同一产业的不同企业通过专业技术人员交流等方式实现生产信息、创新知识的溢出扩散。通常，企业之间的技术差距越小，知识溢出障碍就越少，知识溢出也越顺畅，从而有利于产生区域规模经济。已有实证研究表明，在企业生产技术相似以及其他条件既定的情况下，企业集聚度高的地区相对于企业集聚度低的地区具有更高的收入增长率（Acs et al.，1994②）。此外，MAR 外部性还强调垄断比竞争更有利于促进经济增长。这是因为竞争会降低利润，诱使企业模仿创新而非自主创新，从而导致集聚企业之间倾向于开展同质产品的价格战而非以产品、服务差异化为竞争重点；相反，垄断有利于增大获利空间，削弱了模仿创新的激励，从而使企业通过自主创新实现利润最大化。

Jacobs 外部性认为，不同产业的企业之间发生知识溢出更有利于促进区域经济增长，这是因为多样化、差异化的产业结构比单一的、专业化的产业结构更能促进区域产业技术创新（Jacobs，1969③）。与 MAR 外部性不同，Jacobs 外部性强调，市场竞争有利于加速新技术、新思想在不同企业之间传播，从而产生比垄断更显著的经济增长效应。

---

① Audretsch D. B. , Feldman M. P. . R&D Spillovers and the Geography of Innovation and Production [J]. The American Economic Review, 1996, 86（3）: 630–640.

② Acs Z. J. , Audretsch D. B. , Feldman M. P. . R&D Spillovers and Recipient Firm Size [J]. The Review of Economics and Statistics, 1994, 76（2）: 336–340.

③ Jacobs J. . The Economy of Cities [M]. New York: Random House, 1970.

新竞争优势理论的代表人物波特（Porter，1990）提出了第三类动态外部性。他认为，即使集聚企业处于同一产品价值链上，从而在新产品研发和潜在市场开拓方面互为竞争对手，这些企业也可通过与竞争对手的信息交换最大限度地降低创新风险，同时提升自身的市场竞争力。波特借助其钻石模型阐明了产业集聚对企业竞争优势的影响途径。在产业集聚区，企业能更便捷地搜寻到雇员、供货商，更易于获得专业化知识和技术，还能更好地追踪竞争对手的生产技术和产品研发动态，掌握相关产品的市场需求变化情况，从而有利于促进集聚企业技术创新。因此，Porter 外部性强调以竞争优势为基础的知识溢出更有利于促进经济增长。不难看出，Porter 外部性与 MAR 外部性都认为，企业区位的地理邻近比地理分散更有利于知识溢出，但二者在竞争是否促进知识溢出和经济增长方面的观点不尽相同。在这一点上，Porter 外部性更接近 Jacobs 外部性关于竞争比垄断更有利于促进经济增长的观点，因为竞争对企业技术创新具有一定的倒逼机制。

三、新经济地理理论

伴随理论研究的发展，由克鲁格曼（Krugman，1991b[①]）创立的新经济地理学（New Economic Geography，NEG）在解释产业集聚微观机制方面发挥了日益重要的作用。目前，新经济地理学文献侧重于探讨劳动力共享、本地市场效应和产业前后向关联等金融外部性与产业集聚之间的内生互动。大体而言，这些文献遵循了两个分析框架，即 D-S 框架（Dixit & Sitiglitz，1977[②]）和 OTT 框架（Ottaviano et al.，2002[③]）。

[①]　Krugman P.. Geography and Trade [M]. Cambridge M. A.：MIT Press，1991.

[②]　Dixit A. K.，Stiglitz J. E.. Monopolistic Competition and Optimum Product Diversity [J]. The American Economic Review，1977，67（3）：297 – 308.

[③]　Ottaviano G. I. P.，Takatoshi Tabuchi，Jacques-Francois Thisse. Agglomeration and Trade Revisited [J]. International Economic Review，2002，43（2）：409 – 435.

（一）D-S 分析框架

D-S 分析框架采用了 2×2 的基本假设，即存在南方、北方两地区以及农业、制造业两部门，其中，农业部门生产单一同质产品且处于完全竞争，制造业部门生产差异化产品且呈现规模报酬递增。在此基础上，消费者的代表性偏好可表示为：

$$U = C_M^{\mu} C_A^{1-\mu}, \ C_M = \left(\int_{i=0}^{n+n^*} c_i^{1-\sigma} di \right)^{1/(1-\sigma)}, \ 0 < \mu < 1 < \sigma \quad (2.1)$$

其中，C_M 为制成品消费量的综合指数，C_A 为农产品消费量，n 和 n^* 分别是北方、南方的制成品种类数量，μ 为制成品支出份额，σ 为任意两种制成品之间的替代弹性。依据对产业集聚力来源的不同解释，围绕这一分析框架的新经济地理学模型又可进一步归纳为三类：

（1）要素流动模型，即认为产业集聚是本地市场效应和要素区际流动的相互作用结果，具体包括 Krugman（1991a）的 FL（footloose labor）模型[1]、Baldwin 等（2003）的 FC（footloose capital）模型[2]以及 Forslid 和 Ottaviano（2003）的 FE（footloose entrepreneur）模型[3]等。

（2）垂直关联模型，即认为要素流动并非产业集聚的唯一诱因，对跨国界集聚现象而言，假设劳动力自由流动显然有悖于现实，实际上，产业垂直关联效应是引致上下游企业区位集中的重要原因，具体包括 Krugman 和 Venables（1995）的 CPVL（core-periphery vertical linkages）模型[4]、Robert-Nicoud（2002）的 FCVL（footloose capital vertical linka-

① Krugman P. . Increasing Returns and Economic Geography [J]. Journal of Political Economy, 1991, 99 (3): 483 –499.

② Baldwin R. E. , Ottaviano G. I. P. , Forslid R. . Economic Geography and Public Policy [M]. Princeton N. J. : Princeton University Press, 2003.

③ Forslid R. , Ottaviano G. I. P. . An Analytically Solvable Core-Periphery Model [J]. Journal of Economic Geography, 2003, 3 (3): 229 –240.

④ Krugman P. , Venables A. J. . Globalization and the Inequality of Nations [J]. Quarterly Journal of Economics, 1995, 110 (4): 857 –880.

ges）模型①以及 Ottaviano 和 Nicoud（2006）的 FEVL（footloose entrepreneur vertical linkages）模型②等。

（3）资本创造模型，即在融合了经济增长模型的基础上认为产业集聚力来源于资本积累和耗散，较具代表性的模型为 Baldwin（1999）的 CC（constructed capital）模型③。具体而言，假定资本不可流动但存在贬值，那么，贸易成本变化会引发不同地区资本存量差异，资本存量上升的地区，其总支出也上升，这就加快了该地区资本积累，从而形成需求关联的累积循环效应。在长期均衡状态下，若存在中心—外围结构，则中心地区的单位资本价值大于其生产成本，外围地区的情况正相反。此时，即便在自由贸易条件下，单位资本收入也会出现持续的地区分布不平衡现象。

（二）OTT 分析框架

由于 D-S 分析框架的一些假定与现实差距较大，为了弥补其不足，Ottaviano 等（2002）基于含有二次次效用的拟线性效用函数重新构建了垄断竞争模型。在这一框架下，消费者的代表性偏好可表示为：

$$U = \alpha \int_{i=0}^{n+n^*} c_i \, di - \frac{\beta - \delta}{2} \int_{i=0}^{n+n^*} c_i^2 \, di - \frac{\delta}{2} \left(\int_{i=0}^{n+n^*} c_i \, di \right)^2 + C_A,$$
$$0 < \alpha, \ 0 < \delta < \beta \tag{2.2}$$

其中，$c_i = \alpha - [b + c(n + n^*)] p_i + cP$，$\alpha$ 为对差异化产品的偏好密度，$\beta > \delta$ 表示消费者青睐于多样化的产品供给，δ 表示不同产品之间的替代

---

① Robert-Nicoud F.. A Simple Model of Agglomeration with Vertical Llinkages and Perfect Capital Mobility. Chapter1 in New Economic Geography: Welfare, Multiple Equilibria and Political Economy [D]. PhD Thesis, London School of Economics, 2002.

② Ottaviano G. I. P., Robert- Nicoud F.. The "genome" of NEG Models with Vertical Linkages: A Positive and Normative Synthesis [J]. Journal of Economic Geography, 2006, 6 (2): 113 – 139.

③ Baldwin R. E.. Agglomeration and Endogeous Capital [J]. European Economic Review, 1999, 43 (2): 253 – 280.

弹性。

由于差异化产品的不完全替代性，其区际贸易会面临一个"定价困境"，即企业既要选择高价以弥补贸易成本，又要选择低价以抢占市场。通常，较大地区的企业会向边际价格较高的外围区出口，因为外围区的价格竞争较缓和；较小地区的企业却无法向边际价格较低的中心区出口，因为中心区的价格竞争较激烈。实际上，当运输成本足够高时，地区之间将达到一种自给自足的均衡状态（Behrens，2004①）；当运输成本降低至某一临界值时，地区之间将发生差异化产品贸易，但考虑到自给自足状态下产业初始区位分布的极端不平衡，此时的均衡状态往往为单向的非对称贸易，即较大地区向较小地区出口，而较小地区却无法向较大地区出口（Behrens & Murata，2007②）。

四、技术创新理论

20 世纪初，熊彼特开创了创新理论，以此探讨资本主义经济发展的实质、动力和经济增长周期性波动成因，在西方经济学说史上占有重要地位。自 20 世纪 60 年代起，熊彼特的创新理论逐渐分化出以技术变革和推广为研究对象的技术创新经济学分支。至此，创新，特别是技术创新对促进经济发展的重要性逐渐得到国内外学者的广泛重视。

（一）熊彼特的创新理论

最早对创新问题展开研究的是约瑟夫·A. 熊彼特，他在《经济发展理论》（1912）一书中首次提出了"创新"概念。具体而言，创新指"用不同的方式组合原材料和生产力量"，包括五种情况：一是引

---

① Behrens K. . Agglomeration Without Trade：How Non-Traded Goods Shape the Space-Economy [J]. Journal of Urban Economics，2004，55（1）：68 –92.

② Behrens K. ，Yasusada Murata. General Equilibrium Models of Monopolistic Competition：A New Approach [J]. Journal of Economic Theory，2007，136（1）：776 –787.

进一种新产品，即消费者尚不熟悉或具有某种新特性的产品；二是采用一种新的生产方法，即在制造部门尚未通过经验检验的方法，其建立无须以科学新发现为基础，可包含产品流通方面的改进；三是开拓一种新市场，即相关制造部门尚未进入的市场，不管该市场是否已存在；四是征服或控制原材料或半成品的新供给源，不管该供给源是否首次被创造；五是执行一种新的工业组织形式，如通过托拉斯化建立垄断地位等①。

在熊彼特看来，生产要素新组合的实现就是建立新企业的过程，而企业家是履行这一职能的人。"只有当他实际地'实施新组合'时，他才是一个企业家；一旦他安定下来，开始经营这个企业时，他就失去了'企业家'的特征"②。因此，企业家并不等同于资本家，资本家只是货币及其索取权的所有者，因承担风险而参与利润分配；相对地，企业家则拥有货币使用权并负责引入生产要素的新组合。从这一角度看，"企业家既不获利，也不损失"③。此外，熊彼特认为，企业家应具备一些特殊素质：首先，是具有敏锐的市场洞察力，以察觉到潜在的商业获利机会；其次，是具有将潜在商业获利机会变为现实市场收益的个人素质，如勇于革新、敢于试错、富于远见等；最后，是具有动员和利用社会资源的领导能力，从而引领企业找到或创造新事物。因此，企业家也不等同于发明家，因为"将创新付诸实践是企业家的职能，它也根本没必要必须是任何一种发明"④。

---

① ［美］约瑟夫·A. 熊彼特. 经济发展理论：对利润、资本、信贷、利息和经济周期的探究［M］. 叶华译. 北京：中国社会科学出版社，2009：84 - 85.
② ［美］约瑟夫·A. 熊彼特. 经济发展理论：对利润、资本、信贷、利息和经济周期的探究［M］. 叶华译. 北京：中国社会科学出版社，2009：100.
③ ［美］约瑟夫·A. 熊彼特. 经济发展理论：对利润、资本、信贷、利息和经济周期的探究［M］. 叶华译. 北京：中国社会科学出版社，2009：97.
④ ［美］约瑟夫·A. 熊彼特. 经济发展理论：对利润、资本、信贷、利息和经济周期的探究［M］. 叶华译. 北京：中国社会科学出版社，2009：113.

熊彼特还指出，"企业家成群出现是产生经济繁荣的唯一原因"①。一个企业家的成功往往具有激励和示范效应，从而促使企业家群体以递增速度扩大。在这一过程中，先驱企业家的成功减少了追随企业家的创新障碍，使其倾向于通过对新技术消化吸收实现再创新，由此激发先驱企业家进行新一轮创新以维持垄断地位，从而形成创新浪潮并推动经济增长趋向高涨。当模仿创新行为日益普遍时，初始创新带来的利润空间被不断压缩，企业竞争日益加剧，企业创新动力削弱，从而引致创新浪潮消退，经济增长开始出现衰落甚至停滞。若要使经济系统重新进入增长轨道，就必须开启新一轮的创新浪潮。因此，在熊彼特看来，创新不仅是经济增长源泉，还是经济增长周期性波动的主要原因。

（二）技术创新经济学

技术创新经济学是将新古典学派的微观经济理论与熊彼特的创新理论进行了综合，以此分析技术创新问题。较有代表性的理论流派包括门斯等人的长波理论、弗里曼的技术创新政策体系以及卡曼和施瓦茨等人的市场理论等。

门斯（Mensch，1976）等人的长波理论认为，熊彼特的创新理论过分强调企业家对创新活动的决定性作用，并未有效揭示技术创新为何会出现周期性波动的根本原因。对此，他们一方面明确区分了产品创新和工艺创新的不同，指出产品创新是推动经济增长的主要动力，若产品创新不足，经济增长将出现停滞；另一方面实证检验了熊彼特的创新集群观点，提出了引致产品创新集群的假设前提，即经济衰退和大危机是带来创新高潮的主要动力，危机迫使企业寻求技术创新，而大批创新活动的出现则成为经济发展高涨的基础。

弗里曼（Freeman，1974）等人认为，政府在推动技术创新过程中

---

① ［美］约瑟夫·A. 熊彼特. 经济发展理论：对利润、资本、信贷、利息和经济周期的探究［M］. 叶华译. 北京：中国社会科学出版社，2009：285.

发挥了不可替代的作用，由此形成了技术创新政策体系流派。他们在肯定技术创新有利于促进经济增长的同时，还十分强调科学技术政策对技术创新的引致作用，从而提倡政府制定正确、合理的相关措施，以刺激技术创新、扩大劳动就业，这些措施具体涉及扶持、资助和鼓励基础技术的发明和创新，推动和促进基础技术创新的传播和应用，鼓励对国外先进技术的引进、应用和推广。

此外，卡曼和施瓦茨（Kamien & Schwarz，1982）等人还形成了场理论流派，重点关注市场竞争程度、企业规模大小与技术创新的关系，他们认为，对技术创新活动而言，最有利的市场结构是介于垄断和完全竞争之间的过渡状态。

五、区域创新系统理论

20 世纪 90 年代初，英国学者 Cook P. 首次提出了区域创新系统的概念，自此，国内外有关区域创新系统的研究不断丰富、深入。

Cook（1992）认为，区域创新系统是由地理邻近且相互分工的关联企业、大学和科研机构等创新主体组成的区域性组织，这种组织有利于促进区域技术创新①。Meeus（1999）指出，区域创新系统是以创新型企业为中心，其他主体围绕创新型企业并通过各种方式参与到当地企业的创新过程中②。随后，Schienstock 和 Cook（2000）又进一步指出，区域创新系统主要涉及与企业创新活动密切相关的区域创新网络以及支持性政策等制度安排③。Doloreux（2002）则突出了区域创新系统的知识生产

---

① Cooke P.. Regional Innovation Systems：Competitive Regulation in the New Europe ［J］. Geoforum，1992，23（3）：365 – 382.

② Meeus M.，Oerlemans L.，van Dijck J.. Regional Systems of Innovation From within-an Empirical Specification of the Relation between Technological Dynamics and Interaction between Multiple Actor in a Dutch region，ECIS Working Paper，1999.

③ Schienstock G.，Cooke P.. Structural Competitiveness and Learning Regions ［J］. Enterprise and Innovation Management Studies，2000，1（3）：265 – 280.

功能，他认为，区域创新系统由私人、公共利益体、正规的科研机构等相互关联的行为主体构成，功能在于按照组织和制度安排以及人际关系促进知识的生产、利用和传播①。此外，国内学者也对区域创新系统的概念进行了界定。胡志坚、苏靖（1999）认为，区域创新系统主要由参与技术发展和扩散的企业、大学和科研机构组成，同时市场中介服务组织广泛介入和政府适当参与的一个创新网络系统②。黄鲁成（2000）指出，区域创新系统是在特定经济区域内各种与创新相联系的主体要素（创新机构和组织）、非主体要素（创新必需的物质条件）以及协调各组织之间关系的制度和政策网络③。顾新（2001）指出，区域创新系统将新要素或现有要素的新组合引入区域经济系统，利用一种新的更为有效的资源配置方式，实现新的系统功能，从而推动产业结构升级，促进区域经济跨越式发展④。王缉慈（2001）认为，区域创新系统是区域网络各结点（企业、大学、科研机构、政府等）在协同作用中结网而创新，同时融入区域创新环境而组成的系统，具有开放性、本地化、动态性和系统性等特点⑤。此外，一些国外学者还探讨了区域创新系统的结构内涵。Wiig（1995）强调，区域创新系统包括生产创新产品的企业群、培养创新人才的教育机构、开展知识和技术创新活动的研究机构、为创新活动提供支持的政府机构以及金融、商业等服务机构五个子系统⑥。Asheim 和 Isaksen（2002）强调创新主体的作用，他们将区域创新系统

---

① Doloreux D. . What we should know about regional systems of innovation ［J］. Technology in Society，2002，24（3）：243－263.

② 胡志坚，苏靖. 区域创新系统理论的提出和发展 ［J］. 中国科技论坛，1999（6）：19－23.

③ 黄鲁成. 关于区域创新系统研究内容的探讨 ［J］. 科研管理，2000，21（2）：43－48.

④ 顾新. 区域创新系统的失灵与完善措施 ［J］. 四川大学学报（社会科学版），2001（1）：137－141.

⑤ 王缉慈. 创新的空间——企业集群与区域发展 ［M］. 北京：北京大学出版社，2001：109.

⑥ Wiig H. . The learning region：isntitutions，innovation and regional renewal ［J］. Regional Study，1995，31（5）：49－53.

的主体划分为两类，一是主要的区域产业集群，包括支撑性产业的企业；二是制度性基础设施，包括科研机构、高等教育机构、技术转移机构、职业培训机构、企业协会和金融机构等①。

在有关区域创新问题的研究中，与创新系统学派密切相关的是区域创新环境学派。区域创新环境概念最早由欧洲创新研究小组（Grouped Research Europensurrles Milieus Innovators，GREMI）提出，具体指特定区域的行为主体通过相互协调和集体学习建立的一种非正式的复杂社会关系。实际上，区域创新环境学派汲取了马歇尔关于生产组织可作为一种独特生产要素的观点，同时强调产业区内创新主体的集体效率（collective efficiency）以及创新主体行为之间的协同性。目前，国内不少学者还对区域创新环境进行了分类。顾新（2002）将区域创新环境分为制度环境、政策环境、市场环境、社会文化环境、法律环境和国际环境②。盖文启（2002）将区域创新环境分为文化环境、制度环境和劳动力市场环境③。蔡秀玲（2004）则将区域创新环境分为基础设施环境、社会文化环境、制度环境和学习环境④。

第二节 产业集聚与技术创新效率的关系研究

目前，将产业集聚与技术创新效率结合起来研究的国内外文献非常有限，绝大多数研究都围绕其中的一个方面展开，或者侧重分析区域技术创新效率的影响因素与收敛性，或者侧重分析产业集聚对技术创新效率的影响。

---

① Asheim B. , Isaksen A. . Regional innovation systems: the integration of local 'sticky' and global 'ubiquitous' knowledge [J]. Journal of Technology Transfer, 2002, 27 (1): 77 – 86.

② 顾新. 区域创新系统论 [D]. 四川: 四川大学, 2002: 69 – 76.

③ 盖文启. 论区域经济发展与区域创新环境 [J]. 学术研究, 2002 (1): 60 – 63.

④ 蔡秀玲. 试析政府在营造企业集群区域创新环境中的职能定位 [J]. 当代经济研究, 2004 (6): 42 – 45.

一、区域技术创新效率因素与收敛性研究

区域技术创新效率问题日益受到学者们的关注，相关研究集中探讨了区域技术创新效率的影响因素和收敛性两类问题。

（一）区域技术创新效率的影响因素

除测度不同区域的技术创新效率之外，学者们还对区域技术创新效率的影响因素进行了分析。

池仁勇、唐根年（2004）构建了区域技术创新投入—绩效指标体系，在此基础上，利用数据包络法测度了浙江 11 个地区的技术创新效率并发现，企业创新倾向、人均研发经费、大中型企业比重以及产业集群度都对区域技术创新效率具有显著正影响[①]。

虞晓芬、李正卫、池仁勇（2005）测算了 1999~2002 年中国 30 个省域的技术创新效率并发现，东部地区与中、西部地区的创新效率差异显著且呈现扩大趋势，企业性质、人力资本和产业结构是提升区域技术创新效率的主要因素[②]。与李婧、谭清美、白俊红（2009）的研究则表明，劳动者素质对区域创新效率具有显著正影响，产业结构却具有显著负影响[③]。樊华（2010）的研究显示，工业结构、对外开放度和高等教育发展水平对提升区域创新效率具有积极作用，政府影响力则具有消极作用[④]。

---

① 池仁勇，唐根年. 基于投入与绩效评价的区域技术创新效率研究 [J]. 科研管理，2004，25（4）：23－27.

② 虞晓芬，李正卫，池仁勇. 我国区域技术创新效率：现状与原因 [J]. 科学学研究，2005，23（2）：258－264.

③ 李婧，谭清美，白俊红. 中国区域创新效率及其影响因素 [J]. 中国人口·资源与环境，2009，19（6）：142－147.

④ 樊华. 中国省际科技创新效率演化及影响因素实证研究 [J]. 中国科技论坛，2010（12）：36－42.

　　李习保（2007）基于随机前沿模型测度了1998～2006年中国30个省域的创新效率并发现，教育投入和政府支持是促进区域创新效率提升的重要因素，轻工业比重、企业研发投入强度、技术交易活跃程度以及对外开放水平在一定程度上也有助于提升区域创新效率，但高技术产业发展水平对发明专利产出效率具有不利影响①。

　　岳书敬（2008）利用随机前沿模型测度了1998～2005年中国29个省域的研发效率并发现，东部省域的效率明显高于中、西省域，但三大区域的效率差距呈现缩小趋势，国际技术溢出效应对区域研发效率具有显著促进作用，提升人力资本质量和市场竞争程度会进一步强化国际技术溢出效应②。史修松、赵曙东和吴福象（2009）的研究也表明，各省域技术创新效率整体偏低，东部地区与中、西部地区的组间差距以及三大区域的组内差距都较大，但他们并未分析造成区域技术创新效率差异的具体原因③。

　　白俊红、江可申、李婧（2009）利用随机前沿模型测度了1998～2007年中国30个省域的研发效率并发现，政府资助、金融支持、各创新主体的互动参与都未对区域研发效率产生积极影响，从而反映出当前中国区域创新系统的网络建设尚未取得理想效果④。与此略有不同，刘思明、赵彦云、侯鹏（2011）的研究表明，"产学研"合作和政府支持对区域创新效率具有稳健的促进作用，创新主体构成和联结关系是造成区域创新效率差异的重要原因⑤。

---

　　① 李习保. 区域创新环境对创新活动效率影响的实证研究［J］. 数量经济技术经济研究，2007（8）：13-24.
　　② 岳书敬. 中国区域研发效率差异及其影响因素——基于省级区域面板数据的经验研究［J］. 科研管理，2008，29（5）：173-179.
　　③ 史修松，赵曙东，吴福象. 中国区域创新效率及其空间差异研究［J］. 数量经济技术经济研究，2009（3）：45-55.
　　④ 白俊红，江可申，李婧. 应用随机前沿模型评测中国区域研发创新效率［J］. 管理世界，2009（10）：51-61.
　　⑤ 刘思明，赵彦云，侯鹏. 区域创新体系与创新效率——中国省级层面的经验分析［J］. 山西财经大学学报，2011，33（12）：9-17.

白俊红、江可申、李婧等（2009）应用 DEA – Tobit 两步法分析了中国 30 个省域的创新效率及其环境因素并发现，劳动者素质与区域创新效率显著正相关，这种相关性主要受区域教育投资强度影响；创业水平与区域创新效率显著负相关，这种相关性主要受民营科技企业增长率影响[①]。

于明超、申俊喜（2010）利用随机前沿模型测度了 1998～2007 年中国 30 个省域的工业企业创新效率并发现，自主研发、技术消化吸收、政府支持以及市场发育水平对区域创新效率都具有显著正影响，国内外技术引进则具有负影响，知识获取能力和制度环境是造成区域创新效率差异的重要因素[②]。

王鹏、赵捷（2011）认为，环境因素对区域创新效率的影响存在"两面性"，侵权行为、公有制经济比重过大都会损害区域创新效率，尤以前者更为明显[③]。陈敏、李建民（2012）还考虑了金融中介对区域创新效率差异的影响，结论显示，金融中介信贷规模与区域创新效率显著负相关，金融中介支持强度和效率与区域创新效率显著正相关[④]。

（二）区域技术创新效率的收敛性

除考察区域技术创新效率的影响因素之外，一些学者还借助 β 收敛性分析探讨了区域技术创新效率差异的动态演化问题。

白俊红、江可申和李婧（2008）基于 DEA 方法测度了 1998～2005 年中国 30 个省域的创新效率并发现，中、西部省域的创新效率在 2000

① 白俊红，江可申，李婧等. 区域创新效率的环境影响因素分析——基于 DEA – Tobit 两步法的实证检验［J］. 研究与发展管理，2009，21（2）：96 – 102.
② 于明超，申俊喜. 区域异质性与创新效率——基于随机前沿模型的分析［J］. 中国软科学，2010（11）：182 – 192.
③ 王鹏，赵捷. 区域创新环境对创新效率的负面影响研究——基于我国 12 个省份的面板数据［J］. 暨南学报（哲学社会科学版），2011（5）：40 – 46.
④ 陈敏，李建民. 金融中介对我国区域科技创新效率的影响研究——基于随机前沿的距离函数模型［J］. 中国科技论坛，2012（11）：85 – 90.

年以后高于东部省域，在一定程度上促进了创新要素由东部地区向中、西部地区流动；全国和西部地区同时存在省域创新效率的绝对 β 收敛和条件 β 收敛，东、中部地区只存在条件 β 收敛；人力资本对促进区域创新效率收敛具有显著作用①。

潘雄锋、刘凤朝（2010）利用基于 Cobb-Douglas 生产函数的随机前沿模型测度了 1996～2006 年中国 28 个省域的工业企业创新效率并发现，各省域工业企业创新效率稳步上升，东部省域的效率普遍高于中、西部省域；全国存在省域工业企业创新效率的绝对 β 收敛，东、中、西部地区存在俱乐部收敛，中、西部地区的收敛速度高于东部地区和全国平均水平②。

樊华（2010）基于 DEA 方法测度了 2000～2007 年中国 31 个省域的创新效率并发现，东部地区效率高于中、西部地区，西部地区效率增长快且已超过中部地区；西部地区效率存在显著的绝对 β 收敛和条件 β 收敛，全国和东、中部地区的条件 β 收敛显著，但绝对 β 收敛不明显③。

师萍和韩先锋（2011）基于 DEA-Malmquist 指数法测度了 1999～2008 年中国 30 个省域的研发创新全要素生产率（Total Factor Productivity，TFP）增长率并发现，中国研发创新 TFP 增长的空间差异显著，东部省域大多表现为正增长，中、西部省域则主要表现为负增长；就全国而言，省域研发创新 TFP 同时存在绝对 β 收敛和条件 β 收敛，其中，信息化水平、利用外资水平、人力资本等因素是条件收敛稳态的重要决定因素；东、中、西部地区存在显著的俱乐部收敛，中、西部地区的收敛

① 白俊红，江可申，李婧. 中国区域创新效率的收敛性分析 [J]. 财贸经济，2008（9）：119 - 123.
② 潘雄锋，刘凤朝. 中国区域工业企业技术创新效率变动及其收敛性研究 [J]. 管理评论，2010，22（2）：59 - 64.
③ 樊华. 中国省际科技创新效率演化及影响因素实证研究 [J]. 中国科技论坛，2010（12）：36 - 42.

速度高于东部地区和全国平均水平①。

陆正华、李瑞娜（2012）认为，区域研发资源投入经过科研活动形成中间产出，再经过市场化阶段形成最终产出，基于此，他们测度了2004～2010 年广东珠三角地区、粤东粤西两翼地区和粤北山区的研发效率并发现，在研发中间产出效率方面，广东全省和珠三角地区都呈现显著发散趋势，粤东粤西两翼地区和粤北山区不存在绝对 β 收敛；在最终产出效率方面，广东全省、珠三角地区和粤北山区都存在显著的绝对 β 收敛；总体而言，广东三大区域的研发效率存在两个俱乐部收敛，珠三角地区俱乐部收敛到较高的效率值，粤东粤西两翼地区和粤北山区则俱乐部收敛到较低的效率值②。

二、产业集聚对技术创新效率的影响研究

目前，有关产业集聚与技术创新关系的研究已非常丰富，但从产业集聚视角对技术创新效率进行探讨的文献却比较少。

邬滋（2010）从知识溢出效应角度考察了 1993～1995 年、2005～2007 年集聚经济对中国 31 个省域创新绩效的影响并发现，MAR 外部性在两个时期内都对区域创新绩效存在显著正影响，Jacobs 外部性对区域创新绩效的影响在 2005～2007 年存在明显增强，其弹性系数也由负转正，表明竞争比垄断更有利于提升区域创新绩效③。

余泳泽（2011）利用基于超越对数函数的随机前沿模型对 2002～2008 年中国 29 个省域的不同创新主体的创新效率进行了测度并发现，创新要素集聚对科研机构创新效率具有显著负影响，对企业的影响则显

---

① 师萍，韩先锋. 研发创新全要素生产率的空间趋同分析 [J]. 财经科学，2011（6）：44－51.

② 陆正华，李瑞娜. 广东省大中型工业企业研发效率区域差异及其收敛性 [J]. 技术经济，2012，31（6）：1－8，65.

③ 邬滋. 集聚结构、知识溢出与区域创新绩效——基于空间计量的分析 [J]. 山西财经大学学报，2010，32（3）：15－22.

著为正；政府支持对企业创新效率具有显著负影响，但对科研机构和高校创新的影响不确定；制度因素、外商直接投资和人力资本都对企业创新效率具有显著正影响①。

谢子远和鞠芳辉（2011）实证分析了中国 53 个国家高新区的创新效率并发现，产业集群发展水平与高新区创新效率显著负相关，这主要源于国内政府对产业集群发展的干预较多，同时集群内部也普遍存在过度竞争的现象②。

赖永剑（2012）利用 2005～2007 年中国规模以上工业企业的微观数据考察了集聚外部性对企业创新绩效的影响并发现，MAR 外部性对企业创新成功率及劳动创新产出率的影响都具有倒 U 型特点，Jacobs 外部性对企业创新绩效具有显著正影响，尤其对小规模企业而言更显著③。

更为普遍的情况是，学者们从集群网络视角探讨集群内企业创新绩效提升问题。李正卫、池仁勇、刘慧（2005）的研究表明，正式和非正式的网络学习强度都会显著提升集群内企业创新绩效④。李志刚、汤书昆、梁晓艳等（2007）⑤ 以及王晓娟（2008）⑥ 都认为，集群网络的开放度、中心度、关系质量和稳定性以及资源丰裕度等结构特征对集群内企业创新绩效都具有显著正影响。随后，周国红、陆立军（2009）⑦，杨

---

① 余泳泽. 创新要素集聚、政府支持与科技创新效率——基于省域数据的空间面板计量分析 [J]. 经济评论, 2011（2）：93－101.

② 谢子远，鞠芳辉. 产业集群对我国区域创新效率的影响——来自国家高新区的证据 [J]. 科学学与科学技术关系, 2011, 32（7）：69－73.

③ 赖永剑. 集聚、空间动态外部性与企业创新绩效——基于中国制造业企业面板数据 [J]. 产业经济研究, 2012（2）：9－17.

④ 李正卫，池仁勇，刘慧. 集群网络学习与企业创新绩效：基于嵊州领带生产企业集群的实证分析 [J]. 经济地理, 2005, 25（5）：612－615.

⑤ 李志刚，汤书昆，梁晓艳等. 产业集群网络结构与企业创新绩效关系研究 [J]. 科学学研究, 2007, 25（4）：777－782.

⑥ 王晓娟. 知识网络与集群企业创新绩效——浙江黄岩模具产业集群的实证研究 [J]. 科学学研究, 2008, 26（4）：867, 874－879.

⑦ 周国红，陆立军. 非正式网络学习对集群企业创新绩效的影响程度研究——基于 1184 家集群企业问卷调查与分析 [J]. 科学学与科学技术管理, 2009（2）：74－77.

皎平、金彦龙、戴万亮（2012）[①] 以及蒋天颖、孙伟（2012）[②] 对中国
浙江传统产业集群的调研结果也实证了集群网络的学习效应对企业创新
绩效的提升作用。此外，一些学者还分析了知识搜寻战略对集群内企业
创新绩效的影响。邬爱其、李生校（2011）将企业知识搜寻战略总结为
竞争广度—深度、合作广度—深度、业外广度—深度六种并认为，竞争
广度—深度、业外深度三种战略有助于集群内企业产品创新，竞争广
度、合作深度两种战略有助于集群内企业市场创新[③]。郑华良（2012）
通过调研浙江 115 家企业发现，本地知识搜寻宽度和深度对集群内企业
创新绩效的影响具有倒 U 型特点，外地知识搜寻宽度和深度有利于提升
集群内企业创新绩效[④]。

第三节 中国高技术产业的相关研究

本书是以中国高技术产业为载体，探讨产业集聚对产业技术创新效
率及其空间分异的影响。因此，除产业集聚与技术创新效率关系的文献
之外，还要梳理以中国高技术产业为研究对象的相关文献。对此，本书
主要从产业技术创新效率、产业集聚以及两者关联性三个方面进行。

一、高技术产业技术创新效率研究

近几年，中国高技术产业技术创新效率问题日益受到关注，依据研

[①] 杨皎平，金彦龙，戴万亮. 网络嵌入、学习空间与集群创新绩效：基于知识管理的视
角 [J]. 科学学与科学技术管理，2012，33（6）：51 – 59.
[②] 蒋天颖，孙伟. 网络位置、技术学习与集群企业创新绩效——基于对绍兴纺织产业集
群的实证考察 [J]. 经济地理，2012，32（7）：87 – 92，106.
[③] 邬爱其，李生校. 从"到哪里学习"转向"向谁学习"——专业知识搜寻战略对新创
集群企业创新绩效的影响 [J]. 科学学研究，2011，29（12）：1906 – 1913.
[④] 郑华良. 地理搜寻对集群企业创新绩效的影响：吸收能力的调节作用 [J]. 科学学与
科学技术管理，2012，33（5）：46 – 55.

究视角和内容的异同，现有研究可大致归为创新效率测度和因素分析两类。

（一）创新效率测度

数据包络法和随机前沿法是测度高技术产业技术创新效率的主要方法，但前者运用得更加普遍。

官建成、陈凯华（2009）基于 SBM 模型考察了 2003～2006 年中国高技术产业技术创新的技术效率、纯技术效率、规模效率发现，尽管纯技术效率逐年改善，但综合效率仍较低且持续下降；规模效益不理想，处于相对最优生产规模状态的行业比重仅为 38%；多数生产状态相对无效的行业存在技术改造经费投入冗余现象，但新产品出口和专利产出严重不足[1]。

余泳泽（2009）将技术创新过程分为技术开发、成果转化两个阶段，基于 SBM 模型考察了 1995～2007 年中国 19 个省域的高技术产业技术创新效率并发现，在两个子阶段中，技术效率都持续恶化且全国平均水平较低，Malmquist 生产率在多数年份都有提高且由技术进步推动[2]。

肖仁桥、钱丽、陈忠卫（2012）对余泳泽（2009）的研究进行了拓展，基于关联网络 DEA 模型考察了 2005～2009 年中国 28 个省域的高技术产业技术创新效率并发现，技术创新的整体效率及其子阶段效率都偏低且呈现 U 型变化，大多数省域的创新资源利用模式都为低研发—低转化[3]。此外，尹伟华（2012）基于网络 SBM 模型的研究表明，中国高技术产业技术创新效率在东、中、西部地区之间具有"阶梯分

---

[1] 官建成，陈凯华. 我国高技术产业技术创新效率的测度 [J]. 数量经济技术经济研究，2009（10）：19－33.

[2] 余泳泽. 我国高技术产业技术创新效率及其影响因素研究 [J]. 经济科学，2009（4）：62－74.

[3] 肖仁桥，钱丽，陈忠卫. 中国高技术产业创新效率及其影响因素研究 [J]. 管理科学，2012，25（5）：85－98.

布"特征①。

成力为、孙玮、王九云（2011）从"技术最优"和"成本最小"两个维度构建了一个引入要素价格信息的创新效率指标，利用三阶段 DEA-Windows 方法测度了 1996～2008 年中国 13 个高技术行业内、外资企业的创新效率并发现，创新效率主要受制于低配置效率，研发效率则主要受制于低规模效率；内、外资企业的创新效率差异主要体现在配置效率上，研发效率差异主要体现在规模效率上，研发效率和纯技术效率差异不显著②。

除少数文献涉及网络 DEA 模型之外，大多数学者仍采用传统 DEA 模型对中国高技术产业技术创新效率进行测度。基于 DEA-Malmquist 指数法，梁平、梁彭勇、黄馨（2009）考察了 1995～2006 年中国 17 个高技术行业的技术创新效率并发现，技术创新效率增长主要由技术进步推动，资源配置效率的增长贡献较小③。类似地，魏洁云、江可申、李雪冬（2011）考察了 1999～2009 年中国 29 个省域的高技术产业研发效率和全要素生产率增长率并发现，东部省域的研发效率普遍高于中、西部省域，中、西部省域的研发效率大体持平；就全国而言，高技术产业研发活动的全要素生产率持续增长且主要由技术进步推动④。

基于 Cobb-Douglas 生产函数，朱有为、徐康宁（2006）借助 Battese 和 Coelli（1995）的技术效率模型，考察了 1995～2004 年中国 13 个高技术行业的研发效率并发现，研发资本积累对新产品销售收入的产出弹性高于研发人员投入的产出弹性，但研发活动处于规模不经济，研发效

---

① 尹伟华. 基于网络 SBM 模型的区域高技术产业技术创新效率评价研究 [J]. 情报杂志, 2012, 31 (5)：94 – 98, 127.

② 成力为, 孙玮, 王九云. 要素市场不完全视角下的高技术产业创新效率——基于三阶段 DEA-Windows 的内外资配置效率和规模效率比较 [J]. 科学学研究, 2011, 29 (6)：930 – 938, 960.

③ 梁平, 梁彭勇, 黄馨. 中国高技术产业创新效率的动态变化——基于 Malmquist 指数法的分析, 2009 (3)：23 – 28, 78.

④ 魏洁云, 江可申, 李雪冬. 我国高技术产业研发创新效率及 TFP 变动研究 [J]. 技术经济, 2011, 30 (11)：28, 72.

率的行业差异逐渐缩小①。此外，韩晶（2010）还指出，中国高技术产业创新效率呈现整体改善，其中，电子计算机及相关行业的创新效率最高，装备制造业的创新效率最低②。陈修德、梁彤缨（2010）进一步指出，以新产品销售收入为产出的创新效率在 2003 年以前高于以专利申请数为产出的创新效率，但 2003 年以后的情况相反；在不考虑非技术效率影响因素时，各行业创新效率将被普遍低估③。与此略有不同，蓝庆新（2010）的研究表明，基于专利申请数的创新效率明显低于基于新产品销售收入的创新效率④。余泳泽、武鹏（2010）指出，中国高技术产业研发活动的技术进步率接近 10%／年，同时具有空间集聚态势，从而使研发效率具有较强的空间自相关性⑤。

基于超越对数生产函数，李邃、江可申、郑兵云等（2010）考察了2000～2008 年中国 28 个省域的高技术产业研发效率和全要素生产率增长率并发现，区域效率差异较显著，东部省域的研发效率普遍高于中、西部省域；研发活动的全要素生产率和技术进步都呈现增长，但技术效率未明显变化；对大多数省域而言，研发活动的技术进步率高于全要素生产率增长率，技术进步是促进全要素生产率增长的主要动力⑥。

李向东、李南、白俊红等（2011）同时运用随机前沿法和数据包络法测度了 1995～2006 年中国 17 个高技术行业的研发效率并发现，各行业研发效率普遍较低，但大都表现出逐年上升态势；基于数据包络法的

① 朱有为，徐康宁. 中国高技术产业研发效率的实证研究 [J]. 中国工业经济, 2006 (11)：38－45.

② 韩晶. 中国高技术产业创新效率研究——基于 SFA 方法的实证分析 [J]. 科学学研究, 2010, 28 (3)：467－472.

③ 陈修德，梁彤缨. 中国高技术产业研发效率及其影响因素 [J]. 科学学研究, 2010, 28 (8)：1198－1205.

④ 蓝庆新. 我国高科技产业创新效率的经验分析：2001－2008 年 [J]. 财经问题研究, 2010 (10)：26－32.

⑤ 余泳泽，武鹏. 我国高技术产业研发效率空间相关性及其影响因素分析——基于省际面板数据的研究 [J]. 产业经济评论. 山东大学, 2010, 9 (3)：71－86.

⑥ 李邃，江可申，郑兵云等. 高技术产业研发创新效率与全要素生产率增长 [J]. 科学学与科学技术管理, 2010, 31 (11)：169－175.

效率值大于基于随机前沿法的效率值，但后者具有较强的稳定性，同时
两组效率值的行业排序具有高度一致性①。

（二）创新效率因素

除利用不同方法对创新效率进行测度之外，分析创新效率的潜在影
响因素也是学术研究的重点。

邓路、高连水（2009）考察了 1999～2007 年中国 13 个高技术行业
的行业研发溢出对内资企业创新效率的影响并发现，内资企业的研发投
入对以国内外技术交易、外资研发为渠道的行业研发溢出具有替代性，
同时有利于内资企业优化研发资源配置以及提升创新效率②。戴魁早
（2011）基于随机效应模型的研究表明，企业规模对高技术产业研发效
率具有显著正影响，国有产权比重的影响显著为负，市场势力与高技术
产业研发效率之间存在倒 U 型关系③。王国顺、张涵、邓路（2010）认
为，外资比重和出口贸易对高技术产业创新效率具有显著正影响，但对
内资企业创新效率的影响不显著④。

周立群、邓路（2009）利用随机前沿法考察了 1995～2006 年中国
内外资高技术企业的研发效率并发现，内资企业研发效率在近几年有提
升但低于外资企业；对内资企业而言，企业规模、市场竞争和技术消化
吸收经费投入对其研发效率具有显著正影响；对外资企业而言，企业规
模、市场竞争和出口贸易对其研发效率具有显著正影响⑤。此外，余泳

① 李向东，李南，白俊红，谢忠秋. 高技术产业研发创新效率分析 [J]. 中国软科学，
2011（2）：52 - 61.
② 邓路，高连水. 研发投入、行业内 R&D 溢出与自主创新效率——基于中国高技术产业
的面板数据（1999 - 2007）[J]. 财贸经济，2009（5）：9 - 14.
③ 戴魁早. 中国高技术产业 R&D 效率及其影响因素——基于面板单位根及面板协整的实
证检验 [J]. 开发研究，2011（1）：56 - 60.
④ 王国顺，张涵，邓路. R&D 存量、所有制结构与技术创新效率 [J]. 湘潭大学学报
（哲学社会科学版），2010，34（2）：71 - 75.
⑤ 周立群，邓路. 企业所有权性质与研发效率——基于随机前沿函数的高技术产业实证
研究 [J]. 当代经济科学，2009，31（4）：70 - 75.

泽、周茂华（2010）进一步发现，除企业规模、技术消化吸收经费投入之外，制度因素也会显著促进高技术产业创新效率提升，但政府政策却发挥反向作用①。白俊红（2011）指出，国有产权比重和三资产权比重对高技术产业创新效率都具有抑制作用②。成力为、孙玮、王九云（2011）的研究表明，低技术数量扩张型外商直接投资通过模仿与竞争渠道对内资企业创新活动的长期技术进步率产生显著负影响，高技术知识密集型外商直接投资对内资企业的长、短期创新效率都不具有显著影响，人力资本水平、金融支持水平、出口贸易对内资企业创新活动的长期技术进步率都具有显著正影响③。

池仁勇、孙浩（2011）通过问卷调查将高新技术企业专利申请动机分为拓宽市场和营销、获得垄断收益以及设置专利阻拦三类，利用DEA－C²R模型对样本企业研发活动的综合效率、技术效率和规模效率进行了测度并发现，以获得垄断收益为动机的企业具有较高的综合效率和技术效率；以拓宽市场和营销为动机的企业大都处于研发规模收益递增状态，但研发规模仍有提升空间；以设置专利阻拦为动机的企业注重短期利益，技术效率和规模效率都较低④。

顾群、翟淑萍（2012）基于融资约束指数考察了高新技术企业融资约束与创新效率的关系并发现，融资约束在一定程度上会降低代理成本及其负面影响，进而支持了融资约束趋紧有利于企业创新效率提升的观点⑤。

---

① 余泳泽，周茂华. 制度环境、政府支持与高技术产业研发效率差异分析 [J]. 财经论丛，2010（5）：1－5.

② 白俊红. 企业规模、市场结构与创新效率——来自高技术产业的经验证据 [J]. 中国经济问题，2011（5）：65－78.

③ 成力为，孙玮，王九云. 引资动机、外资特征与我国高技术产业自主创新效率 [J]. 中国软科学，2010（7）：45－57，164.

④ 池仁勇，孙浩. 不同专利申请动机下企业 R&D 效率研究——以浙江高新技术企业为例 [J]. 技术经济，2011，30（8）：7－10.

⑤ 顾群，翟淑萍. 融资约束、代理成本与企业创新效率——来自上市高新技术企业的经验证据 [J]. 经济与管理研究，2012（5）：73－80.

二、高技术产业集聚研究

相对于技术创新效率研究，中国高技术产业集聚研究起步较早，大概始于20世纪90年代中后期。目前，这一领域的研究成果较为丰富，主要涉及产业集聚态势、机理及效应等内容。

（一）产业集聚态势

不可否认，产业集聚是高技术产业发展的显著区位特征。对此，国内学者采用不同代理指标考察了中国高技术产业集聚态势的存在性及其变化。

唐中赋、任学锋、顾培亮（2005）基于钻石模型构建了高新技术产业集聚水平的评价指标体系，同时考察了1997～2001年中国电子及通信设备制造业的空间分布状况并发现，东部省域的产业集聚水平远高于中、西部省域，区域产业发展不均衡性在加剧[①]。蒋金荷（2005）利用分工指数和区位熵考察了1995～2002年中国高技术产业的空间分布状况并发现，区域同构性在减弱，地方专业化在增强，从而表明中国高技术产业集聚态势日益加剧[②]。王子龙、谭清美、许萧迪（2006）基于EG指数和行业集中度的研究[③]，梁晓艳、李志刚、汤书昆等（2007）基于Theil指数的研究[④]，赵玉林、魏芳（2008）基于行业集中度和熵指数的研究[⑤]以及孙玉涛、刘凤朝、徐茜（2011）基于空间Gini系数和行业集

---

①　唐中赋，任学锋，顾培亮. 我国高新技术产业集聚水平的评价——以电子及通讯设备制造业为例［J］. 西安电子科技大学学报（社会科学版），2005，15（3）：57–61.

②　蒋金荷. 我国高技术产业同构性与集聚的实证分析［J］. 数量经济技术经济研究，2005（12）：91–97，149.

③　王子龙，谭清美，许萧迪. 高技术产业集聚水平测度方法及实证研究［J］. 科学学研究，2006，24（5）：706–714.

④　梁晓艳，李志刚，汤书昆等. 我国高技术产业的空间集聚现象研究——基于省际高技术产业产值的空间计量分析［J］. 科学学研究，2007，25（3）：453–460.

⑤　赵玉林，魏芳. 基于熵指数和行业集中度的我国高技术产业集聚度研究［J］. 科学学与科学技术管理，2008（11）：122–126，180.

中度的研究①都得出了类似结论。席艳玲、吉生保（2012）基于 Theil 指数的研究则表明，中国高技术产业以 2004 年为拐点经历了先集聚后分散的空间分布变化②。施海燕（2012）基于产业地理集中综合指数的研究显示，东部、东北、中部和西部地区的集聚度由高到低依次减弱，东部地区的集聚度仍在提高，但个别省域已表现出一定的过度集聚迹象③。

（二）产业集聚机理

不同于传统产业集聚，高技术产业集聚并非单纯追求物质成本节约，其生成机理存在一定的特殊性。对此，学者们从多个角度展开了研究。

王缉慈（2001）认为，高技术产业集聚的影响因素可归纳为本地前后向联系、新企业衍生、高质量的劳动力供给以及区域创新环境④。倪卫红、董敏、胡汉辉（2003）的研究除涉及上述因素之外，还指出本地根植性对高技术产业集聚的重要性⑤。李建玲、孙铁山（2003）强调了政府对营造区域创新环境，进而推动高技术产业集聚的积极作用⑥。盖翊中（2005）将高技术产业集聚的影响因素概括为高品质人力资源、技术知识资源、资本资源、基础设施和聚集经济⑦。毛军（2006）从实证

① 孙玉涛，刘凤朝，徐茜. 中国高技术产业空间分布效应演变实证研究 [J]. 科研管理，2011，32（11）：37-44.

② 席艳玲，吉生保. 中国高技术产业集聚程度变动趋势及影响因素——基于新经济地理学的视角 [J]. 中国科技论坛，2012（10）：51-57.

③ 施海燕. 中国高技术产业时空演变、集聚适宜度及要素优化配置 [J]. 科学学与科学技术管理，2012，33（7）：96-102.

④ 王缉慈等. 创新的空间——企业集群与区域发展 [M]. 北京：北京大学出版社，2001：180-184.

⑤ 倪卫红，董敏，胡汉辉. 对区域性高新技术产业集聚规律的理论分析 [J]. 中国软科学，2003（11）：140-144.

⑥ 李建玲，孙铁山. 推进北京高新技术产业集聚与发展中的政府作用研究 [J]. 科研管理，2003，24（5）：92-97.

⑦ 盖翊中. 区位因素与高科技产业空间集聚的相关模型 [J]. 财贸经济，2005（6）：66-70.

角度说明了人力资本对高技术产业区位决策和集聚形成的影响①。彭澎、蔡莉（2007）基于协同理论将高技术产业集群生成因素归纳为区位禀赋、产业特性、市场需求、企业家和机遇②。

梁琦（2004）认为，缄默知识及其空间黏性是导致创新活动集聚的根本原因，因此，对创新活动频繁的高技术产业而言，知识溢出本地化是形成产业集聚的重要原因③。类似地，袁红林（2006）认为，追求知识共享是导致高科技企业地理邻近的关键因素④。

范方志、周剑、谭燕芝（2004）从集群单元、模式、环境及生命周期四个方面分析了外商直接投资对高技术产业集群发展的影响⑤。王玮、方虹（2008）实证了外商直接投资与中国大多数高技术行业集聚之间存在高度正相关⑥。此外，彭中文、何新城（2008）基于1998～2005年中国省域面板数据和固定效应模型的研究则实证了外资研发对中国高技术产业聚集的促进作用⑦。

谢润邦、胡美林（2006）指出，风险投资集聚与高技术产业集群发展存在交互影响，一方面高技术产业集群为风险投资提供了巨大的市场收益，另一方面风险投资集聚为集群内企业提供了研发投入保障，激发了企业研发创新动力，从而促进高技术产业集群成长⑧。陈柳钦（2008）

---

① 毛军. 人力资本与高技术产业集聚——以京津、长三角、珠三角为例的分析 [J]. 北京社会科学，2006（5）：82 – 86.

② 彭澎，蔡莉. 基于协同学理论的高技术产业集群生成主要影响因素研究 [J]. 山东大学学报（哲学社会科学版），2007（1）：72 – 78.

③ 梁琦. 高技术产业集聚的新理论解释 [J]. 广东社会科学，2004（2）：46 – 51.

④ 袁红林. 高科技企业集群的动因——基于企业知识观的视角 [J]. 江西财经大学学报，2006（6）：9 – 11.

⑤ 范方志，周剑，谭燕芝. 对外直接投资、外部经济与高新技术产业集群 [J]. 财贸研究，2004（1）：13 – 18.

⑥ 王玮，方虹. FDI与我国高新技术产业集聚关系的实证研究 [J]. 贵州大学学报（社会科学版），2008，26（1）：97 – 102.

⑦ 彭中文，何新城. 外资R&D溢出与高技术产业集聚的实证分析 [J]. 中央财经大学学报，2008（10）：85 – 88.

⑧ 谢润邦，胡美林. 风险资本的集聚对高新技术产业集群发展的影响分析 [J]. 湖南大学学报（社会科学版），2006，20（2）：70 – 73.

强调了社会资本对高技术产业集群成长的重要影响①。陈平（2006）则将高技术产业集群成长的驱动力拓展为投资、科技、产业和环境四类因素②。王国新（2010）的研究还表明，集群自身的密度以及集群之间的地理邻近性、产业重叠度都对高技术产业集群成长具有显著的倒 U 型影响③。

郭政、雷如桥、陈继祥（2008）运用博弈论分析了知识溢出、同业竞争和内部知识转移对高技术企业区位决策的影响并发现，当知识溢出效应减弱、同业竞争强度提高以及内部知识转移效率下降时，技术领先企业倾向于集聚，技术落后企业则倾向于分散④。

（三）产业集聚效应

除探究中国高技术产业集聚态势和机理之外，学者们还从产业创新能力、区域竞争优势等角度对高技术产业集聚效应进行了研究。

张元智（2001）较早探讨了产业集聚与高科技产业开发区竞争优势的互动关系⑤。苏英、穆荣平、宋河发等（2007）认为，高技术产业集群的宏观竞争优势表现为提高区域市场效率、获得区域规模报酬递增、增强区域创新创业能力，微观竞争优势则表现为降低生产和交易成本、建立区域营销品牌⑥。徐光瑞（2010）运用灰色关联分析法也实证了产

————————

① 陈柳钦. 高新技术产业集群中的社会资本效应分析［J］. 当代经济管理，2008，30（11）：77 - 85.

② 陈平. 论高科技产业集群成长的驱动因素［J］. 科学学与科学技术管理，2006（12）：80 - 86.

③ 王国新. 集群要素禀赋、集群间关系与集群成长——基于 54 个高新技术开发区的实证研究［J］. 科研管理，2010，31（5）：131 - 140.

④ 郭政，雷如桥，陈继祥. 高科技企业集聚定位决策研究［J］. 研究与发展管理，2008，20（2）：81 - 85.

⑤ 张元智. 高科技产业开发区集聚效应与区域竞争优势［J］. 中国科技论坛，2001（3）：20 - 23.

⑥ 苏英，穆荣平，宋河发等. 高技术产业集群的竞争优势论［J］. 科学学与科学技术管理，2007（2）：120 - 126.

业集聚是提升中国高技术产业竞争力的重要因素①。

毛广雄（2006）认为，一方面高新技术产业的结构效应会加速城市化进程，集聚效应则促进城市多样化经济形成，另一方面城市化促进了创新要素的空间流动，从而为高新技术产业集聚提供人力资本保障和创新原动力②。

张秀武、胡日东（2008）基于 1998～2005 年中国省域面板数据和空间回归模型分析了集群视角下区域高技术产业创新驱动因素并发现，集群内和集群间的知识溢出都显著促进了区域创新产出，但政府支持尚未产生稳定影响③。周明、李宗植（2011）的研究也得出了类似结论④。

张铁山、赵光（2009）将高技术企业创新能力分解为知识创新能力、文化创新能力和要素创新能力，进而从知识溢出、创新要素获取和创新文化根植性三个角度论述了集群对高技术企业创新能力的影响⑤。

高雪莲（2009）通过考察中国北京中关村科技园区的高技术产业集群衍生状况发现，集群衍生效应有利于提升竞争优势和智力资源配置率，从而促进高技术产业集群成长；集群衍生效应又可进一步分解为技术衍生效应和企业衍生效应，前者促进企业规模化、专业化和技术扩散，后者强化集群内部竞争、激励企业研发投入和技术创新⑥。

宣烨、宣思源（2012）指出，企业只有融入集群内分工网络，产业

① 徐光瑞. 中国高技术产业集聚与产业竞争力——基于 5 大行业的灰色关联分析 [J]. 中国科技论坛，2010（8）：47－52.

② 毛广雄. 高新技术产业集聚的城市化响应与反馈机制研究 [J]. 世界地理研究，2006，15（1）：9－15.

③ 张秀武，胡日东. 区域高技术产业创新驱动力分析——基于产业集群的视角 [J]. 财经研究，2008，34（4）：37－49.

④ 周明，李宗植. 基于产业集聚的高技术产业创新能力研究 [J]. 科研管理，2011，32（1）：15－21，28.

⑤ 张铁山，赵光. 集群对高技术企业创新能力的影响分析 [J]. 中国科技论坛，2009（1）：31－35.

⑥ 高雪莲. 北京高科技产业集群衍生效应及其影响分析——基于中关村科技园区的案例研究 [J]. 地域研究与开发，2009，28（1）47－52.

集聚才对企业出口具有显著正影响①。仇怡、吴建军（2010）则认为，高技术产品出口扩大有力促进了高技术产业集聚和技术进步②。

三、两者关联性研究

目前，有关高技术产业集聚、技术创新效率的研究日渐增多，但将两者结合起来研究的学者还较少。

张昕、李廉水（2007）以中国医药、电子及通信设备制造业为对象的实证分析表明，专业化集聚对区域产业创新绩效具有正影响，多样化集聚对医药制造业的区域创新绩效具有正影响，对电子及通信设备制造业的区域创新绩效却具有负影响③。

蔡莉、柳青（2008）基于中国长春高新软件园 160 家科技型创业企业的调研数据构建了集群共享性资源测度指标并发现，集群共同声誉和当地中介机构的参与都对企业创新绩效具有积极影响④。窦红宾、王正斌（2010）对中国西安市通信装备制造业集群的实证研究表明，集群网络强度、密度和稳定性对企业创新绩效具有显著正影响，集群网络规模的影响效果不显著；知识吸收能力在企业创新绩效与集群网络结构之间发挥一定的中介作用⑤。

颜克益、芮明杰、巫景飞（2010）基于 1998～2007 年中国省域面板数据实证分析了高技术产业创新绩效的影响因素并发现，产业集聚通

---

① 宣烨，宣思源. 产业集聚、技术创新途径与高新技术企业出口的实证研究 [J]. 国际贸易问题，2012（5）：136－146.

② 仇怡，吴建军. 国际贸易、产业集聚与技术进步——基于中国高技术产业的实证研究 [J]. 科学学研究，2010，28（9）：1347－1353.

③ 张昕，李廉水. 制造业集群、知识溢出与区域创新绩效——以我国医药、电子及通讯设备制造业为例的实证研究 [J]. 数量经济技术经济研究，2007（8）：35－43，89.

④ 蔡莉，柳青. 科技型创业企业集群共享性资源与创新绩效关系的实证研究 [J]. 管理工程学报，2008，22（2）：19－23，40.

⑤ 窦红宾，王正斌. 网络结构、吸收能力与企业创新绩效——基于西安通讯装备制造产业集群的实证研究 [J]. 中国科技论坛，2010（5）：25－30.

过激励创新投入促进创新绩效提升，集聚区的内部结构、社会信任度、全球产业链嵌入度以及集聚区的外部环境、产业多样化程度和区域市场化程度都将加强产业集聚对创新绩效的积极影响①。曲婉、康小明（2012）考察了1995～2009年中国31个省域高技术产业创新效率并发现，研发投入强度是导致区域高技术产业创新效率差异的主要因素②。张长征、黄德春、马昭洁（2012）的实证研究表明，高技术产业集聚度与地区金融市场效率大体成正比，金融市场的联结效应存在地区差异，即金融市场效率低的地区，其金融市场更有利于加强产业集聚对产业创新效率的提升作用③。

第四节　对现有文献的简评

伴随现代生产效率理论的引进和推广，国内学者对技术创新问题的研究已逐渐从创新能力、绩效转向创新效率，从而为探讨产业集聚的创新效应提供了一些新思路，即产业集聚在促进技术创新产出扩大的同时，是否也有助于技术创新效率提升？现实中，同一产业在不同区域的技术创新效率往往存在一定差异。那么，产业集聚能否进一步解释技术创新效率的空间分异？带着这些疑问，本书梳理了有关产业集聚与技术创新效率的关系以及中国高技术产业集聚、技术创新效率及两者关联性的研究，而且发现这些研究仍存在一些拓展空间。

首先，直接将产业集聚与技术创新效率结合起来研究的文献较少，已有的少量文献仅实证分析了专业化集聚和多样化集聚对区域技术创新

---

① 颜克益，芮明杰，巫景风.产业集聚视角下高技术产业创新绩效影响因素研究［J］.经济与管理研究，2010（12）：57 – 67.

② 曲婉，康小明.高技术产业创新效率区域差异研究［J］.中国科技论坛，2012（8）：70 – 74.

③ 张长征，黄德春，马昭洁.产业集聚与产业创新效率：金融市场的联结和推动——以高新技术产业集聚和创新为例［J］.产业经济研究，2012（6）：17 – 25.

绩效的影响。一方面，产业集聚演进往往同时存在金融、技术外部性，区域技术创新活动本身也必然涉及人才、资金等创新资源的空间优化配置问题，因此，单纯的技术外部性还不能全面解释产业集聚对区域技术创新绩效的影响，有必要综合考虑创新人力资本、知识溢出效应和区域创新环境等多方面因素；另一方面，区域技术创新活动既包括产业技术创新，也包括大学、科研院所的技术创新，笼统地研究区域技术创新绩效可能无法准确反映出区域内某一产业技术创新系统的运行状况，考虑到高技术产业发展对区域技术创新能力提升的重要性，有必要对区域高技术产业技术创新效率问题展开研究。

其次，有关高技术产业技术创新效率空间分异的文献较少，特别是从产业集聚视角对这种空间分异机理进行理论阐释和经验检验的文献更少。现有从区域维度考察高技术产业技术创新效率的研究大都侧重于效率因素分析，对区域效率差异及其变化涉及较少，而且对效率因素的选取会由于研究切入点的变化而不同，缺乏一种"分合兼具"的综合视角。理论和实践都表明，空间集聚是高技术产业的显著区位特征，与技术创新具有内在关联性。因此，在考察中国高技术产业技术创新效率时，有必要将产业集聚纳入分析框架，以全面、深入地探讨区域产业创新效率提升、分异的影响因素及其作用机理。

第三章 产业集聚对高技术产业技术创新效率空间分异的影响：理论框架

目前，直接将产业集聚与技术创新效率结合起来研究的文献较少，以产业集聚为视角对高技术产业技术创新效率及其空间分异进行研究的文献更少。因此，本书应首先构建高技术产业集聚创新分析框架，以试图厘清从产业集聚到区域产业技术创新效率提升、分异的实现路径，从而为后文实证检验产业集聚对中国高技术产业技术创新效率及其空间分异的影响奠定理论基础。

第一节 高技术产业集聚动因

从传统产业区位论到新经济地理理论，产业集聚究竟如何生成始终是核心议题。然而，这些理论研究主要以工业或制造业为分析对象，并未涉及不同技术经济特性的产业在集聚机理方面的异同。那么，与传统的中低技术产业相比，高技术产业集聚动因具有哪些特殊性？在中国转型经济和对外开放的背景下，国内高技术产业集聚动因又是否呈现一定的"中国特色"？目前，国内学者针对这些问题的研究较少，特别是实证文献涉及的产业集聚影响因素各有侧重，尚缺乏较为统一的分析框架。对此，本书试图在现有研究的基础上对中国高技术产业集聚的驱动力进行系统分析，既包括一般规律性因素，也包括符合中国现实的特殊因素。

一、具有创新创业精神的企业家

创新、风险和机遇是高新技术实现产业化、规模化的关键，那么，具有创新创业精神、勇于承担风险以及善于把握市场良机等素质的企业家自然成为高技术企业的核心生产要素。实践经验表明，一个成功的高技术企业背后总存在一批优秀的企业家群体，例如，微软的比尔·盖茨、苹果的史蒂夫·乔布斯、联想的柳传志、方正的王选、华为的任正非等。实际上，企业家是高技术产业集聚的重要影响因素。高技术产业集聚在一定程度上可视为一系列由企业家主导的新企业创立衍生的过程。考虑到家庭流动性、社会关系网络以及商业环境熟悉度等因素，企业家资源通常具有一定的地方化特点。当某些外部冲击带来了新的市场机遇并降低了创业机会成本时，企业家创新创业行为便出现，进而形成一种典型的干中学过程（Zaltman，Duncan & Holbeck，1973①）。在此过程中，企业家为抓住新市场机遇，会有效整合现有资源以降低创业风险，从而使其初始社会关系网络不断扩展和深化。第一批创业成功的企业家对后来者起到示范效应，他们的成功经验逐渐成为集聚区的内部共识，引领更多企业进行创新创业活动。一旦高技术企业集聚初具规模，大量资金和专业型技术人才等生产要素就会被吸引至集聚区，金融、物流等生产性服务业以及相关基础设施建设的发展也会随之加强，企业孵化器更促使集聚区内部新企业衍生，新一代企业家的产生成长带来了新思想、新活力，进而促使集聚区进入自我维持的良性轨道。综合而言，具有创新创业精神的企业家能够敏锐地抓住潜在市场良机，以较低的机会成本创立新产品，甚至

---

① Zaltman G., Duncan R., Holbeck J. . Innovations and Organizations [M]. New York: Wiley, 1973.

新企业，进而萌芽新的产业价值链；伴随新产品配套生产和服务专业化，更多相关企业进入集聚区或由集聚区内部企业衍生得到，从而促使产业价值链向纵深专业化发展，同时逐渐形成具有地方特色的产业文化，集聚区整体竞争实力得以提升，具体过程如图 3-1 所示。

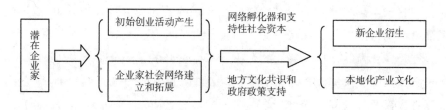

图 3-1　企业家与高技术产业集聚演进

二、缄默知识溢出本地化

技术创新是高技术企业获取持久竞争力的关键所在。要成功实现技术创新，一类重要的投入要素就是缄默知识。这类知识是含糊的、不易通过编码方式得以储存整理，往往通过偶然机会被认知（梁琦，2004[①]）。因此，在通信技术高度发达的当今，这类知识溢出依然具有地方化倾向，换言之，缄默知识传播和扩散的边际成本随地理距离增大而增大。实际上，缄默知识溢出的空间局限性已成为学界共识。Jaffe 等（1993）通过比较不同区位的专利引用情况发现，美国专利主要被美国本土引用而非被外国引用[②]。Coe 和 Helpman（1995）的实证研究显示，国内研发溢出的生产率增进效应要强于以国际贸易为渠道的外国研发溢出的生产率增进效应[③]。Eaton 和 Kortum（1996）的研究表明，一国内

[①]　梁琦. 产业集聚论 [M]. 北京：商务印书馆，2004：145.

[②]　Jaffe A. B. , Trajtenberg AM. , Henderson R. . Geographic Localiazation of Knowledge Spillovers as Evidenced by Patent Citations [J]. Quaterly Journal of Economics，1993，108（3）：577-598.

[③]　Coe D. T. , Helpman E. . International R&D Spillovers [J]. European Economic Review，1995，39（5）：859-887.

部的技术扩散强于国际的技术扩散①。

缄默知识及其空间黏性决定了对这类知识的获取必须通过面对面交流以及连续、重复地接触，正如 Glaeser 等（1992）所言，"知识穿流肯定是跨走廊、街道比跨海洋、大陆容易得多"以及 Saxenian（1994）所言"这种信息的非正式流动意味着在硅谷的公司比其他任何地方的公司都更容易与技术前沿保持一致"。由于学习能力在不同个体和地区之间存在差异，因此，相互邻近的企业能获得更好的学习条件和机会，从而对高技术产业这类以新知识为重要创新投入的行业而言，企业地理集聚具有较强的技术创新优势。

三、产业垂直关联效应

新经济地理学认为，产业垂直关联效应是产生集聚经济的内生动力。就高技术产业而言，产业前向联系表现为高技术企业与市场或客商的联系，产业后向联系则表现为高技术企业与中间投入品供应商的联系。一般而言，产品的技术含量、企业规模等是影响高技术产业垂直关联效应的决定性因素。首先，高技术产品具有较强的创新性，突出特点是市场需求不确定性较高、产品生命周期较短，对这类产品就应该采取响应型供应链，即上下游关联企业之间的分工合作具有高度的灵活性，相关生产、服务和市场功能都处于柔性生产系统，这自然要求高技术企业采取集群式发展战略。其次，对中小型高技术企业而言，其产业后向联系相对较强。这是因为中小型企业多在当地寻求供应商，而不能像大企业那样跨区域、跨国家搜寻适宜供应商（王缉慈，2001②）。综上所述，当企业规模较小、相关产品的技术标准化程度较低时，企业的本地

---

① Eaton J.，Kortum S.．Trade in Ideas Patenting and Productivity in the OECD［J］．Journal of International Economics，1996，40（3 - 4）：251 - 278.

② 王缉慈．创新的空间——企业集群与区域发展［M］．北京：北京大学出版社，2001：180.

后向联系就显著；当企业规模较大、相关产品的技术标准化程度较高时，企业的本地后向联系就不突出。

从国外发展实践看，高技术产业的本地后向联系普遍强于本地前向联系。欧基和库泊在 20 世纪 80 年代中期的研究表明，对大多数高技术企业，特别是中小型高技术企业而言，它们的大部分产品都销往外地，针对本地市场的销售倾向不强，反映出高技术企业并不以本地消费市场为导向。究其原因可能是，高技术产品往往具有体积小、重量轻、运输方便等特点，因此，远距离运输不会给生产企业带来高额附加成本，从而使高技术企业倾向于出口。另外，高技术产品主要面向具有相关技术背景的消费群体，这类群体数量少且分布较广，从而使高技术企业难以建立起稳固的本地市场前向联系。然而，也有学者认为本地市场效应对促使产业集聚发挥了重要作用。Porter（1998）认为，本地需求环境是产业集群形成的重要条件，内需市场不仅是产业发展的推动力，还能够先于国际市场而被本土企业识别①。

四、区域创新资源优势

尽管集聚经济对产业区位选择日益发挥重要作用，但区域资源禀赋依然是决定产业生产力布局的基本因素。对高技术产业而言，满足创新型人力资本丰富、资本市场环境良好等条件的区域往往具有较强的区位吸引力。

知识溢出本地化是促使高技术企业地理聚集的重要原因。实际上，创新知识能否有效传播、扩散往往与集聚区创新型人力资本存量紧密相关。这是因为创新型人力资本越丰富，越有利于提升企业自主创新能力以及对新技术、新思想的"消化—吸收—再创新"能力，在此基础之

---

① 迈克·E. 波特. 簇群与新竞争经济学 [J]. 郑海燕译. 经济社会体制比较，2000（2）：21 – 31.

上，企业之间更容易形成协同竞争的创新网络氛围。正如梁琦（2004）所言，"在这样的人才集聚地，酒吧、茶室、野炊、舞会都可能是重要的知识扩散源，一次不经意的闲聊也许就是一个信息的传播"①。此外，高技术产品生命周期短、更新速度快的特点也决定了研发人员和一般技能人员是高技术企业生产的基本前提，从而使其区位决策更注重劳动力的质量和有效性，而非劳动力成本。从全球范围看，国内外知名高技术产业集聚区大都分布在大学和科研机构密集的地方，如表 3 - 1 所示。

表 3 - 1   国内外知名高技术产业集聚区分布状况

集聚区	知识技术中心
硅谷	斯坦福大学
波士顿 128 号公路	麻省理工学院、林肯实验室、美国无线电公司、阿捷克公司数字设备公司、德克萨斯仪器公司等的研发部门
明尼苏达高技术密集区	美国工程研究会、通用米尔机械分会、Rosemount 研究实验室、3M 公司、超声研究中心等
马里兰科学园	美国国家卫生研究院、国家标准技术研究所、马里兰大学、霍普金斯大学分院等
芝加哥科研工业综合体	芝加哥大学、西北大学、伊利诺伊理工学院、国立阿贡实验室等
渥太华电讯谷	北方电讯、贝尔北方研究中心、信息技术研究中心、安大略通信技术研究所
剑桥科学园	剑桥三一学院
筑波科学城	筑波大学
台湾新竹工业园	台湾交通大学、台湾清华大学、台湾工业技术研究所
北京中关村	北京大学、清华大学、北京理工大学等

资料来源：毛军. 人力资本与高技术产业集聚——以京津、长三角、珠三角为例的分析 [J]. 北京社会科学，2006（5）：82 - 86.

① 梁琦. 高技术产业集聚的新理论解释 [J]. 广东社会科学，2004（2）：46 - 51.

高技术产业发展需要大量资本投入，良好的资本市场环境是促进高新技术实现规模产业化的重要保障。在市场变化和技术进步不断加快的背景下，健全高效的资本市场能合理整合社会资金，通过杠杆效应有效满足高新技术产业化的投资需求。正如创新经济学鼻祖熊彼特（1912）所言，金融中介提供的服务是推动技术创新和经济增长的关键动力，功能完善的资本市场能够发现并支持具有较大成功概率的创新项目。King和Levine（1993）也指出，金融中介分散风险、动员储蓄以及获取有关投资项目信息的功能与股票市场揭示创新活动预期利润现值的功能一起提高了技术创新率①。因此，资本市场环境良好的区域更有利于高技术企业开展研发活动，为其提升核心竞争力提供坚实资金保障，从而更易于吸引大量高技术企业以促成产业集聚。

五、FDI 与政府作用

前文已从多个角度论述了促成高技术产业集聚的一般动因，然而，在中国转型经济和对外开放的背景下，国内高技术产业集聚是否还受到其他因素影响？本书认为，外商直接投资和政府作用是两个重要因素。

改革开放以来，中国高技术产业吸引了大规模外商直接投资。按当年价计算，2011年，外资企业产值占高技术产业总产值的比重为42.7%，占制造业总产值的比重仅为28.9%②。这种外商直接投资的大量介入使本土高技术企业的区位决策具有一定的外资依赖性，如英特尔、微软等跨国公司对中国北京中关村IT产业集群发展的影响（张宇，2008③）。一方面，出于接近已有研发中心或仿效其他外国公司决策以降低市场不

---

① King R. G. , Levine R. . Finance and Growth：Schumpter Might be Right ［J］. Quarterly Journal of Economics，1993，108（3）：717 – 737.

② 根据2012年《中国高技术产业统计年鉴》《中国工业经济统计年鉴》的相关数据计算得出。

③ 张宇. FDI、产业集聚与产业技术进步——基于中国制造行业数据的实证检验［J］. 财经研究，2008，34（1）：72 – 82.

确定性的动机，后续外商直接投资容易区位于先行外商直接投资集中的区域；另一方面，由于本土企业与跨国公司的技术水平差异以及产品价值链分工，拥有先进技术和研发实力的跨国公司往往处于核心地位，在一定程度上可带动周边本土企业共同发展，也可与其他跨国公司共同形成产业集群并促进本土企业孵化成长（Barrell & Pain, 1997[①]; Guima-raes et al., 2000[②]）。实际上，硅谷 IT 集群和伦敦金融业集群的繁荣就主要受益于大型跨国公司在这些地区的集聚。

中国正处于转型经济阶段，市场化程度仍需进一步提高，从而使中国高技术产业发展表现出一定的"自上而下"特点，尤其体现在政府主导的各级高新技术产业开发区建设方面。在本质上，产业集聚应由企业自主区位选择导致，是以"自下而上"为主要特点的市场运行过程。然而，产业集聚同样存在公共品供给不足、集聚负外部性等低效率问题。随着集聚区的企业数量、规模不断扩大，恶性竞争、地价上涨、交通拥堵以及环境污染等集聚不经济现象逐渐显现。根据"公共地悲剧"理论，集聚区内部企业通常缺乏增加公共品投入的有效激励，即使各企业共同投资，依旧存在搭便车、协调成本高昂等逆向选择问题。作为规制经济活动的有效力量，政府在解决这些问题时具有无可替代的优势。因此，政府在产业集聚形成发展中将扮演重要的"推进者"角色。正如波特所言，政府是产业集群成长的发动机。实际上，集聚区潜在进入者的预期收益往往与政府提供的公共产品数量成正比[③]。因此，政府功能完善的区域在形成产业集聚方面具有一定的比较优势。

① Barell R. , Pain N. . Foreign Direct Investment, Technological Change and Economic Growth within Europe [J]. The Economic Journal, 1997, 107 (445): 1770 – 1786.

② Guimaraes P. , Figueiredo O. , Woodward D. . Agglomeration and The Location of Foreign Direct Investment in Portugal [J]. Journal of Urban Economics, 2000, 47 (1): 115 – 135.

③ 冯文娜，杨蕙馨. 政府在产业集群成长运行中的作用研究——基于博弈的分析 [J]. 山东社会科学, 2007 (11): 119 – 125.

第二节　产业集聚对高技术产业技术创新的影响

产业集聚是高技术产业的显著区位特征，技术创新则是高技术产业的持久发展动力，因此，高技术产业集聚与技术创新之间必然存在某种关联。实际上，产业集聚不仅是高技术产业技术创新资源的有效组织载体，还促进创新网络环境发展以及企业技术创新竞争与合作，从而产生显著的技术创新效应。

一、产业集聚是高技术产业技术创新资源的有效组织载体

熊彼特的创新理论认为，创新是企业家不断整合专业化人才、资金、信息、公共服务等创新资源的过程。从这一角度看，产业集聚是高技术产业技术创新资源的有效组织载体。首先，产业集聚将加快区域高技术产业技术创新平台建设，从而对专业技术人才，特别是创新型技术人才形成较强的吸引力，最终建立专业化的人才市场，即马歇尔所言的"劳动力蓄水池"。其次，产业集聚还为不同企业、机构的专业技术人员进行面对面交流和学习提供了便利，通过这种知识溢出和"边学边干"以实现高技术产业集聚区的知识存量增加，同时地理邻近的不同企业更易于形成相似的企业文化和经营理念，从而有利于促进缄默知识、非编码化经验类知识的溢出和扩散，进一步促进高技术产业集聚区技术创新。最后，高技术产业集聚还往往伴随着金融、物流、通信等生产性服务业的集聚化发展，通过发挥这些公共辅助性创新资源的规模优势，可有效降低集聚区企业技术创新的固定成本。

二、产业集聚为高技术产业技术创新竞争与合作提供动力

伴随产业集聚成长，内部新企业不断衍生以及外来企业的进入，都

加剧了集聚区内部的企业市场竞争。一方面，相对有限的地理空间往往集聚着几十家甚至几百家生产近乎同质化产品的企业，致使企业在资金、技术等方面的比较优势不明显，进而激励企业持续技术创新以获取竞争优势；另一方面，由于地理邻近和组织临近，集聚区内部企业之间的创新知识透明度较高，率先技术创新的企业不可能完全实现技术封锁以维持高额垄断利润，因为技术相对落后的企业总能通过产品分解、技术跟踪等方式对新知识、新技术进行消化吸收以实现"二次创新"，从而瓜分率先创新企业的市场份额，这在无形中又加剧了企业竞争，进而刺激各企业进入新一轮的技术创新。综合而言，相对于区位分散的外部企业，高技术产业集聚区的内部企业具有更强烈的技术创新动机。

知识经济时代，技术创新的跨学科、跨领域特点日益突出，加之技术创新涉及研发、设计、试验、生产、市场推广等众多环节，单个企业已无法完全依靠自身力量成功应对技术、市场的复杂性和风险性，因此，创新联盟或合作就成为高技术企业的必然选择。作为创新合作的实现载体，企业集聚往往比企业联盟具有更强的创新优势。高技术产业集聚区内部各企业的独立性使其在合作创新中能保持一定的灵活性，更有利于激发技术创新活力。此外，高技术企业通过地理集聚可有效整合创新资源以实现优势互补，从而获取技术创新的外部规模经济效益。实际上，企业集聚创新是一种较为松散的市场合作方式，对企业创新联盟的相对刚性的契约合作方式具有一定的替代性。

三、产业集聚对高技术产业技术创新网络发展有促进作用

创新网络为高技术企业技术创新提供了系统性支持，产业集聚正是这种创新网络发展的必要基础。在高技术产业集聚区，企业及其竞争者、客户、供应商、大学、科研院所、政府部门、金融中介机构等主体之间存在纵横交错的网络关系，通过这种网络关系，信息、技术、人才、资金等创新资源在集聚区内部频繁流动以实现有效整合和优化配

置，从而促进企业技术创新。具体而言，大学、科研院所等辅助机构作为技术型创新人才的重要培养基地，能够为企业技术创新提供智力和人才支持，还可通过自身科研成果转化实现新知识、新技术在高技术产业集聚区的传播、扩散。此外，政府部门、金融中介机构也为企业技术创新提供了各种支持，如公共服务、产品和技术信息传递、创新风险分担等，从而保障企业技术创新得以顺利开展。同时，各集聚主体的地理邻近性、集体学习机制以及社会人际关系等因素的共同作用还逐渐形成了根植于集聚区内部的社会资本，从而有利于降低技术创新的相关交易成本。综合而言，产业集聚有利于促进高技术产业技术创新网络发展，进而提升高技术产业技术创新能力和绩效。

第三节　产业集聚与高技术产业技术创新效率空间分异

本书在第一章中将技术创新效率界定为技术效率，反映了实际创新产出到创新生产前沿面的距离。当创新生产前沿面保持不变时，产业集聚若能增加实际创新产出就能提高技术创新效率；即便创新生产前沿面随技术进步发生外移，只要产业集聚引起的实际创新产出增加大于前沿面外移幅度，产业集聚也能提高技术创新效率。沿着这一思路，产业集聚对高技术产业技术创新效率及其空间分异的影响机理就可从产业集聚如何影响区域高技术产业技术创新产出这一角度进行阐述。通过阐释高技术产业集聚的动因和创新效应，本书进一步抽离出广义资本积累、知识本地溢出和创新环境优化三条路径，以此揭示产业集聚对高技术产业技术创新效率及其空间分异的影响机理。

一、广义资本积累效应

高技术产业集聚不仅是生产活动的地理集中，更反映了创新活动的地理集中。因此，高技术产业集聚的一个伴生现象就是创新资源的空间不平衡分布。这种不平衡性一方面源于由产业集聚引发的人力资本、物质资本等要素的区际流动，另一方面又源于这些资本要素在产业集聚区的循环积累。从这一角度讲，包含人力资本、物质资本在内的广义资本积累效应可视为产业集聚对区域高技术产业技术创新效率差异的作用机理之一。

（一）人力资本积累与区域产业集聚创新

人力资本是实现技术创新的基础条件，因为各种非人力创新投入只有借助人的作用才能真正转化为创新产出。通常，人力资本存量越大，越有利于促进技术创新。另外，研究、开发、掌握和使用新技术都要求综合运用人的知识和能力，于是，技术创新不仅体现为新工艺、新产品等物的因素，更体现为人的因素的改进，即人力资本存量增加。因此，人力资本积累对提升产业技术创新效率具有重要意义。一般而言，具备一定专业技能的高水平人才属于典型的松脚型要素，具有较强的跨区域流动性。一旦这类人才在某一地区集聚，就容易形成地方化的专业劳动力市场，即马歇尔的"劳动力蓄水池"，从而使初始人才集聚进入"自增强"的循环累积路径。沿着这一思路，产业集聚通过促进人力资本积累，加剧了集聚区与非集聚区在人力资本存量方面的差异，从而引发产业技术创新效率空间分异。具体地，产业集聚主要通过投资激励效应和自增强效应实现人力资本积累。

1. 人力资本投资激励效应

由于产品更新换代较快，高技术企业及其专业技术人员必须不断进行知识更新，才能长期保持市场竞争力。因此，高技术产业的人力资本投资激励相对较强。另一方面，在高技术产业集聚区，"劳动力蓄水池"效应进一步加剧了企业之间、劳动者之间的市场竞争，从而强化了高技术企业及其专业技术人员追加人力资本投资的动力。此外，Glaeser 和

Mare（2001[①]）以及 Yankow（2006[②]）的实证研究都表明，拥有高学历、高技能的熟练劳动者通常可获得较高的薪资报酬，在示范效应作用下，其他劳动者也倾向于增加人力资本投资。Rotemberg 和 Saloner（2000）认为，在产业集聚区，拥有专业技能的劳动者可自由选择雇主，这种谈判优势使这类劳动者易于获得较高的薪资报酬，从而对先前的人力资本投资进行补偿，也有利于激发后续人力资本投资[③]。

2. 人力资本自增强效应

马歇尔的外部性理论较早论述了产业集聚通过促进知识传播增进劳动者技能的观点，"从事同样的需要技能的行业的人，互相从邻近的地方所得到的利益是很大的。行业的秘密不再成为秘密；而似乎是公开了，孩子们不知不觉地也学到许多秘密"[④]。随后，DiPasquale 和 Glaeser（1999）借助一个两期劳动模型证明了产业集聚有助于促进区域人力资本积累[⑤]。他们认为，在产业集聚区，非熟练劳动者通过与熟练劳动者相互交流、学习，更便捷、有效地增进了自身的专业技能，这种由非熟练向熟练成功转型的概率会随产业集聚区及其熟练劳动者的规模扩大而提升，从而形成一种人力资本存量的循环累积效应。同时，产业集聚区的人际交流渠道较多，有助于推动交通、通信等基础设施发展，这些发展又反过来促进劳动者更好地学习知识、增进技能，这种交互作用有利于集聚区的人力资本存量不断增加。此外，Waldorf（2009）基于劳动力市场存量—流量模型的研究表明，一个地区吸引的外来人力资本流量与

---

① Glaeser E. L., Mare D. C.. Cities and Skills [J]. Journal of Labor Economics, 2001, 19 (2): 316 – 342.

② Yankow J. J.. Why Do Cities Pay More? An Empirical Examination of Some Competing Theories of the Urban Wage Premium [J]. Journal of Urban Economics, 2006, 60 (2): 139 – 161.

③ Rotemberg J. J., Saloner G.. Visionaries, Managers and Strategic Direction [J]. The RAND Journal of Economics, 2000, 31 (4): 693 – 716.

④ [英] 阿尔弗雷德·马歇尔. 经济学原理（上）[M]. 朱志泰译. 北京：商务印书馆，2010: 284.

⑤ DiPasquale D., Glaeser E. L.. Incentives and Social Capital: Are Homeowners Better Citizens? [J]. Journal of Urban Economics, 1999, 45 (2): 354 – 384.

该地区现有人力资本存量之间存在正相关关系①。若某一地区具有一定的人力资本优势，这种优势会增进地区竞争力和经济发展，也有利于改善现有劳动者的生活福利，在示范效应下又进一步吸引更多劳动者进入，致使该地区人力资本优势不断强化。

（二）物质资本积累与区域产业集聚创新

尽管人力资本的重要性日益受到学术界重视，但物质资本对技术进步和经济增长始终具有基础性影响。罗森斯坦·罗丹（Rosenstein-Rodan，1943）的大推进理论以及纳克斯（Nurkse，1953）的贫困恶性循环理论都认为，充足的物质资本投资对促进地区经济进入"起飞阶段"具有重要作用。哈罗德—多马模型（Harrod-Domar Growth Model，1948）指出，物质资本是实现经济增长的唯一决定因素。阿罗模型（Arrow，1962）则表明，技术进步是由物质资本积累导致，技术进步率与物质资本增长率正相关。

1. 物质资本积累与技术创新

本书认为，物质资本积累对技术创新的促进作用主要通过两种方式实现。一方面，物质资本积累通过物化技术进步推动技术创新。通常，物质资本，特别是固定资本都内含一定的物化技术，因此，对现有物质资本进行更新、再投资就意味着相应的物化技术进步，由此促进边际生产效率提升和成本下降，同时产生规模经济效益，从而保障企业有更多资金作为直接的创新投入或通过人力资本投资作为间接的创新投入，最终实现技术创新。Aghion 和 Howitt（2004）构建了一个具有内生技术进步的索罗—斯旺模型并指出，"在稳定状态下，创新的价值为资本密集度的递增函数"，"资本密集度上升将通过提高均衡资本出租流量而鼓励

---

① Waldorf B. S. . Is Human Capital Accumulation A Self-propelling Process? Comparing Educational Attainment Levels of Movers and Stayers [J]. The Annals of Regional Science，2009，43（2）：323 - 344.

创新"①。另一方面，物质资本积累通过与人力资本投资相互匹配推动技术创新。一项技术创新活动既要有研发、管理、营销等多种专业人才投入，又要有服务于上述环节的精密仪器、电子通信设备等高级物质投入。只有两种投入规模相互匹配，才能产生最优的创新效益和效率。否则，容易造成人力资本投资不足或过度的现象。此外，物质资本对普通劳动型人力资本还具有一定的替代性，这种"挤出效应"在一定程度上能降低生产成本、提高创新收益，致使企业有能力将富裕资源转移到技术创新中，从而提升创新效率。

上述物质资本积累促进技术创新的传导机制如图 3－2 所示。

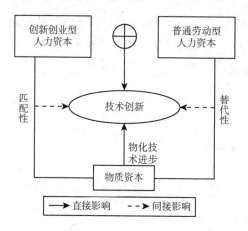

图 3－2　物质资本积累促进技术创新的传导机制

2. 产业集聚与物质资本积累

在新经济地理学的分析框架中，产业集聚对物质资本积累的影响主要通过外生资本流动和内生资本创造两种机制实现。对前者的阐释，尤以 Baldwin 和 Martin（1995）的"游走型"资本模型（footloose capital model）为代表。他们假设资本所有者不具有流动性，但资本可以跨区

---

① 菲利普·阿吉翁、彼特·霍依特. 内生增长理论 [M]. 陶然等译. 北京：北京大学出版社，2004：88.

域流动，在此基础上，当贸易成本较高时，地区之间形成相互独立的对称均衡状态，当贸易成本足够低时，初始资本存量略高的地区会由于本地市场需求充足，吸引众多企业集聚于此，同时引致大量资本流入，从而实现地区物质资本积累。对后者的阐释，尤以 Baldwin（1999）的内生资本创造模型（endogeneous constructed capital model）为代表。在此模型中，产业集聚主要由支出转移效应推动，具体而言，在集聚均衡状况下，初始资本存量略高的地区会由于较高的资本回报率，激励当地居民增加投资，从而吸引外部企业进入以及促进新企业衍生，在此基础上，地区产出增长有利于进一步提高资本回报率；相反，对初始资本存量略低的地区而言，当地居民会因低资本回报率减少甚至停止投资，同时资本折旧又加剧了物质资本退化，从而引发地区资本回报率进一步降低。这两种循环累积效应综合导致集聚区与非集聚区在物质资本存量方面存在较大差异。

二、知识本地溢出效应

高技术产业集聚的技术创新优势以各集聚主体的共享知识为基础，主要为具有一定根植性的缄默知识。由于以人为载体，缄默知识的传播、扩散离不开即时、面对面的人际沟通，因此，这类知识溢出具有明显的空间局限性。从这一角度讲，知识，特别是缄默知识本地溢出效应可视为产业集聚对区域高技术产业技术创新效率差异的作用机理之二。

（一）隐性知识溢出与区域产业集聚创新

英国哲学家迈克尔·波兰尼（Michael Polanyi，1958①）将知识分为两类，一类是以书面文字、图表或公式表述的显性知识或编码化知识

---

① Polanyi M. . Personal Knowledge: Towards a Post-Critical Philosophy [M]. Chicago: University of Chicago Press, 1958.

（explicit or codefied knowledge），另一类则是尚未被语言等形式表述的、隐含于人类行为中的隐性知识或缄默知识（implicit or tacit knowledge），通常表现为个人经验、印象、感悟、技术诀窍和心智模式等，因此，具有高度的个人化特点。从本质上讲，隐性知识可视为一种借助于实践发展起来的，对经验进行领会、把握、重组和控制的能力（庄小将，2012[①]）。由于意会性和难于编码化，隐性知识的传播、共享必须以输出方和接收方保持经常性交流为基础（Storper & Venables，2002[②]），因此，隐性知识通常不易被复制，从而构成了高技术产业集聚区及其内部企业的核心竞争优势。实际上，硅谷经常被模仿却从未被超越的原因在于，硅谷拥有一种地域性的默会经验，即"弥漫在空气中的秘诀"，这种经验是众多硅谷企业和个人通过长期实践积累获得，难以被其他地区模仿、复制。

本书认为，隐性知识溢出是隐性知识以无意识或非自愿方式，在特定区域内不同行为主体之间传播、扩散、转移的过程，具有外部经济性。在高技术产业集聚区，隐性知识溢出主要通过非正式人际交往、人员流动、新企业衍生等途径实现。由于隐性知识内化于企业员工的个人经验中，因此，酒吧、茶室、野炊、舞会，甚至一次不经意的闲聊都可能成为其溢出的重要渠道。在硅谷，"马车轮酒吧"效应正是非正式交流促进创新的典型案例。Dahl 和 Pedersen（2004）对丹麦北部无线通信技术产业区的研究显示，非正式交流是知识溢出的重要渠道，即便对一些重要知识而言，其扩散也由非正式交流实现[③]。这种"干中学"既降低了创新主体对隐性知识的获取成本，也加快了对隐性知识的积累更新，对个人、企业、其他机构以及对产业集聚区而言，都有利于提升技

---

① 庄小将. 知识溢出支撑集群企业创新跨越研究 ［J］. 技术经济与管理研究，2012（2）：31–34.

② Storper M.，Venables A. J. . Buzz：Face to Face Contact and the Urban Economy ［J］. Journal of Economic Geography，2004，4（4）：351–370.

③ Dahl M. S.，Pedersen C. Ø. R. . Knowledge Flows Through Informal Contacts in Industrial Clusters：Myth or Reality? ［J］. Research Policy，2004，33（10）：1673–1686.

术创新效率。同样，无论是个人更换工作还是代表企业参与交流，频繁的人员流动都极大促进了技术流、经验流、信息流的发生，从而实现隐性知识溢出。新企业衍生是高技术产业集聚发展的重要特征，这些新企业或由老企业分离出，或由老企业员工离职后创办，因此，老企业的一部分隐性知识将伴随相关人员流动传递至新企业，从而扩大了隐性知识的溢出范围。

然而，隐性知识溢出并不必然导致企业技术创新成功，只有当受溢企业通过消化吸收将初始的"外源性"隐性知识转化为自身的内在知识时，隐性知识溢出才可能产生创新激励效应。通常，对隐性知识的吸收程度取决于企业现有的知识存量。Cohen 和 Levinthal（1990）的研究表明，当溢出的隐性知识与企业现有知识重叠度低时，对隐性知识的吸收程度也较低；反之，对隐性知识的吸收程度较高，但可供吸收的新知识较少，对激发企业技术创新的作用有限[①]。本书认为，在高技术产业集聚区，从隐性知识溢出到企业技术创新大体经历了如下几个阶段，具体如图 3 - 3 所示。

图 3 - 3　隐性知识溢出与企业技术创新实现

首先，知识源与企业之间进行交流，致使隐性知识溢出。其次，企业结合自身实际对隐性知识各环节的作用、特点进行分析，从中确定对企业技术创新有重要意义的关键环节，此时，如果企业的现有知识存量不足以支撑其充分吸收隐性知识，那么，企业必须加大显性知识投入以增进自身的理论基础，从而实现对隐性知识的有效吸收。再次，企业通过反复摸索、试错，不断加深对"外源性"隐性知识的消化理解并逐步

---

① 　Cohen W. M. , Levinthal D. A. . Absorptive Capacity: A New Perspective on Learning and Innovation [J]. Administrative Science Quarterly, 1990, 35 (1): 128 - 152.

将其内化为企业自身的隐性知识，这一过程通常要借助企业内部以及企业与其他集聚主体之间的集体学习机制发生，通过共享、整合现有知识资源以产生新知识，从而增进企业和整个集聚区的知识存量。在此基础之上，建立新产品、新工艺的研发原型。由此看出，在高技术产业集聚区，隐性知识的有效传播、整合、表达和实践会综合促进企业技术创新效率提升。最后，企业将创新成果转化为规模化生产，同时进入下一轮隐性知识促进技术创新的循环。

（二）显性知识溢出与区域产业集聚创新

在高技术产业集聚区，企业可通过技术会议、商业展览会、公开出版物、技术许可以及产品反求工程等多种方式获得显性知识。随后，企业内部技术人员对这些显性知识进行消化吸收，从而增加了企业知识存量，当企业的新知识通过集体学习机制发生外溢时，又进一步增加了整个集聚区的知识存量。在这种新知识反馈循环的过程中，企业技术人员的创新潜力被调动，从而提升企业，乃至整个集聚区的技术创新能力和效率。

由于显性知识易于编码化，其传播、扩散的空间局限性较小，也更易于被地理邻近的企业共享。因此，在高技术产业集聚区，企业在实现新产品、新技术的成功开发之后，为保持自身的市场垄断力，通常会通过知识产权保护、内部技术封锁等方式对创新成果进行严密保护。Granstrand（2004①）认为，如果知识产权保护有力，在产业集聚区，各企业通常具有较强的专利申请动机，但在知识产权保护相对薄弱时，各企业会尽量减少对外披露创新成果。在高技术产业集聚区，企业可通过逆向工程反解竞争对手的技术动向及相关产品的技术细节，并通过模仿创新生产出类似产品，从而对竞争对手的产品市场力构成威胁。本书认为，

---

① Granstrand O.. The Economics and Management of Technology Trade：Towards A Prolicensing Era？[J]. International Journal of Technology Management，2004，27（2-3）：209-240.

当这种"搭便车"行为在集聚区普遍蔓延开时，就容易对企业技术创新产生抑制作用，从长期来看，显性知识溢出可能并不必然对技术创新具有显著促进作用。

此外，消化吸收能力有助于增强知识溢出效应。Zahra 和 George（2002①）认为，消化吸收能力是企业对外部知识进行获取、评价和消化以及将其与原有知识有效整合的动态能力。通常，企业的消化吸收能力与其知识存量正相关。从这一角度讲，企业技术创新能力的强弱在一定程度上也取决于其消化吸收能力的强弱（Daghfous，2004②）。可以说，消化吸收能力为保障企业顺畅、有效地与外界实现知识交换提供了保障，是提升企业技术创新效率的重要因素。

（三）两类知识溢出的创新效应：一个研发博弈分析

为进一步论证显性、隐性知识溢出的创新效应，本书考虑构建一个双寡头研发博弈模型。假设企业 1、企业 2 彼此邻近，可选择研发竞争或研发合作两种形式开展过程创新，以实现企业平均生产成本降低。整个博弈过程为，首先，两企业选择知识溢出水平，由此确定研发投入，最后，以"自身利润最大化"或"集体利润最大化"为原则进行新产品生产。

具体而言，两企业面临的产品市场需求曲线为 $p = a - q_i - q_{-i}$；由知识溢出引发的生产成本降低不仅取决于企业自身的研发产出，还取决于其他企业的研发产出，故企业的有效生产成本降低为 $X_i = x_i + (\rho_{-i} + \zeta_{-i})x_{-i}$，$x$ 为过程创新产出，ρ、ζ 分别为显性、隐性知识溢出水平，两者取值都介于 0 ~ 1 之间；企业的过程创新成本为 $C_i^{R\&D} = \delta x_i^2$，生产成本为 $C_i = (c - X_i)q_i$。在此基础上，企业的利润函数可表达为：

① Zahra S. A. , George G. . Absorptive Capacity：A Review, Reconceptualization and Extension [J]. The Academy of Management Review, 2002, 27（2）：185 – 203.

② Daghfous A. Absorptive Capacity and the Implementation of Knowledge-intensive Best Practices [J]. SAM Advanced Management Journal, 2004, 69：21 – 27.

$$\pi_i = pq_i - (c - X_i)q_i - \delta x_i^2 \tag{3.1}$$
$$= \{(a - q_i - q_{-i}) - [c - x_i - (\rho_{-i} + \zeta_{-i})x_{-i}]\}q_i - \delta x_i^2$$

1. 研发竞争

若企业 1、企业 2 采取竞争策略独立开展创新活动，在产品市场上，两者将以"自身利润最大化"为原则确定各自的生产规模，相应的一阶条件为：

$$\frac{\partial \pi_i}{\partial q_i} = a - 2q_i - q_{-i} - [c - x_i - (\rho_{-i} + \zeta_{-i})x_{-i}] = 0 \tag{3.2}$$

于是，企业的均衡产量为 $q_i^* = [a - c + (2 - \rho_{-i} - \zeta_{-i})x_{-i} + (2\rho_i + 2\zeta_i - 1)x_i]/3$，从而式（3.1）转化为：

$$\pi_i(q_i^*) = [a - c + (2 - \rho_{-i} - \zeta_{-i})x_{-i} + (2\rho_i + 2\zeta_i - 1)x_i]^2/9 - \delta x_i^2 \tag{3.3}$$

假设企业在研发竞争时不存在显性知识溢出，同时隐性知识溢出对称，即 $\rho_i = \rho_{-i} = 0$、$\zeta_i = \zeta_{-i} = \zeta$，进一步求解式（3.3）的一阶条件 $\partial \pi_i(q_i^*)/\partial x_i = 0$，从而得到企业的均衡研发产出为：

$$x_i^*(\zeta) = (a - c)(2 - \zeta)/[9\delta - (1 + \zeta)(2 - \zeta)] \tag{3.4}$$

于是，企业的均衡产量、利润分别为：

$$q_i^*(\zeta) = \frac{9\delta(a - c)}{3[9\delta - (1 + \zeta)(2 - \zeta)]} \tag{3.5}$$

$$\pi_i^*(\zeta) = \frac{\delta(a - c)^2[9\delta - (2 - \zeta)^2]}{[9\delta - (1 + \zeta)(2 - \zeta)]^2} \tag{3.6}$$

式（3.4）的一阶条件显示，使企业均衡研发产出最大的隐性知识溢出水平 ζ^* 介于 $0 \sim 0.5$ 之间。式（3.6）的一阶条件显示，使企业均衡利润最大的隐性知识溢出水平 ζ^{**} 介于 $0.5 \sim 1$ 之间。换言之，在研发竞争中，企业的创新产出和利润会随隐性知识溢出水平增大呈现先增后减的倒 U 型变化。这种变化特点意味着，在产业集聚区，研发竞争在隐性知识溢出较少时具有一定的创新激励效应，在隐性知识溢出较多时就会由于过度模仿等"搭便车"行为对企业创新活动产生一定的抑制作用。

2. 研发合作

若企业 1、企业 2 采取合作策略共同开展创新活动，在产品市场上，两者将以"集体利润最大化"为原则确定各自的生产规模，相应的一阶条件为：

$$\frac{\partial \pi}{\partial q_i} = a - 2q_i - 2q_{-i} - [c - x_i - (\rho_{-i} + \zeta_{-i})x_{-i}] = 0 \qquad (3.7)$$

为便于分析，同样采用对称性假设，即 $\rho_i = \rho_{-i} = \rho$、$\zeta_i = \zeta_{-i} = \zeta$ 和 $q_i = q_{-i}$，由式（3.7）得到 $x_i = x_{-i}$，故企业均衡产量为 $q_i^* = [a - c + (1 + \rho + \zeta)x_i]/4$，两企业的利润之和为 $\pi = [a - c + (1 + \rho + \zeta)x_i]^2/4 - 2\delta x_i^2$。由一阶条件 $\partial \pi/\partial x_i = 0$ 得到企业的均衡研发产出为：

$$x_i^*(\rho,\zeta) = (a-c)(1+\rho+\zeta)/[8\delta - (1+\rho+\zeta)^2] \qquad (3.8)$$

于是，企业的均衡产出、利润分别为：

$$q_i^*(\rho,\zeta) = \frac{8\delta(a-c)}{4[8\delta - (1+\rho+\zeta)^2]} \qquad (3.9)$$

$$\pi_i^*(\rho,\zeta) = \frac{\delta(a-c)^2}{2[8\delta - (1+\rho+\zeta)^2]} \qquad (3.10)$$

通过求解式（3.8）、式（3.10）的一阶条件发现，企业的均衡研发产出和利润都随 ρ 和 ζ 的增大而增大，换言之，在研发合作时，两企业通过不断促进各类知识交流、整合，有利于提高创新产出和利润，从而使合作创新进入良性发展的自增强轨道。此外，本书计算发现，当 $\delta < \rho(2-\zeta)(1+\rho+\zeta)/(7-9\rho-17\zeta)$ 时，企业在研发合作情况下将获取更大的均衡利润和创新产出。因此，在一定条件下，研发合作将是集聚企业的最优策略。

三、创新环境优化效应

通常，创新环境是决定高技术企业技术创新成功与否以及效率高低的重要因素。如果拥有开放、有活力的创新氛围以及良好的创新软、硬件条件，那么，对区位分散的企业而言，高技术产业集聚区的内部企业更易于实现创新成功，也更易于以较低的创新成本获取较高的创新产出。实际上，产业集聚有利于创新环境优化，从这一角度看，创新环境优化效应可视为产业集聚导致区域高技术产业技术创新效率差异的作用机理之三。

（一）创新环境与区域产业集聚创新

20 世纪 90 年代，欧洲创新研究小组（GREMI）在研究欧洲高新产业区的发展时率先提出了"创新环境论"，自此，对创新环境的分析便与产业集聚紧密相关。从功能上讲，创新环境（innovative milieu）指在特定区域内产生的一系列社会经济关系，并形成一种本地化、动态化的集体学习机制，由此降低创新风险和不确定性（Camagni，1995[1]）。上述定义强调了创新网络和集体学习对创新环境运行发展以及区域创新能力提升的重要影响。实际上，创新环境是一种根植于产业集聚区的网络组织，在其内部，地理邻近性使企业与其他主体能更便捷地获取信息、技术、知识和经验，组织邻近性又使企业与其他主体通过经常性的交流互动建立起长期、稳定的互信互利关系，在此基础上，企业的学习能力和知识储备逐步提高，企业在合作创新中面临的道德风险及交易成本也明显降低，从而增进了企业技术创新绩效，强化了产业集聚区的创新优势。

从构成上讲，比利时学者麦兰特（Maillat，1991[2]）认为，创新环境既包括企业外部的创新文化、技术技能、劳动力市场等非物质社会化因子，还包括企业内部的企业家精神、行为方式、管理能力等特有因素，是创新主体互动和创新活动绩效的综合体现。实际上，创新环境是

① Camagni R. P. . The Concept of Innovative Milieu and Its Relevance for Public Policies in European Lagging Regions ［J］. Regional Science，1995，74（4）：317 – 340.

② Maillat D. . The Innovation Process and the Role of the Milieu ［M］. London：Cassel，1991.

一个不断更新、自我调节的动态系统，具体包括区域内自然、资源、基础设施状况等硬环境要素以及区域内政策、市场、文化、区内外关系等软环境要素。对高技术产业集聚区而言，创新软环境对区域产业创新的影响更大。

其中，政策环境由产业集聚区内、外部的法律法规、政策条例、社会习惯等正式、非正式的制度构成，企业技术创新与制度环境相互协调有利于降低创新成本和风险，进而提升创新投入—产出绩效；相反，企业技术创新与制度环境相互抵触则会加剧创新阻力，进而削弱创新潜力和成功概率。因此，对企业创新行为具有激励效应的制度安排是维持区域产业创新系统良性运转的基础。

市场环境是由产业集聚区的技术市场、产品市场、资本市场、劳动力市场等构成的有机综合体，技术市场是从事技术中介服务和技术商品经营活动的场所，具体开展技术开发、技术转让、技术咨询、技术服务和技术承包等活动，技术市场发育良好通常有利于加快创新成果传播与普及，促进科技人员合理流动，增强企业技术创新活力；产品市场既包括区内市场，也包括以区际、国际贸易为载体的区外市场，这两类市场规模越大，其对新产品的消费潜力也越大，从而越有利于激励企业技术创新；高技术企业技术创新的资金需求较大，资本市场的建立健全有利于整合各渠道社会资金，提供全方位金融服务，从而调动企业技术创新潜力和动力的发挥；在产业集聚区，劳动力市场，特别是以企业家、研发技术人员等专业型劳动力市场的形成和发展能够有效降低企业与创新人才对彼此的搜寻成本，提高两者的匹配性，从而增进企业技术创新绩效。

文化环境是由产业集聚区的社会文化、价值观念、公众对技术创新的态度等要素构成，与制度环境略有不同，文化环境主要对各集聚主体的精神层面产生一种潜移默化的影响，当产业集聚区营造出开放、包容、活跃的创新文化氛围时，企业之间以及企业与大学、科研院所之间的创新竞合关系就会处于良性发展轨道，各主体的创新热情和积极性被调动，彼此交流学习增进了集体创新效率，从而使高技术产业集聚区创新系统演化具有累积循环的自增强特点。

区际关系环境是由连接产业集聚区及其外部系统的各类要素构成，由于不存在绝对静止、封闭的创新系统，因此，通过利益驱动、学习交流、竞争协作等方式尽量消除不同高技术产业集聚区之间的行政阻隔，建立高效的内、外部交流通道，从而将产业集聚区内部的集体学习机制拓展到各产业集聚区之间，以实现创新资源、知识、技术在更大区域范围内的优化配置，从整体上提升个国家或地区的持续创新能力。

实际上，各环境要素并非彼此独立，在特定条件下也可能相互影响，共同对产业集聚区的技术创新及其效率产生影响，具体如图 3 - 4 所示。

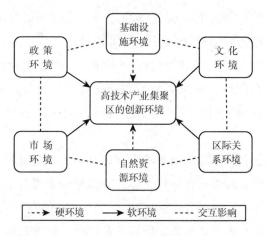

图 3 - 4 高技术产业集聚区的软、硬环境要素

（二） 创新网络与区域产业集聚创新

按照 Camagni （1995） 的定义，广义的创新环境不仅包括各种软、硬件环境要素，还包括创新网络。实际上，创新环境促进区域产业集聚创新正是通过创新网络实现。在高技术产业集聚区，企业之间、企业与

大学、科研院所等辅助机构之间通过经常性的交流、互动，逐渐形成了一种制度化的关系网络，这种网络通常具有根植性、非正式、可分解以及能重新组合的特点，从而在集聚区内部形成一种竞争与合作并存的创新格局。一方面，企业之间的创新竞争迫使企业提升创新效率以赢得市场控制力；另一方面，企业之间的专业化分工又易于降低创新成本和风险，从而共同促进产业集聚区创新效率提升。

创新网络的形成依赖于产业集聚区内部的创新合作，体现了各集聚主体对创新知识溢出的需求。由于非编码化的缄默知识是企业技术创新的重要影响因素，这种知识主要通过面对面的、非正式交流获取，因此，其溢出效应往往具有明显的空间局限性。正基于此，产业集聚区的创新网络才得以形成和发展。在一定程度上，可以将创新网络视为一种"有组织的市场"，其中，企业与其他集聚主体之间通过经济、技术、文化、管理等方面的交流逐渐形成紧密联系的有机整体，这种"一体化"使企业能够充分利用群体优势以克服自身在技术能力等方面的局限，从而增进技术创新效率。实际上，产业集聚区的创新网络是一种应对复杂创新、解决创新难题、进行协作与集成创新并最终实现创新成功的理想模式（聂鸣、蔡铂，2002[①]；蔡宁、吴结兵，2005[②]）。

在技术创新复杂性和市场环境不确定日益加剧的背景下，有效融入产业集聚区的创新网络是各集聚主体，特别是企业提升创新能力和竞争实力的战略选择。具体而言，创新网络不仅包括关联企业之间的经济网络，还包括企业与大学、科研院所、行业协会、地方政府等辅助机构之间的知识网络、企业家个人关系网络、公共网络等。从美国硅谷的成功发展经验可总结出，创新网络对促进高新技术产业发展具有关键作用，

---

① 聂鸣，蔡铂. 学习、集群化与区域创新体系 [J]. 研究与发展管理，2002，14（5）：16－20.

② 蔡宁，吴结兵. 产业集群的网络式创新能力及其集体学习机制 [J]. 科研管理，2005，26（4）：21－28.

硅谷的"奇迹"在很大程度上得益于此，其形成了一种开放的，以高科技企业为核心，以大学、政府等其他机构为辅助的创新网络，这种区域性创新组织能较好应对技术、市场环境的复杂多变。

第四节　本章小结

　　本章主要分为三个部分：首先，将高技术产业集聚动因归纳为具有创新创业精神的企业家、缄默知识溢出本地化、产业垂直关联效应、区域创新资源优势以及外商直接投资与政府作用等方面。其次，阐述了产业集聚对高技术产业技术创新的影响，即产业集聚是高技术产业技术创新资源的有效组织载体，为技术创新竞争与合作提供动力，对技术创新网络发展具有促进作用。最后，梳理出广义资本积累、知识本地溢出和创新环境优化三条路径，以揭示从产业集聚到高技术产业技术创新效率空间分异的实现。具体而言，产业集聚通过投资激励和自增强效应引发集聚区人力资本存量增加，通过区际流动和内生创造引发集聚区物质资本存量增加，同时物质资本对人力资本还具有"共生匹配性"，这些因素综合导致集聚区与非集聚区的产业技术创新效率差异；在产业集聚区，隐性和显性知识溢出是影响产业技术创新效率的重要因素，技术消化吸收能力有助于两类知识溢出，当受溢企业通过消化吸收将初始"外源性"知识转化为内在知识时，知识溢出将产生显著的创新激励效应。研发博弈模型分析也表明，集聚企业通过交流、整合各类知识将提高创新产出和利润，从而提升创新效率；政策、市场、文化、区际关系等软环境因素以及基础设施、自然资源等硬环境因素共同构成了高技术产业集聚区的创新环境，产业集聚通常与区域创新环境发展差异相伴生（以上内容的逻辑关系可概括性地反映在图3-5中），从而导致高技术产业技术创新效率空间差异。

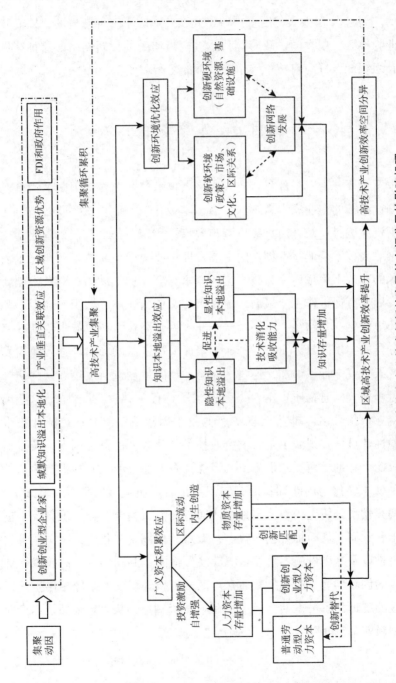

图 3-5 产业集聚对高技术产业技术产业创新效率及其空间分异的影响机理

第四章 中国高技术产业集聚与技术创新效率的实证分析

知识经济时代，以信息技术、生物技术、新材料技术为代表的高新技术产业对促进产业结构优化升级和国际市场竞争力提升都具有十分重要的作用。20 世纪八九十年代以来，伴随国家"863 计划""973 计划""火炬计划"以及科技型中小企业技术创新基金等科技计划的实施，中国高技术产业化步伐不断加快。按当年价计算，1995~2011 年，中国高技术产业总产值从 4098 亿元增至 88434 亿元，占制造业总产值的比重从 8.42% 升至 12.05%。然而，中国高技术产业技术创新能力弱，长期锁定在国际分工价值链的低端环节。由于国内创新资源相对匮乏，最大限度地提升创新效率将是中国高技术产业增进创新实力的有效途径。国外实践表明，空间集聚是高技术产业的显著区位特征。在国内，依托于国家级高新技术开发区建设，中国高技术产业发展也日益呈现集群化趋势。结合这些现实发展状况，同时为检验理论框架的合理性和适用性，本书首先对中国高技术产业集聚、技术创新效率及两者相关性进行实证分析。

第一节 中国高技术产业集聚演进态势

美国硅谷、印度班加罗尔以及中国台湾新竹等高科技园区的成功发

展经验都表明，产业集聚化、企业集群化是高技术产业获取持久发展动
力和核心竞争优势的根本来源。那么，中国高技术产业在近三十年的发
展过程中是否表现出产业区位分布的空间集聚态势？具体而言，产业集
聚程度如何，产业集聚区位又如何？对此，本书借助相关指标加以实证
分析。

一、产业集聚测度指标回顾

目前，用于衡量产业集聚度的常见指标有区域集中度、赫希曼—赫
芬达尔指数、空间 Gini 系数和 EG 指数等。

（一）区域集中度（CR_n）

区域集中度是最简单、常用的产业集聚度衡量指标，具体计算公
式为：

$$CR_n = \frac{\sum_{i=1}^{n} x_i}{\sum_{i=1}^{N} x_i} \tag{4.1}$$

其中，N 为区域个数，$\sum_{i=1}^{n} x_i$ 为产业规模（总产值、增加值、就业人数
等）最大的 n 个区域的产业规模总和，$\sum_{i=1}^{N} x_i$ 为产业的全国总规模。通
常，n 为 4。

（二）赫希曼—赫芬达尔指数（HHI）

赫希曼—赫芬达尔指数最初由 A. Hirschman 提出，后经 O. Herfindahl
完善得到，已被广泛应用于产业地理集中度的测量，具体计算公式为：

$$HHI_i = \sum_{j=1}^{N} (s_{ij} - x_j)^2 \tag{4.2}$$

其中，N 为区域个数，s_{ij} 为产业 i 在区域 j 的产业规模（总产值、增加
值、就业人数等）占该产业全国总规模的比重，x_j 为区域 j 的各产业规

模之和占全国各产业总规模之和的比重。若产业 i 的区位分布与总体经济活动的区位分布一致，HHI_i 取值为零。

（三）空间 Gini 系数（G_i）

Gini 系数最初用于考察社会收入分配公平问题，后被 Krugman（1991[①]）、Amiti（1997[②]）等学者用于衡量产业区位分布不均衡性，具体计算公式为[③]：

$$G_i = \frac{2}{N} \sum_{j=1}^{N} js_{ij} - \frac{N+1}{N}, \quad s_{i1} < s_{i2} < \cdots < s_{iN} \qquad (4.3)$$

其中，N 为区域个数，s_{ij} 为按升序排列的产业 i 在区域 j 的产业规模（总产值、增加值、就业人数等）占该产业全国总规模的比重。若产业 i 在各区域均匀分布，G_i 取值为零；若产业 i 集中在某一区域，G_i 取值趋向于 1。

（四）产业地理集聚度（γ_i）

CR_n、HHI 和 Gini 系数都未充分考虑企业规模对集聚度的影响，因为少数大企业集中于个别区域也能得出较大的指标值，由此得出"产业集聚度高"的结论就可能与事实有偏差。对此，Ellison 和 Glaeser（1997）基于企业区位选择模型构建了一个更为合理的产业集聚度衡量指标，即 EG 指数[④]。假设某一经济体被划分为 N 个区域，在这些区域内分布着产业 i 的 M 个企业，则产业 i 的 EG 指数（γ_i）为：

---

① ［美］保罗·克鲁格曼. 地理和贸易［M］. 张兆杰译. 北京：北京大学出版社、中国人民大学出版社，2000：123 – 127.

② Amiti M.. New Trade Theories and Industrial Location in the EU: A Survey of Evidence［J］. Oxford Review of Economic Policy，1998，14（2）：45 – 53.

③ 范剑勇. 产业集聚与中国地区差距研究［M］. 上海：格致出版社、上海三联书店、上海人民出版社，2008：68.

④ Ellision G.，Glaeser E. L.. Geographic Concentration in U. S. Manufacturing Industries: A Dartboard Approach［J］. Journal of Political Economy，1997，105（5）：889 – 927.

$$\gamma_i = \frac{\sum_{j=1}^{N}(s_{ij}-x_j)^2 - (1-\sum_{j=1}^{N}x_j^2)\sum_{k=1}^{M}z_{ik}^2}{(1-\sum_{j=1}^{N}x_j^2)(1-\sum_{k=1}^{M}z_{ik}^2)} \qquad (4.4)$$

其中，s_{ij} 为产业 i 在区域 j 的产业规模（总产值、增加值、就业人数等）占该产业全国总规模的比重，x_j 为区域 j 的各产业规模之和占全国各产业总规模之和的比重，z_{ik} 为企业 k 的产值规模（总产值、增加值、就业人数等）占产业 i 全国总规模的比重。$\gamma_i \in (-1, 1)$，$\gamma_i < 0$ 意味着产业 i 的区位分布呈现空间分散化，$\gamma_i > 0$ 意味着产业 i 的区位分布呈现空间集聚化。具体地，若 $0 < \gamma_i < 0.02$，产业 i 属于低度集聚；若 $0.02 \leq \gamma_i < 0.05$，产业 i 属于中度集聚；若 $\gamma_i > 0.05$，产业 i 属于高度集聚。此外，张明倩（2007）基于中国制造业数据建立了一套适合于评价国内产业集聚度的标准：若 $0 < \gamma_i < 0.026$，行业 i 属于低度集聚；若 $0.026 \leq \gamma_i < 0.098$，行业 i 属于中度集聚；若 $\gamma_i > 0.098$，行业 i 属于高度集聚[①]。

二、中国高技术产业集聚度测算

由于 EG 指数的计算涉及 HHI 指数，因此，本书只选取区域集中度、空间 Gini 系数和 EG 指数对中国高技术产业集聚演进态势进行考察。考虑到中国的就业数据会受国有企业劳动力过剩以及地区劳动生产率差异的干扰（白重恩等，2004[②]），加之有些年份的产业增加值数据缺失，本书在计算各指标值时都采用当年价总产值数据。此外，考虑到重庆在 1997 年才成为直辖市，本书进一步将考察期设定为 1997~2011 年。

（一）CR_4 和 G_i 的测算结果分析

本书基于式（4.1）、式（4.3）计算得到 1997~2011 年中国高技术

① 张明倩. 中国产业集聚现象统计模型及应用研究 [M]. 北京：中国标准出版社，2007：43-44.

② 白重恩，杜颖娟，陶志刚等. 地方保护主义及产业地区集中度的决定因素和变动趋势 [J]. 经济研究，2004，(4)：29-40.

产业分行业的区域集中度和空间 Gini 系数,具体结果如表 4 - 1、表 4 - 2 和图 4 - 1、图 4 - 2 所示。此外,本书还考察了 2011 年中国高技术产业分行业的集聚区位,如表 4 - 3 所示。

表 4 - 1 　　　　　　　中国高技术产业分行业 CR$_4$ 　　　　　　单位:%

年份	医药制造业	航空航天器制造业	电子及通信设备制造业	电子计算机及办公设备制造业	医疗设备及仪器仪表制造业
1997	35.7	49.0	61.0	77.5	50.4
1998	35.4	54.8	62.2	79.7	55.9
1999	33.4	52.6	63.6	76.1	54.3
2000	34.9	54.8	64.2	77.2	55.9
2001	34.9	54.2	65.1	81.4	55.8
2002	34.9	58.7	64.8	81.2	54.9
2003	36.6	63.2	67.3	87.3	54.3
2004	38.5	62.0	71.2	87.5	56.8
2005	40.2	65.4	69.9	88.4	57.7
2006	40.1	54.0	69.3	88.3	56.8
2007	39.7	53.2	69.1	87.7	58.2
2008	39.5	53.1	72.3	84.0	58.3
2009	39.9	52.8	70.9	85.6	57.9
2010	39.2	54.1	69.9	85.5	58.8
2011	39.1	50.8	68.2	81.6	61.8
平均值	37.5	55.5	67.3	83.3	56.5

表 4 - 2 　　　　　　　　中国高技术产业分行业 G$_i$

年份	医药制造业	航空航天器制造业	电子及通信设备制造业	电子计算机及办公设备制造业	医疗设备及仪器仪表制造业
1997	0.4645	0.6797	0.7292	0.8278	0.6091
1998	0.4674	0.6972	0.7421	0.8314	0.6529

续表

年份	医药制造业	航空航天器制造业	电子及通信设备制造业	电子计算机及办公设备制造业	医疗设备及仪器仪表制造业
1999	0.4456	0.6847	0.7482	0.8229	0.6470
2000	0.4507	0.6953	0.7482	0.8295	0.6557
2001	0.4564	0.6867	0.7540	0.8512	0.6597
2002	0.4571	0.7087	0.7557	0.8561	0.6499
2003	0.4630	0.7341	0.7722	0.8728	0.6540
2004	0.4699	0.7278	0.7914	0.8648	0.6658
2005	0.4780	0.7320	0.7918	0.8714	0.6786
2006	0.4807	0.6875	0.7904	0.8690	0.6817
2007	0.4877	0.6816	0.7868	0.8652	0.6846
2008	0.4929	0.6757	0.7922	0.8549	0.6964
2009	0.4934	0.6709	0.7864	0.8547	0.6811
2010	0.4928	0.6695	0.7771	0.8522	0.6922
2011	0.4970	0.6672	0.7594	0.8335	0.7069
平均值	0.4731	0.6932	0.7683	0.8505	0.6687

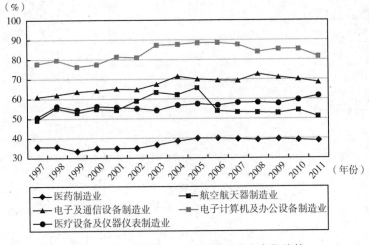

图4-1 中国高技术产业分行业 CR₄ 变化趋势

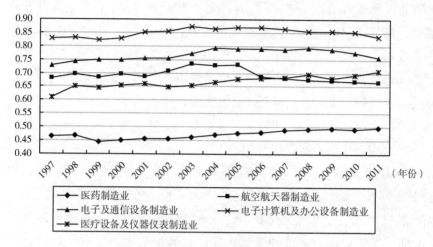

图 4 - 2　中国高技术产业分行业 G_i 变化趋势

表 4 - 3　　　　　　　2011 年中国高技术产业分行业的集聚区位　　　单位:%

行　　业	CR_1	CR_2	CR_4	总产值排名前四位的省（市）
医药制造业	13.5	25.7	39.1	山东、江苏、河南、广东
航空航天器制造业	19.2	31.0	50.8	陕西、天津、辽宁、江苏
电子及通信设备制造业	34.7	58.3	68.2	广东、江苏、上海、天津
电子计算机及办公设备制造业	32.6	55.2	81.6	广东、江苏、上海、山东
医疗设备及仪器仪表制造业	35.2	44.9	61.8	江苏、浙江、广东、山东

表 4 - 1、表 4 - 2 显示，除医药制造业之外，其他高技术行业的 G_i 和 CR_4 都大于 0.5，其中，电子计算机及办公设备制造业的两个指标值最大；电子及通信设备制造业次之；航空航天器制造业以及医疗设备及仪器仪表制造业居中。图 4 - 1、图 4 - 2 显示，医药类高技术行业的 G_i 和 CR_4 都呈现微弱上升趋势，航空航天器制造业和电子类高技术行业则表现出一定的倒 U 型变化。综合而言，中国高技术产业整体上存在显著的地理集中趋势，尤以电子类高技术行业最为突出，但这种空间不均衡

性在近几年有所减弱。究其原因可能是，电子类高技术行业的对外开放
程度较高且在中国高技术产业构成中占有绝对地位[①]，由于 FDI 在华投
资主要以出口加工贸易为导向，从而使其倾向于在人力资源丰富、基础
设施完善且具有港口区位优势的东部沿海地区布局，但伴随这些地区劳
动力、土地等成本激升，部分外资企业选择将生产基地转向一些更具成
本优势的中西部地区或东亚国家，从而在一定程度上缓解了中国高技术
产业生产力布局的不均衡状况。

表 4-3 显示，除航空航天器制造业之外，其他高技术行业都集中
分部在东部沿海发达省域，特别是珠三角、长三角和环渤海地区三大经
济增长极。其中，电子类高技术行业和医疗设备及仪器仪表制造业的
CR_1 都在 30% 以上，产值规模排名前四位省域的平均比重接近或高于
20%，从而反映出这些行业区位空间分布的高度不均衡性。对航空航天
器制造业而言，陕西、辽宁的产值比重较高主要与它们在中国国防工业
体系中的重要地位有关，而天津、江苏的产值比重较高则因为它们近几
年在民用航空领域的快速发展。

（二）γ_i 的测算结果分析

由于缺乏企业级数据，本书假设同一规模类型的企业具有相同的产
业规模（总产值、增加值、就业人数等），于是，调整后的 EG 指数计
算公式为：

$$\gamma_i = \frac{\sum_{j=1}^{N} (s_{ij} - x_j)^2 - \left(1 - \sum_{j=1}^{N} x_j^2\right)\left(\frac{s_{il}^2}{n_{il}} + \frac{s_{im}^2}{n_{im}} + \frac{s_{is}^2}{n_{is}}\right)}{\left(1 - \sum_{j=1}^{N} x_j^2\right)\left[1 - \left(\frac{s_{il}^2}{n_{il}} + \frac{s_{im}^2}{n_{im}} + \frac{s_{is}^2}{n_{is}}\right)\right]} \quad (4.5)$$

---

① 根据 2012 年《中国高技术产业统计年鉴》的相关数据计算得出，2011 年，电子类行
业占中国高技术产业总产值的比重为 73.2%，三资企业在电子类高技术行业总产值的比重为
23.8%。

其中，s_{il}、s_{im}和s_{is}分别为大、中、小型企业的产业规模（总产值、增加值、就业人数等）占产业 i 全国总规模的比重，n_{il}、n_{im}和n_{is}为相应的企业数。

本书基于式（4.5）计算得到1997~2011年中国高技术产业分行业的产业地理集聚度，具体结果如表4-4和图4-3所示。

表4-4　　　　　　　　中国高技术产业分行业 γ_i

年份	医药 制造业	航空航天 器制造业	电子及通信 设备制造业	电子计算机及办公 设备制造业	医疗设备及仪器 仪表制造业
1997	0.0324	0.1235	0.0063	0.0466	0.0556
1998	0.0386	0.1509	0.0063	0.0379	0.0398
1999	0.0466	0.1512	0.0060	0.0230	0.0548
2000	0.0442	0.1634	0.0039	0.0260	0.0519
2001	0.0534	0.1743	0.0023	0.0492	0.0673
2002	0.0669	0.2026	0.0024	0.0389	0.0677
2003	0.0839	0.2280	0.0007	0.0236	0.0743
2004	0.0927	0.2488	0.0035	0.0123	0.0374
2005	0.1008	0.2429	0.0030	0.0187	0.0383
2006	0.0947	0.2026	0.0041	0.0232	0.0452
2007	0.0928	0.1888	0.0046	0.0239	0.0339
2008	0.0972	0.1897	0.0068	0.0125	0.0433
2009	0.0861	0.1865	0.0129	0.0178	0.0545
2010	0.0835	0.1876	0.0102	0.0167	0.0583
2011	0.0776	0.1466	0.0098	0.0168	0.0635

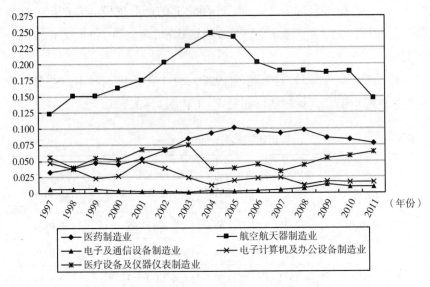

图 4 - 3 中国高技术产业分行业 γ_i 变化趋势

表 4 - 4 和图 4 - 3 显示，其一，五个高技术行业的区位分布都呈现集聚化，参考张明倩（2007）的标准可认为，航空航天器制造业为高度集聚；医药制造业除了 2005 年的 γ_i 略高于 0.098 以外，在其他年份为中度集聚；医疗设备及仪器仪表制造业为中度集聚；电子计算机及办公设备制造业除了在 1997～1998 年、2000～2002 年为中度集聚之外，在其他年份为低度集聚；电子及通信设备制造业为低度集聚。本书认为，上述集聚度差异是由体制、技术、资金等多种市场进入壁垒综合导致。具体而言，航空航天器制造业涉及国防安全，对技术和资金的要求也很高，若不具备发展基础就很难进入这一领域。在大力推行 GMP 认证制度的背景下，中国对医药类产品从研发到生产都设定了严格的管制措施，特别是在新药技术转让、仿制药品审批等方面加强了限制。此外，中国医药类企业的生产设备大都依赖进口，新药研发历时长、风险高、资金需求大，医药类高技术行业在政策、技术和资金等方面的市场进入壁垒也较高。一旦某一（些）区域依托初始优势成为带动这些产业发展

的增长极，这一（些）区域的初始优势就容易在体制、技术和资金等壁垒影响下进入"自我加强"的累积循环，进而使产业区位分布具有高度非均衡特点。相反，中国企业在全球电子信息产业链中仍位于组装加工环节，加之《电子信息产业振兴与调整规划》的落实，电子类高技术行业的各种市场准入门槛相对较低，从而使其区位分布的空间非均衡性有所缓解。

其二，航空航天器制造业、医药制造业的 γ_i 呈现倒 U 型变化，电子及通信设备制造业的 γ_i 呈现 U 型变化，电子计算机及办公设备制造业、医疗设备及仪器仪表制造业的 γ_i 呈现不规则变化。本书发现，HHI_i 与 γ_i 基本上同方向变化，对 γ_i 的变化贡献度为 92.2%[①]。以航空航天器制造业为例，1997～2004 年，东北（黑龙江、辽宁）、陕西、西南（四川、贵州）等重点区域的产值占全国总产值的比重分别由 18.6%、17.0%、16.0% 上升至 23.7%、24.7%、20.2%，从而使 γ_i 由 0.1235 逐年上升至 0.2488。进入 2005 年以后，航空航天器制造业逐渐由"以军为主"向"军民结合"转变，飞机制造及修理行业的外资规模不断扩大，致使产业区位分布更加多极化，形成了"以东北（黑龙江、辽宁）、陕西、西南（四川、贵州）为第一层级，环渤海（北京、天津）、长三角（上海、江苏）、江西为第二层级"的格局，从而使 γ_i 由 0.2429 下降到 0.1876。其中，第一层级的竞争优势主要体现在航空产品的研发和生产上，陕西集聚了西飞、陕飞、西航等重点企业，西南集聚了成飞、成发和贵航等重点企业，东北则集聚了沈飞、哈飞等重点企业。在第二层级中，环渤海，特别是天津滨海新区在组装大型飞机业务方面具有优势；长三角，特别是上海在飞机维修业务方面具有优势，江西在生产直升机方面具有优势。实际上，γ_i 在近几年下降不代表航空航天器制造业存在过度集聚，而是反映出该行业正在形成各具特色的地方专业化，进

---

① G_i 对 γ_i 的变化贡献度 $= Corr\ (G_i,\ \gamma_i)\ \times\ \sqrt{Var(G_i)}\ /\ \sqrt{Var(\gamma_i)}$，参见：张晓峒. 应用数量经济学 [M]. 北京：机械工业出版社，2009：130.

而有利于区域分工格局优化。

需要指出，G_i 和 CR_4 的测算结果显示，电子类高技术行业的区位集中度普遍高于医药类高技术行业的区位集中度，但 γ_i 的测算结果则相反。导致这种矛盾的原因可能是，前两个指标都未控制企业规模对产业集聚度的影响，仅反映出产业生产力布局的地理集中状况，因此，基于 γ_i 的分析结论更合理。

第二节　中国高技术产业技术创新效率测度

通常，可从分行业或分区域两个维度测度产业技术创新效率。就本书而言，从区域层面考察中国高技术产业技术创新效率是比较合适的。这是因为，其一，对中国这一世界上最大的发展中国家和转型经济体而言，不论在宏观经济增长还是中观产业发展上都面临着显著的区域差异问题，因此，从区域层面考察产业技术创新效率往往使相关结论更具政策含义；其二，产业集聚是形成中国区域经济发展差距的重要因素（范剑勇，2008①），这种形成机制在很大程度上依赖于由产业集聚引发的经济要素空间异质性，由此推断，空间集聚对产业技术创新效率的潜在影响之一可能表现为区域产业技术创新效率差异，因此，从区域层面考察产业技术创新效率能更好地揭示空间集聚对产业技术创新资源及其配置的空间分异作用。鉴于此，本书采用省域面板数据对中国高技术产业技术创新效率进行测度。

一、产业技术创新投入—产出情况

在测度创新效率之前，有必要对中国高技术产业技术创新的投入、

① 范剑勇. 产业集聚与中国地区差距研究 [M]. 上海：格致出版社，2008：158 - 233.

产出情况进行考察。研发（Research and Development，R&D）是产业技术创新的关键环节。没有研发，就无法获得新知识、新技术，更无法将其转化为质量可靠、成本可行、具有创新性的产品、材料、装置、工艺和服务等。因此，本书在考察产业技术创新投入时侧重于分析研发人员投入和研发经费支出。在产业技术创新产出方面，国内外学者普遍以专利或新产品代表，考虑到数据可得性，本书采用专利数和新产品产值作为衡量指标。

（一）研发人员投入

通常，研发人员投入情况可由研发人员数（人）和研发人员全时当量（人年）两个指标反映。其中，研发人员全时当量（人年）指研发全时人员（全年从事研发活动累积工作时间占全部工作时间90%及以上的人员）工作量与非全时人员按实际工作时间折算的工作量之和。

1. 全国投入规模快速增长，长期处于较强上行通道

表4-5显示，1997～2011年，中国高技术产业的研发人员数和研发人员全时当量实现了快速增长，研发人员数从145294人增至618354人，增长了3.25倍，年均增长率为10.9%；研发人员全时当量从96089人年增至511175人年，增长了4.32倍，年均增长率为12.7%；研发人员数和研发人员全时当量在大多数年份都处于明显的上行通道，最大同比增长率分别为33.5%和36.5%。

表4-5　　　　　　　　　中国高技术产业研发人员投入情况

年份	研发人员数（人）	研发人员数同比增长率（%）	研发人员全时当量（人年）	研发人员全时当量同比增长率（%）
1997	145294	7.0	96089	6.1
1998	118416	-18.5	70879	-26.2
1999	128671	8.7	92589	30.6
2000	151077	17.4	91573	-1.1

续表

年份	研发人员数（人）	研发人员数同比增长率（%）	研发人员全时当量（人年）	研发人员全时当量同比增长率（%）
2001	169359	12.1	111572	21.8
2002	173475	2.4	118448	6.2
2003	182380	5.1	127849	7.9
2004	182322	−0.1	120830	−5.5
2005	240430	31.9	173161	43.3
2006	263825	9.7	188987	9.2
2007	343526	30.2	248228	31.4
2008	404369	17.7	285079	14.9
2009	474626	17.4	389220	36.5
2010	463392	−2.4	399074	2.5
2011	618354	33.4	511175	28.1
年均增长率	10.9%	—	12.7%	—

资料来源：根据历年《中国高技术产业统计年鉴》的相关数据绘制。

2. 区域投入规模差异显著，东部地区比重提升①

图4-4显示，1997~2011年，东部地区的高技术产业研发人员全时当量占全国总量的比重稳步上升，进入2000年以后稳定在50%以上，2011年已接近80%。同期，其他地区的比重却存在不同程度的下降，其中，东北地区从1997年的7.6%降至2011年的3.3%，中部地区则从16.9%降至10.1%，西部地区更从43.4%降至6.9%。综合而言，中国高技术产业研发人员投入在全国规模不断扩大的同时，其区域规模差异也在加剧，表现为向东部沿海发达地区显著倾斜的态势。

————————

① 本书依据《中华人民共和国国民经济和社会发展第十一个五年规划纲要》中"四大经济区"的划分标准，将北京、天津、河北、上海、江苏、浙江、福建、山东、广东和海南10省（市）划入东部地区，将辽宁、吉林和黑龙江3省划入东北地区，将山西、安徽、江西、河南、湖北和湖南6省划入中部地区，将内蒙古、广西、重庆、四川、贵州、云南、西藏、陕西、甘肃、青海、宁夏和新疆12省（区、市）划入西部地区。

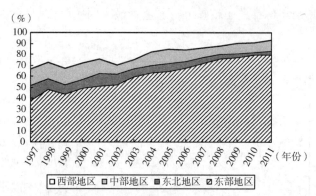

图 4 - 4　四大经济区高技术产业研发人员全时当量的全国比重变化趋势
资料来源：根据历年《中国高技术产业统计年鉴》的相关数据绘制。

（二）研发经费支出

《中国高技术产业统计年鉴》对"研发经费支出"给出了研发经费内部支出和新产品开发经费支出两个统计项目。研发经费内部支出指企业在报告年度用于研发活动的直接支出以及管理费、服务费、与研发有关的基本建设支出和外协加工费等间接支出，但不包括生产性活动支出、归还贷款支出以及与外单位合作或委托外单位进行研发活动而转拨给对方的经费支出。新产品开发经费支出指企业在报告年度用于新产品研究、设计、模型研制、测试、试验等费用支出。

1. 全国支出总量迅速增长，始终处于强劲上行通道

图 4 - 5 显示，1997～2011 年，中国高技术产业研发经费内部支出呈现迅速增长，按当年价计算，研发经费内部支出从 420153 万元增至 14409133 万元，增长了 33.3 倍，年均增长率为 28.7%；研发经费内部支出始终具有强劲上行态势，最大同比增长率为 64.4%。

图 4 - 6 显示，1997～2011 年，中国高技术产业新产品开发经费支出也实现了快速、持续增长，按当年价计算，新产品开发经费支出从 526363 万元增至 17909398 万元，增长了 33.0 倍，年均增长率为 28.7%；除 2010 年受到国际金融危机的时滞性冲击之外，新产品开发经

费支出在其余年份都处于较强上行通道，最大同比增长率为 77.9%。

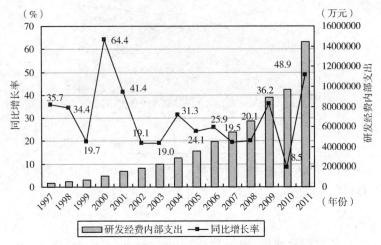

图 4 - 5 中国高技术产业研发经费内部支出情况

资料来源：根据历年《中国高技术产业统计年鉴》的相关数据绘制。

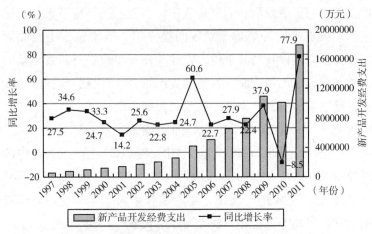

图 4 - 6 中国高技术产业新产品开发经费支出情况

资料来源：根据历年《中国高技术产业统计年鉴》的相关数据绘制。

2. 区域支出规模差距缩小，东部地区比重仍占绝对优势

按当年价计算，1997 ~ 2011 年，东部地区高技术产业研发内部

经费支出的年均增长率为 30.3% ，而东北、中部和西部地区的年均增长率分别为 25.9% 、29.1% 和 21.4% 。这种差异在一定程度上导致，东部地区高技术产业研发经费内部支出占全国总量的比重从 1997 年的 66.0% 升至 2011 年的 77.9% ，如图 4-7 所示。此外，东北、中部和西部地区高技术产业研发经费内部支出占全国的比重在 2006 年以后都呈现不同程度的提高，东部地区的比重则相应下降，从而表明中国高技术产业研发经费支出的区域分布非均衡性在近几年有所改善。

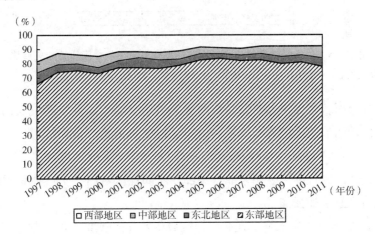

图 4-7 四大经济区高技术产业研发经费内部支出的全国比重变化趋势

资料来源：根据历年《中国高技术产业统计年鉴》的相关数据绘制。

与研发经费内部支出情况类似，按当年价计算，1997~2011 年，东部地区高技术产业新产品开发经费支出的年均增长率也高于其他地区和全国平均水平，从而使其占全国总量的比重从 63.3% 升至 79.0% ，如图 4-8 所示。此外，这种新产品开发经费支出的区域分布非均衡性在 2006 年以后也出现一定程度的减弱，表明四大经济区的研发经费支出相对规模差距在缓慢缩小。

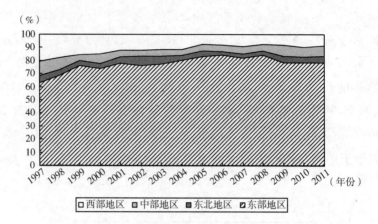

图4-8　四大经济区高技术产业新产品开发支出的全国比重变化趋势

资料来源：根据历年《中国高技术产业统计年鉴》的相关数据绘制。

综合而言，无论是研发经费内部支出还是新产品开发经费支出，都表现出较明显的区域差异，依然由东部地区占据绝对规模优势，但进入"十五"时期以来，中国高技术产业研发经费支出的区域规模差异有所减小，在一定程度上表明东北、中部和西部地区对高技术产业技术创新投入力度有所加强。

3. 全国研发投入强度提高，但区域研发投入强度"西高东低"

以研发经费内部支出占工业总产值的比重衡量，1997~2011年，中国高技术产业研发投入强度经历了"上升—下降—再上升"的起伏波动，但总体上呈现上扬态势，如图4-9所示。然而，与国外先进水平相比，中国高技术产业研发投入强度仍较低。由于飞机和航天器制造业涉及国家军事和国防安全，中国在该领域的研发经费投入力度较大，并未与其他国家形成明显差距。除此之外，不论是高技术产业还是其他细分行业，中国的研发投入强度都显著低于其他国家，具体情况如表4-6所示。

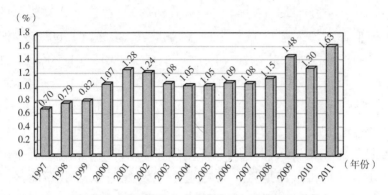

图4-9 中国高技术产业研发投入强度变化趋势

资料来源：根据历年《中国高技术产业统计年鉴》的相关数据绘制。

表4-6   高技术产业研发投入强度国际比较   单位:%

国家 （年份）	高技术 产业	飞机和 航天器 制造业	医药 制造业	办公、会计 和计算机 制造业	广播、电视 及通信设备 制造业	医疗、精密 仪器和光学 器具制造业
中国（2011）	1.63	7.82	1.41	0.75	1.81	1.91
美国（2007）	16.89	9.90	26.57	10.69	15.72	18.34
日本（2008）	10.50	2.90	16.40	7.61	8.90	16.98
德国（2007）	6.87	8.65	8.27	4.46	6.28	6.28
英国（2006）	11.10	10.70	24.92	0.38	7.56	3.63
法国（2006）	7.74	5.20	8.69	7.94	12.24	7.08
韩国（2006）	5.86	9.02	2.51	3.93	6.65	2.16

资料来源：根据2012年《中国高技术产业统计年鉴》的相关数据绘制。

2011年，中国31个省（区、市）的高技术产业研发投入强度呈现"西高东低"的特点，这与研发经费支出的"西低东高"分布结构正好相反。本书计算得出，新疆（4.95%）、陕西（4.43%）、黑龙江（4.38%）、辽宁（3.06%）、湖北（2.76%）、北京（2.56%）、甘肃（2.50%）、浙江（2.34%）、贵州（2.24%）、云南（2.10%）、广东

（2.04%）、宁夏（2.01%）、安徽（1.87%）、福建（1.72%）的高技术产业研发投入强度高于全国平均水平，山东（1.60%）、海南（1.56%）、湖南（1.32%）、河北（1.21%）、天津（1.20%）、江西（1.16%）、四川（1.15%）、江苏（1.08%）、广西（1.06%）、西藏（1.04%）、上海（1.02%）、山西（0.86%）、河南（0.64%）、吉林（0.62%）、重庆（0.62%）、内蒙古（0.23%）、青海（0.12%）的高技术产业研发投入强度则低于全国平均水平。显然，第一组省域多处于东北和西部地区，第二组省域多处于东、中部地区。造成这种"逆反"特点的原因可能是，东北和西部地区的高技术产业产值规模较小，致使其研发投入强度的计算基数较小，在一定程度上也暗示了高技术产业技术创新效率可能依然存在"东强西弱"的局面。

（三）以专利数衡量的技术创新产出

专利具有严格规范的申报、审批标准，在一定程度上保证了专利数据的可靠性和参照性。《中国高技术产业统计年鉴》给出了专利申请数和拥有发明专利数两项指标，后者主要针对经国家知识产权局授权且在有效期内的发明专利。一般而言，除发明专利外，专利还包括实用新型专利和外观设计专利，但发明专利的技术含量最高、创新价值最大、核心竞争力也最强，是体现自主创新能力强弱的良好指标。

图 4–10 显示，1997～2011 年，中国高技术产业专利申请数从 713件增至 101267 件，增长了 141.03 倍，年均增长率为 42.5%；除 2010 年受到国际金融危机的时滞性冲击之外，专利申请数在其余年份都处于较强上行通道，最大同比增长率为 79.9%。图 4–11 显示，同期，中国高技术产业拥有发明专利数也呈现持续、快速增长，从 341 件增至 82240件，增长了 240.17 倍，年均增长率为 48.0%；拥有发明专利数始终具有强劲的逐年增长态势，最大同比增长率为 126.1%。

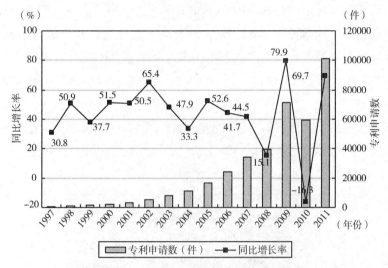

图4-10 中国高技术产业专利申请数情况

资料来源：根据历年《中国高技术产业统计年鉴》的相关数据绘制。

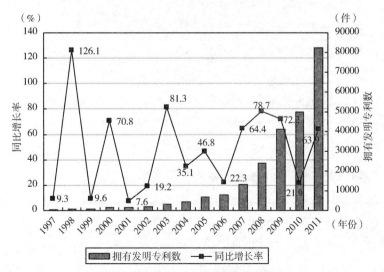

图4-11 中国高技术产业拥有发明专利数情况

资料来源：根据历年《中国高技术产业统计年鉴》的相关数据绘制。

图 4 - 12 显示，中国高技术产业专利数也向东部地区倾斜，区域分布不均衡性存在加剧趋势。1997 ~ 2011 年，东部地区高技术产业拥有发明专利数的年均增长率为 52.9%，显著高于其他地区和全国平均水平，从而导致东部地区高技术产业创新产出占全国总量的比重从 53.1% 扩至 85.5%，扩大了近 33 个百分点，而东北、中部和西部地区的比重则分别从 9.68%、11.15% 和 25.22% 缩至 2.09%、5.66% 和 6.80%。因此，东部地区高技术产业在以专利数衡量的技术创新产出方面具有绝对规模和相对规模的双重优势。

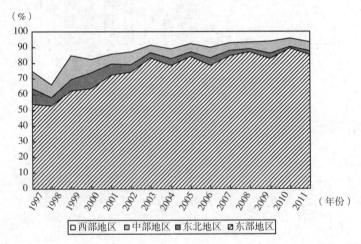

图 4 - 12　四大经济区高技术产业拥有发明专利数的全国比重变化趋势

资料来源：根据历年《中国高技术产业统计年鉴》的相关数据绘制。

（四）以新产品产值衡量的技术创新产出

尽管专利数被广泛用以衡量技术创新产出，但现实经济中仅不足 50% 的专利被应用于实际生产，不同产业和企业的专利申请倾向存在较大差异，一些企业甚至不申请专利而选择以内部机密方式对核心技术进行保护。因此，专利数在实际运用中也具有一定的局限性。严格地讲，专利成果是研发产出，尚未涉及生产和营销等环节，而技术创新必须以

"首次商业化"为核心特征①。据此，本书进一步采用新产品产值考察中国高技术产业技术创新产出情况。

图 4 – 13 显示，按当年价计算，1997 ~ 2011 年，中国高技术产业新产品产值从 1084. 79 亿元增至 21458. 41 亿元，增长了 18. 78 倍，年均增长率为 23. 8%；新产品产值始终处于快速上行通道，大多数年份的同比增长率都高于 20%，最大同比增长率为 55. 0%。图 4 – 14 显示，1997 ~ 2011 年，东部地区高技术产业新产品产值占全国总量的比重总体上升且长期处于 80% 以上，2005 年、2007 年、2009 年更接近 90%；东北、中部和西部地区的比重都有所下降，分别从 1997 年的 3. 01%、8. 86% 和 25. 61% 降至 2011 年的 2. 22%、5. 99% 和 6. 94%。这种变化趋势意味着，中国高技术产业新产品产值分布长期存在空间不均衡性。

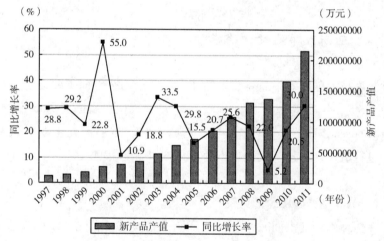

图 4 – 13　中国高技术产业新产品产值情况

资料来源：根据历年《中国高技术产业统计年鉴》的相关数据绘制。

① Utterback J. M. , Abernathy W. J. . A Dynamic Model of Process and Product Innovation [J]. Omega, 1975, 3 (6): 639 – 656.

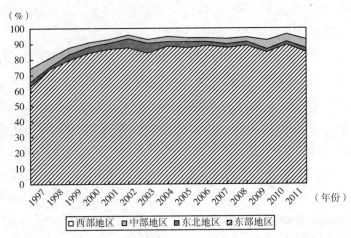

图4－14 四大经济区高技术产业新产品产值的全国比重变化趋势
资料来源：根据历年《中国高技术产业统计年鉴》的相关数据绘制。

二、创新效率测度方法模型

测度技术创新效率需要首先估计生产前沿面，目前主要通过随机前沿法（Stochastic Frontier Approach，SFA）和数据包络法（Data Envelopment Analysis，DEA）实现。在此，有必要结合本书研究主题对这两类方法进行适用性比较，以进一步确定具体的测度模型。

（一）SFA 与 DEA 的比较

在估计生产前沿面时，SFA 和 DEA 各有优劣。首先，SFA 考虑了随机误差的影响，从而将实际产出对确定性生产前沿面的偏差分解为技术无效率和统计噪声两部分，DEA 则将这种偏差全部视为由技术无效率导致，相比之下，SFA 的处理方法更贴近现实。其次，SFA 需要事先设定生产函数形式，比较适合于单产出的情况，DEA 则以数学规划为基础，能较好地处理多投入、多产出的情况。再次，SFA 以计量经济学为基础，可考察不同要素投入对产出的影响以及非投入要素对技术效率的影响。最后，DEA 以线性规划最优化为核心，将满足最优化条件的个体生产活动视为技术有效，由这些有效个体构成的边界便是生产前沿面，此时，其他个体的技术效率只是一种相对水平，在这种情况下，技术效率的提高仅说明技术无效个体与技术有效个体之间的相对效率差距在缩小，而非技术无效个体的绝对效率水平在提高。

本书以 1997~2011 年分省域面板数据为基础，由于不同省域、不同时期的技术创新效率可能存在显著差异，有必要考虑随机误差的影响。此外，本书在分析中国高技术产业技术创新效率的空间分异特征时必须以绝对效率水平为基础，因此，不适合采用 DEA。基于以上考虑，本书最终选取 SFA 对中国高技术产业技术创新效率进行测度。实际上，已有学者指出，在模型设定合理且采用面板数据条件下，SFA 会得出比 DEA 更理想的估计结果（Gong、Sickles，1992）[①]。

SFA 的基本模型由 Aigner，Lovell 和 Schmidt（1977）[②] 以及 Meeusen 和 Broeck（1977）[③] 同时独立提出，具体形式如下：

$$\ln y_i = x_i'\beta + v_i - u_i \quad i = 1, \cdots, I \tag{4.6}$$

其中，x_i 是 K 维要素投入列向量，β 是 K 维待估参数列向量，v_i 代表与生产函数形式选择有关的测量误差和其他统计噪声，u_i 代表与技术无效率有关的非负随机误差。由于 v_i 可正可负，随机前沿面 $y_i = \exp(x_i'\beta + v_i)$ 相对于确定性前沿面 $y_i = \exp(x_i'\beta)$ 就存在偏差。

基于单投入、单产出的 Cobb-Douglas 生产函数的随机前沿模型为：

$$\ln y_i = \beta_0 + \beta_1 \ln x_i + v_i - u_i \tag{4.7}$$

---

① Gong B. H., Sickles R. C.. Finite Sample Evidence on the Performance of Stochastic Frontiers and Data Envelopment Analysis Using Panel Data [J]. Journal of Econometrics, 1992, 51 (1−2): 259−284.

② Aigner G., Lovell C. A. K., Schmidt P.. Formulation and Estimation of Stochastic Frontier Production Function Models [J]. Journal of Econometrics, 1977, 6 (1): 21−37.

③ Meeusen W., J. van Den Broeck. Efficiency Estimation From Cobb-Douglas Production Functions With Composed Error [J]. International Economic Review, 1977, 18 (2): 435−444.

或 $$y_i = \exp(\beta_0 + \beta_1 \ln x_i) \times \exp(v_i) \times \exp(-u_i) \qquad (4.8)$$

假设企业 A、企业 B 的投入—产出观测值分别为 (x_A, y_A)、(x_B, y_B)。若不存在技术无效率，即 $u_A = 0$、$u_B = 0$，企业 A、企业 B 的随机前沿产出分别为：

$$y_A^* \equiv \exp(\beta_0 + \beta_1 \ln x_A + v_A) \qquad (4.9)$$

$$y_B^* \equiv \exp(\beta_0 + \beta_1 \ln x_B + v_B) \qquad (4.10)$$

图 4-15 显示，企业 A 的噪声影响为正 $(v_A > 0)$，故其随机前沿产出位于确定性生产前沿面的上方；企业 B 的噪声影响为负 $(v_B < 0)$，故其随机前沿产出位于确定性生产前沿面的下方。此外，企业 A 的噪声影响和无效率效应之和为负 $(v_A - u_A < 0)$，故其产出观测值位于确定性生产前沿面的下方。

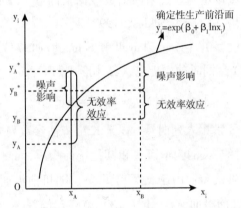

图 4-15 单投入、单产出的 Cobb-Douglas 生产函数随机前沿示意图

资料来源：［澳］寇里（Coelli T. J.）等. 效率和生产率分析导论［M］. 刘大成译. 北京：清华大学出版社，2009：180.

以面向产出的技术效率为例，SFA 通常将其定义为产出观测值与相应随机前沿产出之比，具体计算公式如下：

$$TE_i = \frac{y_i}{\exp(x_i'\beta + v_i)} = \frac{\exp(x_i'\beta + v_i - u_i)}{\exp(x_i'\beta + v_i)} = \exp(-u_i) \qquad (4.11)$$

不难看出，TE_i 是一个取值介于 0~1 之间的随机变量。要得到具体的技术效率值，就必须对式（4.6）进行参数估计。

首先，假设 v_i、u_i 相互独立分布且与 x_i 不相关；其次，假设 $E(v_i) =$ 0，$E(v_i^2) = \sigma_v^2$，$E(v_iv_j) = 0\,(i \neq j)$，$E(u_i^2) = \sigma_u^2$，$E(u_iu_j) = 0\,(i \neq j)$，$E(u_i) > 0$（因为 $u_i \geqslant 0$）。在此基础上，若采用最小二乘法对 β 进行估计，可得到斜率系数的一致估计量，但截距系数的估计量是有偏的[①]。对此，学者们大都对 v_i、u_i 的概率分布提出具体假设并采用极大似然法进行参数估计，如 Aigner、Lovell 和 Schmidt（1977）假设 $v_i \sim$ iid $N(0,$ $\sigma_v^2)$、$u_i \sim$ iid $N^+(0, \sigma_u^2)$，即 v_i 是独立同分布（independently and identically distributed，iid）的正态随机变量，u_i 是独立同分布的半正态随机变量。进一步，他们定义了如下形式的对数似然函数：

$$\ln L(y \mid \beta, \lambda, \sigma^2) = -\frac{I}{2}\ln\left(\frac{\pi\sigma^2}{2}\right) + \sum_{i=1}^{I}\ln\Phi\left(-\frac{\lambda\varepsilon_i}{\sigma}\right) - \frac{1}{2\sigma^2}\sum_{i=1}^{I}\varepsilon_i^2 \qquad (4.12)$$

其中，$\sigma^2 = \sigma_v^2 + \sigma_u^2$ 且 $\lambda^2 = \sigma_u^2/\sigma_v^2$，$y = (y_1, \cdots, y_I)'$，复合误差项 $\varepsilon_i \equiv v_i - u_i = \ln y_i - x_i'\beta$，$\Phi(\cdot)$ 是标准正态分布累积函数[②]。式（4.12）的一阶条件高度非线性且无法求得 β、σ 和 λ 的解析解，要通过逐步迭代最优化方法求 $\ln L(y \mid \beta, \sigma, \lambda)$ 的最大值（Judge et al.，1985[③]）。一些学者还对 u_i 的概率分布提出了不同假设，例如，Stevenson（1980）主张截断正态分布假设，即 $u_i \sim$ iid $N^+(\mu, \sigma_u^2)$；Greene（1990）主张伽马分布假设，即 $u_i \sim$ iid $G(\lambda, m)$ 等。

此外，早期的研究采用两步估计法对无效率效应的影响因素进行考察（Pitt & Lee，1981[④]；Kalirajan，1981[⑤]）。具体而言，先对随机前沿

① ［澳］寇里（Coelli T. J.）等. 效率和生产率分析导论［M］. 刘大成译. 北京：清华大学出版社，2009：181.

② Aigner D.，Lovell C. A. K.，Schmidt P.. Formulation and Estmation of Stochastic Frontier Production Function Models［J］. Journal of Econometrics，1977，6（1）：21 – 37.

③ Judge G. G.，W. E. Griffiths，R. C. Hill，H. Lutkepohl，T. C. Lee. The Theory and Practice of Econometrics（2nd edition）［M］. New York：John Wiley，1985.

④ Pitt M. M.，Lung-Fei Lee. The Mearsurement and Sources of Technical Inefficiency in the Indonesian Weaving Industry［J］. Journal of Development Economics，1981，9（1）：43 – 64.

⑤ Kalirajan K.. An Econometric Analusis of Yield Variability in Paddy Production［J］. Canadian Journal of Agricultural Economics，1981，29（3）：283 – 294.

生产函数进行估计以得到技术无效率项，再利用 Tobit 模型考察技术无效率项与外生因素之间的关系。然而，这种做法具有内在的不一致性。因为在第一步估计中技术无效率项服从独立同分布，但在第二步估计中技术无效率项的期望值显然会受制于外部因素的个体特征。于是，Kumbhakar（1991）① 以及 Battese 和 Coelli（1995）② 用一步估计法进行了改进：首先，假设 u_i 服从均值为 $z_i'\delta$、方差为 σ^2、在 0 处截尾的正态分布，其中，z_i、δ 分别为非效率效应模型的 m 维解释变量列向量和 m 维待估参数列向量；其次，令 $u_i = z_i'\delta + w_i$，于是，w_i 服从均值为 0、方差为 σ^2 的正态分布，由于 u_i 的截尾点为 0，故 $w_i \geqslant -z_i'\delta$；在此基础上，可将前沿生产函数模型与非效率效应模型联合起来估计。实际上，Wang 和 Schmidt（2002）通过蒙特卡罗模拟已证明，一步法要优于两步法③。

（二）本书模型设定

目前，国内大多数学者在运用 SFA 测度技术创新效率时都采用 Battese 和 Coelli（1995）提出的一步法模型，以兼顾考察无效率效应的影响因素。本书的研究任务是以中国高技术产业为载体，试图厘清产业集聚对产业技术创新效率及其空间分异的影响机理。从实证研究的逻辑思路讲，应首先检验产业集聚与产业技术创新效率之间是否存在关联性；若存在，进一步分析产业集聚如何对产业技术创新效率及其空间分异产生影响。为合理检验两者的关联性，在测度产业技术创新效率时不应考虑除创新投入要素之外的其他效率因素。因此，与现有文献不同，本书

---

① Kumbhakar S. C.. Esitimation of Technical Inefficiency in Panel Data Models with Firm – and time-specific effects [J]. Economics Letters，1991，36（1）：43 –48.

② Battese G. E.，Coelli T. J.. A Model for Technical Inefficiency Effects in A Stochastic Frontier Production Function for Panel Data [J]. Empirical Economics，1995，20（2）：325 –332.

③ Wang H. J.，Schmidt P.. One-Step and Two-Step Estimation of the Effects of Exogenous Variables on Technical Efficiency Levels [J]. Journal of Productivity Analysis，2002，18（2）：129 – 144。

在此处仅利用 Battese 和 Coelli（1992）提出的误差因素模型[①]对中国高技术产业技术创新效率进行测度，同时将无效率效应影响因素的考察安排在后续章节中。

在估计中国高技术产业技术创新的前沿生产面时，现有文献大都采用 Cobb-Douglas 函数。然而，这种做法往往忽略了样本个体在投入—产出弹性方面的差异性。为了保证测度结果的合理性，本书考虑以超越对数函数作为前沿生产面形式。通常，产业技术创新以研发人员（RDP）和研发资本（RD）为直接投入要素，由于创新活动存在周期性，以上两个变量都滞后一期。于是，基于超越对数函数的随机前沿模型可表达如下：

$$\ln y_{it} = \beta_0 + \beta_1 \ln RDP_{i(t-1)} + \beta_2 \ln RD_{i(t-1)} + \beta_3 (\ln RDP_{i(t-1)})^2 +$$
$$\beta_4 (\ln RD_{i(t-1)})^2 + \beta_5 (\ln RDP_{i(t-1)})(\ln RD_{i(t-1)}) + v_{it} - u_{it}$$

$$(4.13)$$

其中，i 为省域，t 为年份；v_{it} 为省域 i 在 t 年的统计噪声，$v_{it} \sim iid\ N(0, \sigma_v^2)$；$u_{it}$ 为省域 i 在 t 年的技术无效率项，$u_{it} = u_i \exp[-\eta(t-T)]$，$u_i$ 在 0 处截尾且 $u_i \sim iid\ N^+(\mu, \sigma_u^2)$，$\eta$ 反映了 u_{it} 的时间趋势；v_{it} 与 u_{it} 相互独立，都与其他解释变量不相关。

此外，本书提出原假设 $H_0: \beta_3 = \beta_4 = \beta_5 = 0$，相关检验统计量 $LR = -2[L(H_0) - L(H_1)]$ 渐进服从自由度为 3 的混合 χ^2 分布[②]，其中，$L(H_0)$、$L(H_1)$ 分别为原假设 H_0、被择假设 H_1 成立时的对数似然函数极大值。若 $LR > \chi_{0.95}^2(3)$，原假设 H_0 被拒绝，说明 β_3、β_4、β_5 不同时为零，即不排除采用超越对数函数的可能性，在此基础上，还需结合 β_3、β_4、β_5 的显著性综合判断式（4.13）是否设定合理。若 $LR <$

---

① Battese G. E. , Coelli T. J. . Frontier Production Functions, Technical Efficiency and Panel Data: With Application to Paddy Farmers in India [J]. Journal of Productivity Analysis, 1992, 3 (1-2): 153-169.

② 此处，混合 χ^2 分布百分位数表参照：Kodde D. A. , Palm F. C. . Wald Criteria for Jointly Testing Equality and Inequality Restrictions [J]. Econometrica, 1986, 54 (5): 1243-1248.

$\chi^2_{0.95}(3)$，原假设 H_0 被接受，说明采用 Cobb-Douglas 函数拟合前沿生产面更为合适。

本书通过计算发现，若以新产品产值为产出变量，LR = 25.055 > $\chi^2_{0.95}(3)$ = 7.045，且 β_3 具有 1% 的显著性，说明采用超越对数函数较适宜；若以专利申请量为产出变量，尽管 LR = 13.442 > $\chi^2_{0.95}(3)$ = 7.045，但 β_3、β_4、β_5 都不具有显著性，说明采用 Cobb-Douglas 生产函数较适宜。此外，考虑到面板数据的时间序列性，本书还引入时间趋势项以反映可能存在的前沿生产面随技术进步发生外移的情况。此时，以新产品产值为产出变量的模型回归结果较好，相关统计量都具有显著性；以专利申请量为产出变量的模型回归结果较差，时间趋势项的系数正负性不稳定，随机误差项的复合结构性也不强。

综合对比以上结果，本书将随机前沿模型最终设定为：

以新产品产值为产出变量：

$$\ln y_{it} = \beta_0 + \theta t + \beta_1 \ln RDP_{i(t-1)} + \beta_2 \ln RD_{i(t-1)} + \beta_3 \left(\ln RDP_{i(t-1)} \right)^2 + \beta_4 \left(\ln RD_{i(t-1)} \right)^2 + \beta_5 \left(\ln RDP_{i(t-1)} \right) \left(\ln RD_{i(t-1)} \right) + v_{it} - u_{it}$$

$$(4.14)$$

以专利申请量为产出变量：

$$\ln y_{it} = \beta_0 + \beta_1 \ln RDP_{i(t-1)} + \beta_2 \ln RD_{i(t-1)} + v_{it} - u_{it} \qquad (4.15)$$

（三）变量数据处理

由于西藏、青海、新疆的统计数据缺失严重，本书以其余 28 个省域（不含港澳台地区）为研究样本，考察期为 1997 ~ 2011 年。在测度创新效率之前，有必要对相关变量指标的原始统计数据进行处理，所需数据来源于历年《中国统计年鉴》和《中国高技术产业统计年鉴》。

参照 Goto 和 Suzuki（1989）[1]、Griliches（1998）[2] 以及吴延兵（2006）[3] 的做法，本书采用永续盘存法估算各省域高技术产业研发资本存量：

$$RD_{it} = E_{i(t-1)} + (1-\delta)RD_{i(t-1)} \tag{4.16}$$

其中，RD_{it} 为省域 i 在 t 年的研发资本存量，$E_{i(t-1)}$ 为省域 i 在 t-1 年不变价研发经费支出；δ 为研发资本折旧率，针对中国样本数据的相关研究大都令 $\delta = 15\%$，本书也采用相同做法。假设研发资本存量在考察期内的增长率 g 与研发经费支出的增长率相同，则基期研发资本存量为：

$$RD_{i0} = E_{i0}/(g+\delta) \tag{4.17}$$

为估算出 RD_{it}，首先要对各期当年价研发经费支出按不变价格指数进行平减。目前，国内外学者已构建了不同的研发价格指数，例如，Jaffe（1972）以非金融部门工资价格指数和 GNP 隐含指数的加权平均值表示[4]；朱平芳和徐伟民（2003）以消费者价格指数和固定资产投资价格指数的加权平均值表示，两者权重分别为 0.55 和 0.45[5]；朱有为和徐康宁（2006）以产品出厂价格指数和消费者价格指数的加权平均值表示，两者权重分别为 0.75 和 0.25[6]。《中国科技统计年鉴》从 2008 年开始给出了研发内部经费支出的历年可比价增长率，由此可换

① Akira Goto , Kazuyuki Suzuki. R&D Capital, Rate of Return on R&D Investment and Spillover of R&D in Japanese Manufacturing Industries [J]. The Review of Economics and Statistics, 1989, 71 (4): 555 -564.

② Griliches Z.. R&D and Productivity: The Econometric Evidence [M]. Chicago: The University of Chicago Press, 1998: 287 -343.

③ 吴延兵. R&D 存量、知识函数与生产效率 [J]. 经济学（季刊），2006, 5 (4): 1129 -1156.

④ Jaffe S. A.. A Price Index For Deflation of Academic R&D Expenditure [M]. Washington D. C.: The National Science Foundation, 1972.

⑤ 朱平芳，徐伟明. 政府的科技激励政策对大中型工业企业 R&D 投入及其专利产出的影响——上海市的实证研究 [J]. 经济研究，2003 (6): 45 -53.

⑥ 朱有为，徐康宁. 中国高技术产业研发效率的实证研究 [J]. 中国工业经济，2006 (11): 38 -45.

算出研发内部经费支出的不变价格指数。鉴于这种价格指数的官方权威性，本书据此对历年各省域高技术产业当年价新产品开发经费支出和研发内部经费支出进行平减，以得到相应的 1997 年不变价研发经费支出。

此外，若以新产品产值为产出变量，还要将其平减至 1997 年不变价，以剔除价格因素的影响。由于缺乏高技术产品出厂价格指数，本书采用地区工业产品出厂价格指数对各省域高技术产业新产品产值（万元）进行平减。经过处理后，各投入、产出变量的统计特征如表 4 - 7 所示。

表 4 - 7 　　　　　　　　各投入、产出变量的统计特征

统计项	以新产品产值为产出			以专利申请量为产出		
	lny	lnRDP	lnRD	lny	lnRDP	lnRD
均值	12.93	7.70	11.02	4.91	7.78	10.98
最大值	18.11	11.96	14.67	10.58	11.96	14.78
最小值	4.36	1.74	5.32	0.00	2.47	4.89
标准差	2.38	1.67	1.96	2.03	1.59	1.78
观测个数	392	392	392	383	383	383

注：内蒙古、海南和宁夏在个别年份的专利申请量为零，无法取自然对数值，从而存在非平衡面板数据情况。

三、产业技术创新效率分析

借助 Frontier 4.1 软件，本书计算得到 1998～2011 年中国各省域高技术产业的产品创新效率和研发创新效率。

(一) 随机前沿模型估计结果

假设 u_i 服从半正态分布且 u_{it} 具有时间趋势，在此基础上，采用极大似然法对式 (4.14)、式 (4.15) 进行参数估计，具体结果如表 4 - 8 所示。

表 4 - 8　　　　中国高技术产业技术创新效率测度模型估计结果

	变量	参数估计值	标准差	t 统计量
以新产品产值为产出变量	β_0	-2.2551 *	1.1951	-1.8870
	t	0.0755 ***	0.0201	3.7607
	lnRDP	0.7652 **	0.3113	2.4584
	lnRD	1.4976 ***	0.3875	3.8645
	$(\text{lnRDP})^2$	-0.1308 ***	0.0386	-3.3848
	$(\text{lnRD})^2$	-0.0776 **	0.0385	-2.0144
	lnRDP × lnRD	0.1330 *	0.0692	1.9214
	σ^2	5.6622 ***	1.6375	3.4579
	λ	0.9284 ***	0.0215	43.2760
	η	-0.0348 ***	0.0095	-3.6587
	LR	278.8733 *** （自由度为2）		
	样本容量	392 （平衡面板数据）		
以专利申请量为产出变量	β_0	-4.4676 ***	0.5599	-7.9786
	lnRDP	0.3407 ***	0.0664	5.1291
	lnRD	0.8076 ***	0.0930	8.6855
	σ^2	2.5431 ***	0.9808	2.5929
	λ	0.8401 ***	0.0650	12.9153
	η	0.0625 ***	0.0117	5.3452
	LR	339.2879 *** （自由度为2）		
	样本容量	383 （非平衡面板数据）		

　　注：*、**、*** 分别表示具有 10%、5%、1% 的显著性水平。LR 为似然比检验统计量，符合混合卡方分布（Mixed Chi-squared Distribution）。资料来源：相关显著性水平临界值，参见：Kodde D. A., Palm F. C.. Wald Criteria for Jointly Testing Equality and Inequality Restrictions [J]. Econometrics, 1986, 54 (5)：1243 - 1248.

首先，两个模型的 LR、σ^2 和 λ 都具有 1% 的显著性水平，λ 的估计值也都大于 0.8，说明采用随机前沿模型是合理的，大部分随机误差都由无效率效应导致且 $\sigma_u^2 > 0$。

其次，对以新产品产值为产出变量的模型而言，θ 为正且具有 1% 的显著性水平，表明技术进步对中国高技术产业产品创新产出增长具有显著正影响，产品创新产出增长率为 7.6%。η 为负且具有 1% 的显著性水平，表明中国高技术产业产品创新效率在考察期内逐年下降，由 $\theta > 0$ 推断，这种效率下降可能由前沿生产面随技术进步发生外移导致。β_i （$i = 1, 2, 3, 4, 5$）至少具有 10% 的显著性水平，说明各省域高技术产业产品创新的投入—产出弹性存在差异。本书计算得出，2011 年，东部地区的研发人员产出弹性为 0.0162，研发资本产出弹性为 0.7379，呈现规模报酬递减；东北地区的相应产出弹性分别为 0.6256、1.2435，中部地区为 0.4016、1.0422，西部地区为 0.3243、0.8492，都呈现规模报酬递增。此外，四大经济区的研发资本产出弹性都明显高于研发人员产出弹性，说明研发资本投入对中国高技术产业产品创新产出增长的促进作用更强。

最后，对以专利申请量为产出变量的模型而言，η 为正且具有 1% 的显著性水平，表明中国高技术产业研发创新效率在考察期内逐年递增，由于该模型未考虑技术进步效应，以上结论在一定程度上表明中国高技术产业研发创新能力呈现稳步提升。此外，$\beta_1 + \beta_2 > 1$ 且 $\beta_2 > \beta_1$，表明中国高技术产业研发创新具有规模报酬递增性，与产品创新类似，研发资本投入对产业技术创新产出增长的贡献程度更大。

（二）技术创新效率测度结果

在表 4-8 的基础上，本书进一步得到 1998~2011 年中国 28 个省域高技术产业的产品创新效率和研发创新效率，具体结果如表 4-9 和表 4-10 所示。

表4-9　中国省域高技术产业产品创新效率（基于误差因素模型）

地区		1998年	1999年	2000年	2001年	2002年	2003年	2004年	2005年	2006年	2007年	2008年	2009年	2010年	2011年	年均增长率(%)
东部地区	北京	0.4497	0.4373	0.4248	0.4123	0.3997	0.3871	0.3745	0.3619	0.3493	0.3368	0.3242	0.3118	0.2994	0.2871	-3.4
	天津	0.9244	0.9219	0.9193	0.9167	0.9139	0.9111	0.9082	0.9052	0.9022	0.8990	0.8957	0.8924	0.8889	0.8854	-0.3
	河北	0.1532	0.1434	0.1340	0.1248	0.1160	0.1075	0.0994	0.0917	0.0843	0.0773	0.0706	0.0643	0.0584	0.0529	-7.9
	上海	0.4819	0.4698	0.4576	0.4453	0.4329	0.4204	0.4079	0.3954	0.3828	0.3702	0.3576	0.3451	0.3326	0.3201	-3.1
	江苏	0.5518	0.5405	0.5290	0.5174	0.5057	0.4939	0.4819	0.4698	0.4577	0.4455	0.4332	0.4208	0.4084	0.3960	-2.5
	浙江	0.5936	0.5830	0.5721	0.5611	0.5500	0.5387	0.5273	0.5158	0.5041	0.4923	0.4804	0.4684	0.4563	0.4441	-2.2
	福建	0.8692	0.8650	0.8607	0.8563	0.8518	0.8472	0.8424	0.8375	0.8325	0.8273	0.8221	0.8166	0.8111	0.8054	-0.6
	山东	0.5192	0.5075	0.4956	0.4836	0.4716	0.4594	0.4471	0.4348	0.4224	0.4099	0.3974	0.3849	0.3724	0.3599	-2.8
	广东	0.8489	0.8442	0.8393	0.8343	0.8291	0.8239	0.8185	0.8129	0.8072	0.8014	0.7954	0.7893	0.7831	0.7767	-0.7
	海南	0.2459	0.2341	0.2224	0.2110	0.1998	0.1888	0.1780	0.1676	0.1574	0.1475	0.1379	0.1287	0.1198	0.1112	-5.92
东北地区	辽宁	0.2615	0.2495	0.2376	0.2259	0.2144	0.2031	0.1921	0.1813	0.1707	0.1605	0.1505	0.1408	0.1315	0.1225	-5.7
	吉林	0.1549	0.1451	0.1355	0.1263	0.1175	0.1089	0.1008	0.0929	0.0855	0.0784	0.0717	0.0654	0.0594	0.0538	-7.8
	黑龙江	0.1034	0.0955	0.0879	0.0807	0.0738	0.0674	0.0613	0.0555	0.0502	0.0451	0.0405	0.0362	0.0322	0.0285	-9.4
中部地区	山西	0.3116	0.2991	0.2867	0.2744	0.2622	0.2502	0.2383	0.2266	0.2152	0.2039	0.1929	0.1821	0.1715	0.1613	-4.9
	安徽	0.2102	0.1990	0.1880	0.1773	0.1668	0.1566	0.1468	0.1372	0.1280	0.1190	0.1105	0.1023	0.0944	0.0869	-6.6
	江西	0.1826	0.1720	0.1617	0.1516	0.1419	0.1325	0.1234	0.1146	0.1062	0.0982	0.0905	0.0832	0.0762	0.0697	-7.1

续表

地区		1998年	1999年	2000年	2001年	2002年	2003年	2004年	2005年	2006年	2007年	2008年	2009年	2010年	2011年	年均增长率(%)
中部地区	河南	0.1231	0.1144	0.1060	0.0979	0.0902	0.0829	0.0759	0.0693	0.0631	0.0573	0.0518	0.0467	0.0419	0.0375	-8.7
	湖北	0.1134	0.1050	0.0970	0.0894	0.0821	0.0752	0.0686	0.0624	0.0566	0.0512	0.0461	0.0414	0.0370	0.0329	-9.1
	湖南	0.1564	0.1465	0.1369	0.1277	0.1187	0.1102	0.1019	0.0941	0.0866	0.0794	0.0727	0.0663	0.0603	0.0546	-7.8
西部地区	内蒙古	0.4312	0.4187	0.4061	0.3935	0.3809	0.3683	0.3556	0.3430	0.3305	0.3179	0.3055	0.2931	0.2809	0.2687	-3.6
	广西	0.1644	0.1542	0.1444	0.1349	0.1257	0.1169	0.1084	0.1002	0.0925	0.0850	0.0780	0.0713	0.0650	0.0590	-7.6
	重庆	0.2519	0.2400	0.2283	0.2167	0.2054	0.1943	0.1834	0.1728	0.1625	0.1525	0.1428	0.1333	0.1242	0.1155	-5.8
	四川	0.2352	0.2236	0.2121	0.2009	0.1898	0.1791	0.1686	0.1584	0.1485	0.1388	0.1296	0.1206	0.1120	0.1037	-6.1
	贵州	0.1252	0.1164	0.1079	0.0998	0.0920	0.0846	0.0775	0.0709	0.0646	0.0586	0.0531	0.0479	0.0430	0.0385	-8.7
	云南	0.4496	0.4372	0.4247	0.4122	0.3997	0.3871	0.3745	0.3618	0.3492	0.3367	0.3242	0.3117	0.2993	0.2870	-3.4
	陕西	0.0982	0.0905	0.0832	0.0762	0.0696	0.0634	0.0575	0.0520	0.0469	0.0421	0.0376	0.0335	0.0298	0.0263	-9.6
	甘肃	0.1905	0.1797	0.1692	0.1589	0.1490	0.1393	0.1300	0.1210	0.1123	0.1040	0.0961	0.0885	0.0813	0.0744	-7.0
	宁夏	0.8450	0.8402	0.8352	0.8301	0.8248	0.8195	0.8139	0.8083	0.8025	0.7965	0.7904	0.7842	0.7778	0.7712	-0.7
全国平均水平		0.3588	0.3490	0.3394	0.3299	0.3205	0.3113	0.3023	0.2934	0.2847	0.2762	0.2678	0.2597	0.2517	0.2440	-2.9

表4-10

中国省域高技术产业研发创新效率（基于误差因素模型）

地区	1998年	1999年	2000年	2001年	2002年	2003年	2004年	2005年	2006年	2007年	2008年	2009年	2010年	2011年	年均增长率(%)
北京	0.0179	0.0228	0.0286	0.0354	0.0433	0.0523	0.0625	0.0738	0.0864	0.1002	0.1151	0.1311	0.1482	0.1663	18.7
天津	0.0676	0.0794	0.0925	0.1067	0.1220	0.1384	0.1559	0.1743	0.1936	0.2137	0.2345	0.2560	0.2779	0.3001	12.2
河北	0.0146	0.0188	0.0239	0.0299	0.0369	0.0450	0.0543	0.0647	0.0763	0.0891	0.1031	0.1183	0.1345	0.1519	19.7
上海	0.0486	0.0582	0.0691	0.0811	0.0943	0.1087	0.1242	0.1408	0.1585	0.1771	0.1965	0.2168	0.2377	0.2592	13.7
江苏	0.0331	0.0406	0.0492	0.0589	0.0699	0.0820	0.0953	0.1098	0.1255	0.1422	0.1599	0.1786	0.1982	0.2185	15.6
浙江	0.1185	0.1346	0.1518	0.1699	0.1889	0.2088	0.2293	0.2505	0.2722	0.2944	0.3168	0.3395	0.3623	0.3851	9.5
福建	0.0375	0.0457	0.0550	0.0654	0.0771	0.0899	0.1040	0.1191	0.1354	0.1528	0.1711	0.1903	0.2103	0.2310	15.0
山东	0.0880	0.1018	0.1167	0.1327	0.1498	0.1679	0.1869	0.2067	0.2272	0.2484	0.2701	0.2923	0.3147	0.3374	10.9
广东	0.0899	0.1038	0.1189	0.1351	0.1523	0.1706	0.1897	0.2096	0.2302	0.2515	0.2733	0.2955	0.3180	0.3407	10.8
海南	0.0688	0.0807	0.0938	0.1081	—	—	0.1576	—	0.1954	0.2155	0.2363	0.2578	0.2797	0.3019	12.1
辽宁	0.0150	0.0193	0.0245	0.0306	0.0377	0.0460	0.0553	0.0659	0.0776	0.0906	0.1047	0.1199	0.1363	0.1537	19.6
吉林	0.0614	0.0725	0.0849	0.0985	0.1132	0.1290	0.1459	0.1638	0.1826	0.2023	0.2227	0.2438	0.2655	0.2875	12.6
黑龙江	0.0134	0.0174	0.0222	0.0280	0.0347	0.0425	0.0514	0.0614	0.0727	0.0851	0.0988	0.1136	0.1295	0.1465	20.2
山西	0.0395	0.0480	0.0576	0.0684	0.0803	0.0935	0.1078	0.1233	0.1399	0.1574	0.1760	0.1954	0.2156	0.2365	14.7
安徽	0.0315	0.0388	0.0472	0.0567	0.0674	0.0793	0.0923	0.1066	0.1220	0.1384	0.1560	0.1745	0.1938	0.2140	15.9
江西	0.0116	0.0152	0.0195	0.0247	0.0309	0.0381	0.0464	0.0559	0.0665	0.0783	0.0913	0.1055	0.1208	0.1372	20.9

（地区分组：东部地区、东北地区、中部地区）

续表

地区		1998年	1999年	2000年	2001年	2002年	2003年	2004年	2005年	2006年	2007年	2008年	2009年	2010年	2011年	年均增长率(%)
中部地区	河南	0.0828	0.0961	0.1106	0.1262	0.1429	0.1606	0.1792	0.1987	0.2190	0.2400	0.2615	0.2835	0.3058	0.3285	11.2
	湖北	0.0311	0.0383	0.0466	0.0560	0.0667	0.0784	0.0914	0.1055	0.1208	0.1373	0.1547	0.1731	0.1925	0.2126	15.9
	湖南	0.0350	0.0428	0.0517	0.0618	0.0730	0.0855	0.0991	0.1139	0.1298	0.1468	0.1648	0.1837	0.2035	0.2240	15.4
西部地区	内蒙古	0.5972	0.6151	0.6325	0.6495	—	0.6818	0.6971	0.7119	0.7262	—	—	0.7658	0.7779	0.7896	2.2
	广西	0.2870	0.3091	0.3314	0.3538	0.3764	0.3989	0.4214	0.4437	0.4657	0.4875	0.5089	0.5299	0.5504	0.5705	5.4
	重庆	0.0763	0.0890	0.1029	0.1179	0.1341	0.1513	0.1695	0.1885	0.2084	0.2290	0.2503	0.2721	0.2942	0.3167	11.6
	四川	0.0218	0.0275	0.0341	0.0418	0.0506	0.0606	0.0717	0.0841	0.0976	0.1123	0.1281	0.1450	0.1629	0.1818	17.7
	贵州	0.0135	0.0175	0.0223	0.0280	0.0348	0.0426	0.0515	0.0616	0.0728	0.0853	0.0990	0.1138	0.1297	0.1468	20.2
	云南	0.3239	0.3462	0.3687	0.3911	0.4135	0.4358	0.4579	0.4797	0.5012	0.5223	0.5429	0.5631	0.5828	0.6019	4.9
	陕西	0.0083	0.0110	0.0145	0.0187	0.0237	0.0297	0.0367	0.0448	0.0541	0.0645	0.0761	0.0889	0.1029	0.1180	22.7
	甘肃	0.0130	0.0169	0.0216	0.0273	0.0339	0.0415	0.0503	0.0602	0.0714	0.0837	0.0972	0.1119	0.1277	0.1446	20.4
	宁夏	—	0.8319	0.8407	0.8491	0.8572	—	0.8722	0.8791	0.8858	—	0.8981	0.9038	0.9092	0.9143	0.8
全国平均水平		0.0832	0.1193	0.1297	0.1411	0.1348	0.1407	0.1806	0.1962	0.2112	0.1825	0.2262	0.2630	0.2815	0.3006	10.4

注 a：表中"—"指由于专利申请量为零而无法进行相关计算的情况。

1. 产品创新效率方面

首先，17个省域的历年效率低于0.3和同期全国平均水平，多位于东北和中、西部地区；在其余省域中，浙江、江苏、山东、上海、北京、云南和内蒙古的历年效率依次降低且基本介于0.3～0.5之间，具有较大的效率提升空间，天津、福建、广东和宁夏的历年效率始终高于0.8，比较接近理想的技术有效状态。总体而言，技术无效率是各省域高技术产业产品创新的普遍状态，全国和低、中、高效率省域的历年效率均值分别为0.2996和0.1231、0.4181、0.8425。这与国内其他学者的研究结论一致，例如，朱有为和徐康宁（2006）利用1995～2004年中国高技术产业分行业面板数据测度的全国创新效率均值为0.258[①]；余泳泽和武鹏（2010）利用1996～2007年中国高技术产业分省域面板数据测度的全国创新效率均值为0.268[②]。

其次，由于模型回归结果显示 $\eta < 0$，即 u_{it} 的时间趋势为负，致使各省域产品创新效率逐年递减。从年均变化率看，各省域之间表现出"初始效率越高，其值下降越慢；初始效率越低，其值下降越快"的特点，由此推断，全国各省域产品创新效率可能存在发散趋势。本书计算发现，1998～2011年，中国高技术产业产品创新效率变异系数从0.7218增至1.0875，在一定程度上印证了各省域效率差异存在逐年扩大趋势。

2. 研发创新效率方面

首先，与产品创新效率不同，各省域研发创新效率呈现"西高东低"的特点。1998～2011年，宁夏、内蒙古、云南和广西的历年效率始终高于同期全国平均水平；浙江、山东和广东的效率尽管在大多数年份也高于同期全国平均水平，但与以上四个西部省域相比仍较低，天津的效率仅在2007～2008年略高于同期全国平均水平；除此之外，其余省域

① 朱有为，徐康宁. 中国高技术产业研发效率的实证研究 [J]. 中国工业经济，2006（11）：38-45.
② 余泳泽，武鹏. 我国高技术产业研发效率空间相关性及其影响因素分析——基于省级面板数据的研究 [J]. 产业经济评论，2010，9（3）：71-86.

的历年效率都低于同期全国平均水平。实际上，从全国和四大经济区的历年效率均值看，西部地区也处于相对领先地位，如表 4 - 11 所示。

表 4 - 11 　　　　　　全国及四大经济区高技术产业研发创新效率均值

地区	1999 年	2000 年	2001 年	2004 年	2006 年	2009 年	2010 年	2011 年
西部地区	0.2516	0.2632	0.2752	0.3143	0.3426	0.3883	0.4042	0.4205
全国	0.1193	0.1297	0.1411	0.1806	0.2112	0.2630	0.2815	0.3006
东部地区	0.0686	0.0800	0.0923	0.1360	0.1701	0.2276	0.2482	0.2692
中部地区	0.0465	0.0555	0.0656	0.1027	0.1330	0.1860	0.2053	0.2255
东北地区	0.0364	0.0439	0.0524	0.0842	0.1110	0.1591	0.1771	0.1959

其次，由于模型回归结果显示 $\eta > 0$，即 u_{it} 的时间趋势为正，致使各省域研发创新效率逐年递增。从年均变化率看，各省域之间表现出"初始效率越高，其值上升越慢；初始效率越低，其值上升越快"的特点，例如，宁夏、内蒙古、云南和广西的年均增长率最低，宁夏甚至不到 1%，浙江、山东和广东的年均增长率也仅为 10% 左右，相反，陕西、甘肃等初始效率较低的省域则表现出强劲的增长势头，年均增长率分别为 22.7% 和 20.4%。由此推断，全国及四大经济区内部各省域研发创新效率可能存在绝对 β 收敛的情况。对此，本书以 1998 年各省域创新效率为解释变量，1998 ~ 2011 年各省域创新效率年均增长率为被解释变量进行简单一元回归，结果显示，各回归系数都为负且通过显著性检验，由此印证了以上推断的合理性。

3. 产品创新效率与研发创新效率的比较

对比表 4 - 9 和表 4 - 10 可看出，1998 ~ 2011 年，除河北、海南之外的东部省域一致表现出"产品创新效率高于研发创新效率"的特征，其余省域则在 2000 年以后陆续表现出"研发创新效率高于产品创新效率"的特征。本书由此认为，中国大多数省域在促进创新成果市场化方面还表现欠佳，创新成果转化平台建设尚待加强。另外，东部地区，特别是长三角、珠三角和环渤海一直是中国经济改革举措的重要试验区，区域技术市场发育程度较高，如图 4 - 16 所示。同时，东部地区具有良好的地理区位优势，可充分利用"国内国外"两个市场对创新产品的消费潜力。这些因素都有助于加速地区创新成果市场化，扩大新产品市场收益，从而提升产品创新效率。

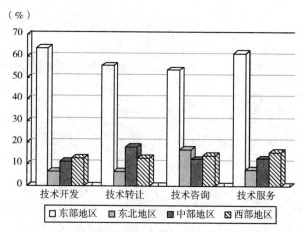

图 4 - 16　2011 年四大经济区在不同技术市场交易合同量的全国比重

资料来源：根据 2012 年《中国科技统计年鉴》的相关数据绘制。

第三节　中国高技术产业集聚及其区域技术创新效率的关联性

中国高技术产业集聚及其区域技术创新效率之间是否具有关联性？对此，本书采用面板数据单位根、协整和 Granger 因果检验等计量统计方法进行考察，从而为实证分析产业集聚对中国高技术产业技术创新效率及其空间分异的影响效应奠定基础。

一、面板单位根检验

在分析不同经济变量的相关性时，要先考察各变量的平稳性，因为

基于非平稳变量建立的计量回归模型会出现"虚假回归"。以 AR（1）过程为例，

$$y_{it} = \rho_i y_{it-1} + x_{it}\delta_i + \varepsilon_{it} \tag{4.18}$$

其中，i = 1，2，…，N，t = 1，2，…，T；x_{it}为外生变量，包括时间趋势项和各截面固定效应项；ρ_i为自回归系数，ε_{it}为满足独立同分布假设的随机扰动项。若 $|\rho_i| < 1$，则 y_{it}为平稳过程；若 $|\rho_i| = 1$，则 y_{it}为非平稳过程。

目前，根据不同的 ρ_i 假定可将面板数据单位根检验方法分为两类，一类假设各截面序列的 ρ_i 相同，即 $\rho_i = \rho$（i = 1，2，…，N），主要有 LLC 检验（Levin，Lin & Chu，2002[1]）、Breitung 检验（Breitung，2000[2]）以及 Hadri 检验（Hadri，1999[3]）；另一类假设各截面序列的 ρ_i 不完全相同，即允许 ρ_i 跨截面变化，主要有 IPS 检验（Im，Pesaran & Shin，2003[4]）、Fisher-ADF 以及 Fisher-PP 检验（Maddala & Wu，1999[5]）。为得出稳健结论，本书采用 LLC 检验、Breitung 检验、IPS 检验、Fisher-ADF 检验以及 Fisher-PP 检验对 1998 ~ 2011 年中国各省域高技术产业集聚度及其区域技术创新效率进行单位根检验。

（一）面板单位根检验方法

1. LLC 检验

LLC（Levin-Lin-Chu）检验涉及如下模型：

① Levin A. , Lin C. F. , Chu C. S. J. . Unit Root Tests in Panel Data: Asymptotic and Finite-Sample Properties [J]. Journal of Econometrics, 2002, 108 (1): 1 –24.

② Breitung J. . The Local Power of Some Unit Root Tests for Panel Data. In Baltagi B. H. , Fomby T. B. , Hill R. C. , eds. Nonstationary Panels, Panel Cointegration and Dynamic Panels, Advances in Econometrics, 2000, 15, Amterdam: Emerald Group Publishing Limited: 161 –177.

③ Hardi K. . Testing for Stationalrity in Heterogeneous Panel Data [J]. The Econometrics Journal, 2000, 3 (2): 148 –161.

④ Im K. S. , Pesaran M. H. , Shin Y. . Testing for Unit Roots in Heterogeneous Panels [J]. Journal of Econometrics, 2003, 115 (1): 53 –74.

⑤ Maddala G. S. , Wu S. W. . A Comparative Study of Unit Root Tests with Panel Data and a New Simple Test [J]. Oxford Bulletin of Economics and Statistics, 1999, 61 (S1): 631 –652.

$$\Delta y_{it} = \eta y_{it-1} + \sum_{j=1}^{p_i} \beta_{ij} \Delta y_{it-j} + x'_{it}\delta + u_{it} \qquad (4.19)$$

其中, $i = 1, 2, \cdots, N$; $t = 1, 2, \cdots, T$; $\eta = \rho - 1$, p_i 为第 i 个截面序列的滞后阶数。基于 ADF 检验式, LLC 检验使用 Δy_{it} 和 y_{it-1} 的代理变量 $(\Delta y_{it} - \sum_{j=1}^{p_i} \hat{\beta}_{ij} \Delta y_{it-j} - x'_{it}\hat{\delta})/s_i$ 和 $(y_{it-1} - \sum_{j=1}^{p_i} \dot{\beta}_{ij} \Delta y_{it-j} - x'_{it}\dot{\delta})/s_i$ 来估计 η, $(\hat{\beta}_{ij}, \hat{\delta})$ 和 $(\dot{\beta}_{ij}, \dot{\delta})$ 分别为 Δy_{it} 和 y_{it-1} 对滞后差分项 Δy_{it-j} 以及外生变量 x_{it} 的回归参数估计值, s_i 为第 i 个截面序列 ADF 检验式的估计标准差。此外, 原假设为各截面序列具有相同单位根, 被择假设为各截面序列都没有单位根。

2. Breitung 检验

Breitung 检验与 LLC 检验类似, 原假设也为各截面序列具有相同单位根, 但在 Δy_{it} 和 y_{it-1} 的代理变量上有不同。令 $\Delta \tilde{y}_{it} = (\Delta y_{it} - \sum_{j=1}^{p_i} \hat{\beta}_{ij} \Delta y_{it-j})/s_i$, $\tilde{y}_{it-1} = (y_{it-1} - \sum_{j=1}^{p_i} \dot{\beta}_{ij} \Delta y_{it-j})/s_i$, 则 Δy_{it} 和 y_{it-1} 的代理变量分别为 $\Delta y_{it}^* = \sqrt{(T-t)/(T-t-1)} \left[\Delta \tilde{y}_{it} - (\Delta \tilde{y}_{it+1} + \cdots + \Delta \tilde{y}_{it+T})/(T-t) \right]$ 和 $y_{it-1}^* = \tilde{y}_{it-1} - c_{it}$, 其中, 若检验式中无截距和时间趋势, 则 c_{it} 为 0; 若检验式中有截距、无时间趋势, 则 c_{it} 为 $\tilde{y}_{i1}$; 若检验式中有截距和时间趋势, 则 c_{it} 为 $\tilde{y}_{i1} - [(t-1)/T]\tilde{y}_{iT}$。

3. IPS 检验

IPS (Im-Pesaran-Skin) 检验先用式 (4.20) 检验各截面序列的平稳性:

$$\Delta y_{it} = \eta_i y_{it-1} + \sum_{j=1}^{p_i} \beta_{ij} \Delta y_{it-j} + x'_{it}\delta + u_{it} \qquad (4.20)$$

由此得到 η_i 的 t 统计量 $t_{iT_i}(p_i)$, 在此基础上构造检验面板数据是否存在单位根的参数 η 的 t 统计量 $\bar{t}_{NT} = \left[\sum_{i=1}^{N} t_{iT_i}(p_i) \right]/N$。若各截面序列滞后阶数为 0, 则可直接利用 $\bar{t}_{NT}$ 来判断面板数据是否存在单位根; 若各截面序列滞后阶数不为 0, 可进一步构造一个渐进服从正态分布的统计量 $W_{\bar{t}_{TN}} = \sqrt{N} \{ \bar{t}_{NT} - N^{-1} \sum_{i=1}^{N} E[\bar{t}_{iT}(p_i)] \} / \sqrt{N^{-1} \sum_{i=1}^{N} \text{Var}[t_{iT}(p_i)]} \rightarrow$

$N(0,1)$，以此判断面板数据是否存在单位根。此外，估计 η_i 的原假设为各截面序列的 η_i 都为 0。

4. Fisher-ADF 检验和 Fisher-PP 检验

与 IPS 检验类似，Fisher-ADF 检验、Fisher-PP 检验都基于各截面序列的单位根检验构造了两个针对面板数据的检验统计量，一是 π_i 为第 i 个截面序列单位根检验统计量的 p 值，二是 $\sum_{i=1}^{N} \phi^{-1}(\pi_i)/\sqrt{N} \to N(0,1)$，$\phi^{-1}$ 为标准正态分布累积函数的反函数。

（二）面板单位根检验结果

EG 指数只能反映高技术产业在全国范围内的集聚度，无法将其与各省域技术创新效率结合起来分析。因此，本书采用专业化指数反映各省域高技术产业的集聚度，具体计算公式为：

$$LQ_{ij} = \frac{q_{ij}/q_j}{q_i/q} \tag{4.21}$$

其中，q_{ij} 为产业 i 在区域 j 的产值，q_j 为区域 j 的各产业产值总和，q_i 为产业 i 的全国产值，q 为全国各产业产值总和。以 TE 代表技术创新效率，中国各省域高技术产业技术创新效率和集聚度的单位根检验结果如表 4-12 所示。

表 4-12　　　　　　　面板单位根检验结果

变量	只含截距				
	LLC	Breitung	IPS W-stat	Fisher-ADF Chi-square	Fisher-PP Chi-square
LQ	-3.6704 (0.0001)	—	0.0766 (0.5305)	62.5986 (0.2537)	67.9103 (0.1322)
TE产品创新	-4.6463 (0.0000)	—	3.2847 (0.9995)	39.1472 (0.9576)	42.5104 (0.9082)

续表

变量	只含截距				
	LLC	Breitung	IPS W-stat	Fisher-ADF Chi-square	Fisher-PP Chi-square
$TE_{研发创新}$	13.4130 (1.0000)	—	18.7165 (1.0000)	2.3847 (1.0000)	2.3886 (1.0000)
ΔLQ	−13.6925 (0.0000)	—	−6.1250 (0.0000)	148.275 (0.0000)	162.218 (0.0000)
$\Delta TE_{产品创新}$	−13.1317 (0.0000)	—	−6.6092 (0.0000)	134.166 (0.0000)	134.162 (0.0000)
$\Delta TE_{研发创新}$	−3.1637 (0.0008)	—	−3.2107 (0.0007)	86.6959 (0.0053)	82.9969 (0.0110)

变量	含截距和时间趋势				
	LLC	Breitung	IPS W-stat	Fisher-ADF Chi-square	Fisher-PP Chi-square
LQ	−1.1231 (0.1307)	6.1829 (1.0000)	2.5901 (0.9952)	52.3283 (0.6146)	50.9776 (0.6650)
$TE_{产品创新}$	2.9841 (0.9986)	3.9537 (1.0000)	4.9630 (1.0000)	17.3006 (1.0000)	17.9407 (1.0000)
$TE_{研发创新}$	−4.4456 (0.0000)	6.7135 (1.0000)	1.9206 (0.9726)	29.0657 (0.9989)	63.1620 (0.2381)
ΔLQ	−10.9378 (0.0000)	−3.5310 (0.0002)	−5.1077 (0.0000)	119.722 (0.0000)	147.797 (0.0000)
$\Delta TE_{产品创新}$	−13.9797 (0.0000)	−13.1657 (0.0000)	−4.6197 (0.0000)	102.762 (0.0001)	102.084 (0.0002)
$\Delta TE_{研发创新}$	−34.7254 (0.0000)	−1.8512 (0.0321)	−5.4824 (0.0000)	107.407 (0.0000)	107.125 (0.0000)

注：*、**、*** 分别表示具有 10%、5%、1% 的显著性水平。

表 4 - 12 显示，在只含截距和同时含截距、时间趋势两种情况下，与 LQ、TE_{产品创新} 和 TE_{研发创新} 对应的五个统计量大都不具有显著性，表明这三个变量都为不平稳过程；相反，与 ΔLQ、ΔTE_{产品创新} 和 ΔTE_{研发创新} 对应的五个统计量都通过了 1% 或 5% 的显著性水平检验，表明 LQ、TE_{产品创新} 和 TE_{研发创新} 经过一阶差分后都具有显著平稳性，从而表明这三个变量都为非平稳的 I(1) 过程。

二、面板协整检验

协整（co-integration）是对非平稳经济变量长期均衡关系的统计描述。针对面板数据的协整检验方法主要有两类，一类以 Engle-Granger 两步法为基础，主要包括 Pedroni 检验（Pedroni，1999[①]）和 Kao 检验（Kao，1999[②]）；另一类以 Johansen 检验（Maddala & Wu，1999[③]）为代表。

（一）面板协整检验方法

1. Pedroni 检验

Pedroni 检验以协整方程回归残差为基础构造了维度内（within-dimension）和维度间（between-dimension）两组统计量以检验面板变量之间的协整关系，原假设为面板变量之间不具有协整性。

假设面板数据回归模型如下：

$$y_{it} = \alpha_i + \delta_i t + x_{it}' \beta_i + u_{it} \tag{4.22}$$

$$y_{it} = y_{it-1} + e_{it} \tag{4.23}$$

---

① Pedroni P.. Critical Values for Cointegration Tests in Hetergeneous Panels with Multiple Regressors [J]. Oxford Bulletin of Economics and Statistics, 1999, 61 (S1): 653 - 670.

② Kao C.. Spurious Regression and Residual-Based Tests for Cointegration in Panel Data [J]. Journal of Econometrics, 1999, 90 (1): 1 - 44.

③ Maddala G. S., Wu S. W.. A Comparative Study of Unit Root Tests with Panel Data and a New Simple Test [J]. Oxford Bulletin of Economics and Statistics, 1999, 61 (S1): 631 - 652.

$$x_{it} = x_{it-1} + \varepsilon_{it} \qquad (4.24)$$

其中，$\beta_i = (\beta_{1i}, \beta_{2i}, \cdots, \beta_{ki})'$，$x_{it} = (x_{1i,t}, x_{2i,t}, \cdots, x_{ki,t})'$，$t = 1, \cdots,$ T，$i = 1, \cdots, N$，k 为解释变量个数，α_i 和 δ_i 分别是个体固定效应和时间趋势项。对式（4.22）回归可得到各截面残差序列，通过辅助回归进一步检验这些序列是否平稳，由此构造出用以检验同质面板数据协整性的 4 个 panel 统计量，即面板方差率（paenl-v）统计量、面板 ρ（panel-ρ）统计量、面板 PP（panel-PP）统计量以及面板 ADF（panel-ADF）统计量；用以检验异质面板数据协整性的 3 个 group 统计量，即组间 ρ（groupl-ρ）统计量、组间 PP（group-PP）统计量以及组间 ADF（group-ADF）统计量。当假设各截面序列相互独立以及随机误差过程 $w_{it} = (e_{it}, \varepsilon_{it}')'$ 平稳时，上述 7 个统计量都渐进服从标准正态分布。

2. Kao 检验

Kao 检验也基于 Engle-Granger 两步法构造检验统计量，但假设式（4.22）中 α_i（$i = 1, \cdots, N$）不完全相同，β_i（$i = 1, \cdots, N$）相同，δ_i（$i = 1, \cdots, N$）$= 0$，在此基础上，Kao 检验基于 DF 检验和 ADF 检验原理，对式（4.22）的回归残差序列进行单位根检验，辅助回归方程为：

$$u_{it} = \rho u_{it-1} + v_{it} \qquad (4.25)$$

当原假设 "各截面残差序列不存在协整关系，即 $\rho = 1$" 成立时且各截面序列滞后阶数大于 0，Kao 检验的 ADF 统计量为 $\left[t_{\bar{\rho}} + \sqrt{6N} \hat{\sigma}_v / (2 \tilde{\sigma}_v) \right] / \sqrt{\hat{\sigma}_v^2 / (2 \tilde{\sigma}_v^2) + 3 \hat{\sigma}_v^2 / (10 \tilde{\sigma}_v^2)}$，渐进服从标准正态分布，其中，方差估计量 $\hat{\sigma}_v^2 = \hat{\sigma}_u^2 - \hat{\sigma}_{u\varepsilon}^2 \hat{\sigma}_\varepsilon^{-2}$，长期方差估计量 $\tilde{\sigma}_v^2 = \tilde{\sigma}_u^2 - \tilde{\sigma}_{u\varepsilon}^2 \tilde{\sigma}_\varepsilon^{-2}$。

3. Johansen 检验

Maddala 和 Wu（1999）利用单个截面序列的 Johansen 协整检验结果构造了针对面板数据协整性检验的统计量，主要步骤为：首先，对各截面序列单独进行 Johansen 协整检验，以得出各截面序列的特征根迹统计量或最大特征根统计量的 p 值，记为 π_i；在此基础上，可构造对应于整体面板数据的协整检验统计量 $F = -2 \sum_{i=1}^{N} \ln(\pi_i)$。Maddala 和 Wu 证明，当原假设"存在一定个数的协整向量"成立时，以上统计量服从自由度为 2N 的 χ^2 分布[①]。

（二）面板协整检验结果

由于 LQ、TE$_{产品创新}$ 和 TE$_{研发创新}$ 都为非平稳的 I（1）过程，因此，LQ 和 TE$_{产品创新}$ 之间以及 LQ 和 TE$_{研发创新}$ 之间就可能存在协整关系。对此，本书进一步采用 Pedroni 检验、Kao 检验和 Johansen 检验进行实证考察，具体结果如表 4 - 13 所示。

表 4 - 13　　　　　　　　面板协整检验结果

统计量		LQ 和 TE$_{产品创新}$		LQ 和 TE$_{研发创新}$	
		统计量	p 值	统计量	p 值
Pedroni 检验	panel-v	324.5224 ***	0.0000	95.3687 ***	0.0000
	panel-ρ	1.6153	0.9469	5.2423	1.0000
	panel-PP	- 1.6856 **	0.0459	0.0239	0.5096
	panel-ADF	- 2.0621 **	0.0196	1.3564	0.9125
	group - ρ	3.8470	0.9999	6.8825	1.0000
	group - PP	- 0.6657	0.2528	1.9281	0.9731
	group - ADF	- 0.8839	0.1884	- 0.0087	0.4965
Kao 检验	ADF	1.3971 *	0.0812	1.6679 **	0.0477
Johansen 检验	F$_{特征根迹}$（无协整向量）	136.9 ***	0.0000	191.1 ***	0.0000
	F$_{特征根迹}$（最多有一个协整向量）	102.0 ***	0.0002	82.2 ***	0.0048

注：*、**、*** 分别表示具有 10%、5%、1% 的显著性水平。

---

① 高铁梅主编. 计量经济分析方法与建模——Eviews 应用及实例（第二版）[M]. 北京：清华大学出版社，2009：353.

表 4 – 13 显示，对 LQ 和 $TE_{产品创新}$ 而言，10 个检验统计量中有 6 个通过了显著性检验，其中，Pedroni 检验的统计量至少具有 5% 的显著性水平，Kao 检验的统计量具有 10% 的显著性水平，Johansen 检验的统计量都具有 1% 的显著性水平，说明在多数情况下可拒绝"面板变量之间不存在协整关系"的原假设，从而表明 LQ 和 $TE_{产品创新}$ 之间具有长期协整性。对 LQ 和 $TE_{研发创新}$ 而言，Kao 检验、Johansen 检验的统计量分别具有 5% 、1% 的显著性水平，但 Pedroni 检验只有 1 个统计量具有显著性，由此得出，LQ 和 $TE_{研发创新}$ 之间存在一定程度的协整关系，但其显著性强弱随检验方法不同而存在差异。总体而言，无论是产品创新还是研发创新，中国高技术产业集聚度及其区域技术创新效率之间都存在一定的协整性。在此基础上，本书进一步考察两者的 Granger 因果关系。

三、面板 Granger 因果检验

在考察两个或多个经济变量之间的关系时，Granger 因果检验（Granger Causality Tests）方法经常被学者们采用。

（一）面板 Granger 因果检验方法

Granger 因果检验最初由 Granger（1969）提出，后经 Sims（1972）进一步推广完善，其核心思想是：对 y 进行 s 期预测时，若 x 的前期信息能够显著降低 y 的均方误差，则称"x 是 y 的 Granger 原因"。通常，基于时间序列的 Granger 因果检验主要通过 VAR 模型实现，即检验一个变量的滞后项在其他变量方程中是否具有显著性，若有，相关变量具有 Granger 因果关系，以二元 VAR（p）为例进行说明：

$$\begin{pmatrix} y_t \\ x_t \end{pmatrix} = \begin{pmatrix} \phi_{10} \\ \phi_{20} \end{pmatrix} + \begin{pmatrix} \phi_{11}^{(1)} & \phi_{12}^{(1)} \\ \phi_{21}^{(1)} & \phi_{22}^{(1)} \end{pmatrix} \begin{pmatrix} y_{t-1} \\ x_{t-1} \end{pmatrix} + \begin{pmatrix} \phi_{11}^{(2)} & \phi_{12}^{(2)} \\ \phi_{21}^{(2)} & \phi_{22}^{(2)} \end{pmatrix} \begin{pmatrix} y_{t-2} \\ x_{t-2} \end{pmatrix} + \cdots +$$
$$\begin{pmatrix} \phi_{11}^{(p)} & \phi_{12}^{(p)} \\ \phi_{21}^{(p)} & \phi_{22}^{(p)} \end{pmatrix} \begin{pmatrix} y_{t-p} \\ x_{t-p} \end{pmatrix} + \begin{pmatrix} \varepsilon_{1t} \\ \varepsilon_{2t} \end{pmatrix} \quad (4.26)$$

当 $\phi_{12}^{(q)}$（q = 1，2，…，p）都为零时，说明 x 外生于 y，即 x 不能 Granger 引起 y。对此，提出原假设 H_0：$\phi_{12}^{(q)} = 0$（q = 1，2，…，p）和被择假设 H_1：$\forall q$，st $\phi_{12}^{(q)} \neq 0$，相关统计量 $S = T(RSS_0 - RSS_1)/RSS_1 \sim \chi^2(p)$，其中，$RSS_0$、$RSS_1$ 分别是受约束模型和非约束模型的残差平方和。此外，Granger 因果检验对变量滞后期 p 的选择有关，对处理时间序列非平稳性的方法选择也比较敏感[①]。

目前，面板数据 Granger 因果检验主要采用两类思路，一是借助面板 VAR 模型进行 Wald 检验，以相关统计量的显著性为判断依据（Hurlin，2005[②]）；二是借助面板 ECM 模型，综合考察变量之间的长短期因果关系（Masih et al.，1996[③]）。针对具有协整关系的面板变量 x 和 y，Hurlin（2005）建立了异质面板自回归模型，具体形式如下：

$$y_{it} = \alpha_i + \sum_{k=1}^{K} \gamma_i^{(k)} y_{it-k} + \sum_{k=1}^{K} \beta_i^{(k)} x_{it-k} + \varepsilon_{it} \qquad (4.27)$$

其中，α_i 为个体固定效应，$\gamma_i^{(k)}$ 和 $\beta_i^{(k)}$ 为各截面序列的常系数，随机扰动项 $\varepsilon_{it} \sim iid\ (0,\ \sigma_{\varepsilon,i}^2)$。在此基础上，Hurlin 提出"同质非因果"（Homogeneous Non Causaliry，HNC）原假设，即 H_0：$\beta_i^{(k)} = 0$（i = 1，…，N；k = 1，…，K），于是，被择假设意味着至少对一个截面序列而言，x 是 y 的 Granger 原因。

HNC 假设的检验统计量为 $W_{NT}^{HNC} = \sum_{i=1}^{N} W_{i,T}/N$，$W_{i,T}$ 为 HNC 假设成立条件下各截面序列的 Wald 统计量且渐进服从自由度为 K 的 χ^2 分布。由此，可进一步构造标准化统计量 $Z_{NT}^{HNC} = \sqrt{N/2K}\ (W_{NT}^{HNC} - K) \xrightarrow{T,\ N \to \infty} N(0,\ 1)$。

---

① 高铁梅主编. 计量经济分析方法与建模——Eviews 应用及实例（第二版）［M］. 北京：清华大学出版社，2009：279.

② Hurlin C.. Un test simple de l'hypothèse de non causalité dans un modéle de panel hétérogène ［J］. Revue Economique，2005，56（3）：799–809.

③ Masih A. M. M，Masih R.. Energy Consumption，Real Income and Temporal Causality：Results from a Multi-country Study based on Cointegration and Error-correction Modeling Techniques ［J］. Energy Economics，1996，18（3）：165–183.

同样针对具有协整关系的面板变量 x 和 y，Masih 等（1996）建立了基于面板数据的误差修正模型（Error Correction Model，ECM），具体形式如下：

$$\begin{cases} \Delta y_{it} = \alpha_{it} + \sum_{j=1}^{l} \gamma_{1i,j} \Delta y_{i,t-j} + \sum_{j=1}^{m} \beta_{1i,j} \Delta x_{i,t-j} + \xi_{1i} ECM_{i,t-1} + \varepsilon_{1i,t} \\ \Delta x_{it} = \alpha_{2i} + \sum_{j=1}^{l} \gamma_{2i,j} \Delta y_{i,t-j} + \sum_{j=1}^{m} \beta_{2i,j} \Delta x_{i,t-j} + \xi_{2i} ECM_{i,t-1} + \varepsilon_{2i,t} \end{cases}$$

$$(4.28)$$

其中，m、l 表示滞后阶数，ECM 表示误差修正项，具体检验原理和假设同 Hurlin（2005）的模型类似。

（二）面板 Granger 因果检验结果

前文指出，无论是产品创新还是研发创新，中国高技术产业集聚度及其区域技术创新效率之间都存在一定的协整关系。为进一步考察两者的相互作用关系，本书采用面板 VAR 模型（Love & Zicchino，2006[①]）对 LQ 和 $TE_{产品创新}$ 以及 LQ 和 $TE_{研发创新}$ 进行 Granger 因果检验，主要从全国和东部、东北、中部、西部地区五个层面展开，具体结果如表 4 – 14 和表 4 – 15 所示。

表 4 – 14   LQ 和 $TE_{产品创新}$ 的 Granger 因果检验结果

	原假设	k = 2	k = 3	k = 4	k = 5	k = 6
全国	LQ 非 TE 的 Granger 因	0.9920	1.2257	10.788 **	5.6128	33.217 ***
	TE 非 LQ 的 Granger 因	0.5361	5.4424	4.3463	5.6903	21.317 ***
东部地区	LQ 非 TE 的 Granger 因	1.6725	0.7755	7.1643 *	6.1392	31.434 ***
	TE 非 LQ 的 Granger 因	0.3060	1.1001	1.9752	3.6211	4.2633

① Love I. , Zicchino L. . Financial Development and Dynamic Investment Behavior: Evidence from Panel VAR [J]. The Quarterly Review of Economics and Finance. 2006, 46（2）: 190 – 210.

续表

	原假设	k = 2	k = 3	k = 4	k = 5	k = 6
东北地区	LQ 非 TE 的 Granger 因	1.5425	2.5628	5.3186	6.7765	—
	TE 非 LQ 的 Granger 因	0.7099	3.336	3.0163	4.9323	—
中部地区	LQ 非 TE 的 Granger 因	0.2068	6.0243*	16.19***	16.442***	1.6882
	TE 非 LQ 的 Granger 因	2.3317	5.6561*	8.0767*	21.86***	65.99***
西部地区	LQ 非 TE 的 Granger 因	1.1643	3.7471	6.7661*	3.6069	8.5395
	TE 非 LQ 的 Granger 因	0.4207	3.5825	3.6891	12.339**	48.285***

注：*、**、*** 分别表示具有 10%、5%、1% 的显著性水平。

表 4 - 15　　　　　LQ 和 TE$_{研发创新}$的 Granger 因果检验结果

	原假设	k = 2	k = 3	k = 4	k = 5	k = 6
全国	LQ 非 TE 的 Granger 因	0.4235	2.546	4.920	5.190	0.8172
	TE 非 LQ 的 Granger 因	0.2353	1.365	1.3015	3.335	43.303***
东部地区	LQ 非 TE 的 Granger 因	0.0451	1.4677	2.240	1.969	0.0665
	TE 非 LQ 的 Granger 因	0.0245	0.4780	0.388	0.632	0.2028
东北地区	LQ 非 TE 的 Granger 因	12.241***	7.815**	9.524**	8.441*	—
	TE 非 LQ 的 Granger 因	1.3215	1.1789	5.463	5.734	—
中部地区	LQ 非 TE 的 Granger 因	1.6865	1.1924	5.2451	4.0815	4.31
	TE 非 LQ 的 Granger 因	1.0827	1.7529	8.8181*	33.254***	137.97***
西部地区	LQ 非 TE 的 Granger 因	0.5861	0.7396	2.4367	1.2373	11.964*
	TE 非 LQ 的 Granger 因	0.4136	1.6099	1.1734	4.3459	97.925***

注：*、**、*** 分别表示具有 10%、5%、1% 的显著性水平。

表 4 - 14 显示，东北地区在所有滞后期的 Wald 统计量都不具有显著性，无法拒绝原假设，说明该地区高技术产业的 LQ 和 TE$_{产品创新}$之间不存在统计意义上的因果关系。表 4 - 9 显示，东北三省的产品创新效率都低于全国平均水平，专业化指数小于 1 且持续下降，反映出东北地区高技术产业发展仍缺乏核心竞争力，产业集群创新效应尚未充分显现。对中部地区而言，LQ 对 TE$_{产品创新}$的 Wald 统计量在滞后期 k = 3、4、

5 时具有 1% 或 10% 的显著性水平，TE$_{产品创新}$对 LQ 的 Wald 统计量在滞后期 k = 3、4、5、6 时具有 1% 或 10% 的显著性水平，说明该地区的产品创新效率与专业化指数之间存在较稳定的 Granger 因果关系，即省域专业化优势演进与产品创新效率变动之间具有较显著的交互影响。对西部地区而言，LQ 对 TE$_{产品创新}$的 Wald 统计量在滞后期 k = 4 时具有 10% 的显著性水平，TE$_{产品创新}$对 LQ 的 Wald 统计量在滞后期 k = 5、6 时具有 1% 或 5% 的显著性水平，说明该地区主要表现为产品创新效率变动 Granger 引起了专业化指数变动，但后者对前者的引致作用相对较弱。东部地区和全国的检验结果近似，LQ 对 TE$_{产品创新}$在滞后期 k = 4、6 时都至少通过了 10% 的显著性检验，从而表明专业化指数变动对产品创新效率变动具有显著影响，但这种影响效果的显现具有一定时滞。

　　表 4 - 15 显示，全国和东部地区的 Wald 统计量在各滞后期都不具有显著性，说明这两个区域层面的 LQ 和 TE$_{研发创新}$之间不存在 Granger 因果关系。对东北地区而言，LQ 对 TE$_{研发创新}$的 Wald 统计量在滞后期 k = 2、3、4、5 时具有 10%、5% 或 1% 的显著性水平，表明该地区的专业化指数变动是导致其研发创新效率变动的 Granger 原因。对中部地区而言，TE$_{研发创新}$对 LQ 的 Wald 统计量在滞后期 k = 4、5、6 时具有 1% 的显著性水平，而 LQ 对 TE$_{研发创新}$的 Wald 统计量在各滞后期都不具有显著性，说明该地区的研发创新效率变动对专业化指数变动的引致作用较强，而后者对前者的反馈效果不明显。对西部地区而言，两个 Wald 统计量都只在滞后期 k = 6 时具有 10% 或 1% 的显著性水平，表明该地区的研发创新效率变动与专业化指数变动之间的交互影响需要经过较长时间才会显现，在短期内，两者并不具有明显的 Granger 因果关系。

　　综上所述，中国高技术产业集聚及其区域技术创新效率之间存在较显著的相互影响，但这种影响存在一定的时滞效应（k = 3、4、5、6），在短期内表现不明显（k = 2）。实际上，在产业集聚逐渐形成的过程中，相互邻近的关联企业既可通过学习网络、社会资本获取创新知识溢出，也可通过参与日益激烈的市场竞争激发自主创新动力，从而使集聚区内部企业的创新速度和能力获得提升，进一步提升区域产业技术创新效率。反过来，区域技术创新效率提升是以区域内部大多数相关企业技术创新效率提升为基础，对产业集聚区而言，内部企业的创新示范效应将不断吸引区外企业进驻以及加速区内新企业衍生，从而促进产业集聚进入自组织增强的成长轨道。需要指出，上述作用机理在短期内并非一蹴而就，加之国内高科技园区多为政府主导的"自上而下"型，相关政策、服务体系尚不健全，各创新主体之间的互动交流也不畅通，自主创新以及消化吸收再创新过程都面临诸多风险，这些因素综合导致中国高技术产业集聚及其区域技术创新效率之间的相互影响存在一定时滞。

第四节　本章小结

本章主要分为三个部分：首先，借助区域集中度、空间 Gini 系数和产业地理集聚度等指标考察了 1997～2011 年中国高技术产业集聚演进态势，结论显示，五个高技术行业都不同程度地存在产业集聚化趋势，电子及通信设备制造业、电子计算机及办公设备制造业和医疗设备及仪器仪表制造业主要集中在东部地区，特别是三大增长极，医药制造业的市场需求导向使其生产力布局相对分散；航空航天器制造业主要集中在陕西、辽宁、黑龙江、四川和贵州等国防工业基地，但伴随中国民用航空工业的发展，京津和长三角地区的飞机制造及修理行业规模不断扩大，从而使航空航天器制造业的区位分布向多极化格局演进。

其次，借助 Battese 和 Coelli（1992）的误差因素模型考察了 1998～2011 年中国 28 个省域高技术产业的产品创新效率和研发创新效率，结论显示，技术无效率是各省域产品创新、研发创新的普遍状态，各省域产品创新效率逐年递减且发散趋势明显，各省域研发创新效率逐年递增且存在绝对 β 收敛；东部地区的产品创新效率高于研发创新效率，其他地区的情况则相反，加之产品创新效率"东高西低"而研发创新效率

"西高东低"，从而反映出东部地区技术交易市场发育较完善，创新成果市场化较畅通，相对而言，大多数省域则亟待加强创新成果转化平台建设。

最后，借助面板数据单位根、协整和 Granger 因果检验等计量统计方法考察了中国高技术产业集聚及其区域技术创新效率的关联性，结论显示，产业集聚与研发创新效率之间没有显著的 Granger 因果关系，相反，产业集聚度变动却明显地 Granger 引起了产品创新效率变动，但这种影响存在时间滞后效应，从而为后文实证分析模型中产业集聚变量滞后期的选择提供了理论依据。

第五章　产业集聚对中国高技术产业技术创新效率空间分异的影响：经验证据

中国高技术产业技术创新绩效的区域差异较突出。若以新产品产值与新产品开发经费之比反映产品创新绩效，2011 年，东、中、西部地区的绩效值分别为 12.59、8.34 和 10.01，单位新产品开发项目产生的新产品产值分别为 3799.66 万元、1649.35 万元和 1589.48 万元[①]。不难看出，东部地区的产品创新表现明显优于中、西部地区。同时，东部地区也是中国高技术产业的主要集聚区位。按当年价计算，2011 年，东部地区高技术产业产值占全国总产值的比重为 81.7%，中、西部地区的比重分别为 11.3% 和 7.0%[②]。实际上，面板 Granger 因果检验已表明，产业集聚度变动在长期内显著引起了区域产业技术创新效率变动。接下来，本书将实证分析产业集聚如何对中国高技术产业技术创新效率及其空间分异产生影响。

第一节　实证分析路径设计

本书在构建高技术产业集聚创新分析框架时认为，从产业集聚到高

---

①② 根据 2012 年《中国高技术产业统计年鉴》的相关数据计算得出。

技术产业技术创新效率空间分异主要通过三个途径实现，即广义资本积累效应、知识本地溢出效应和创新环境优化效应。据此，本书在实证分析产业集聚如何导致中国高技术产业技术创新效率空间分异时，也主要围绕这三种效应展开。

从实证分析思路看，本书主要从两个相互递进的层次展开，首先检验每种效应是否对区域高技术产业技术创新效率发挥提升作用，然后，进一步测算它们对区域高技术产业技术创新效率差异生成的贡献度。具体而言，由于每种效应涉及多个代理变量，不同代理变量之间还存在一定的交互作用，如广义资本积累效应中物质资本对人力资本的"共生匹配"性、知识本地溢出效应中技术吸收能力对知识有效溢出的促进作用等，若将三种效应的全部代理变量及其交互相乘项同时纳入计量回归模型中，必然会因多重共线性问题而影响分析结论的可靠性和有效性，因此，有必要先对每种效应单独进行检验，以细致考察相关集聚因素及其交互作用如何对区域高技术产业技术创新效率产生影响。然而，在产业集聚的现实演进中，广义资本积累、知识本地溢出和创新环境优化等效应不可能相互独立，必然在时间上同时发生或相互继起以共同导致高技术产业技术创新效率空间分异。于是，一个自然引申的问题就是，在形成区域效率差异的过程中，三种效应的贡献度如何，这种贡献度结构在全国和各大经济区是否一致？对这些问题的解答，需要将三种效应的全部代理变量纳入同一个计量回归模型中加以考察。同样由于相关变量过多，本书考虑采用主成分分析法对其降维以抽离出能反映每种效应的综合变量，进而分析这些综合变量对区域高技术产业技术创新效率的影响，在此基础上，通过方差分解进一步测算效应对中国高技术产业技术创新效率空间分异的贡献度大小。

至此，似乎仍有一个逻辑性问题尚未解决，即产业集聚的代理变量并未直接进入计量模型，取而代之的是各集聚效应的代理变量，那么，这两类变量是否相关，或者是否正相关？若它们不相关或负相关，即便每种效应的代理变量有利于提升区域高技术产业技术创新效率，也不能由此间接得出，产业集聚通过这些效应对区域高技术产业技术创新效率产生了积极影响。为保证实证分析的合理性和逻辑性，本书在检验每种效应对区域高技术产业技术创新效率的提升作用时，首先考察了相关代理变量与产业集聚度的统计相关性。

从实证分析技术看，首先，为考察广义资本积累效应、知识本地溢出效应和创新环境优化效应对区域高技术产业技术创新效率的影响，同时为避免两步估计法有关技术无效率项分布假设的内在不一致性，本书采取 Battese 和 Coelli（1995①）基于随机前沿法提出的技术效率模型；其次，由于面板 Granger 因果检验显示，产业集聚度变动在所有可能的滞后期都没有显著引起区域高技术产业研发创新效率变动，从而在统计意义上表明两者之间不存在长期、稳定的互动影响，因此，本书只重点考察产业集聚对中国高技术产业产品创新效率及其空间分异的影响；再次，在技术效率模型的无效率效应函数中，本书统一将每种集聚效应的相关代理变量都滞后四期，因为面板 Granger 因果检验显示，全国和东、中、西部地区的产业集聚度变动基本上都从滞后期 k = 4 开始显著引起了区域高技术产业产品创新效率变动；最后，为突出产业集聚的"空间分异"作用，本书在全国样本分析的基础上还考虑以四大经济区为样本进行分析，但面板 Granger 因果检验显示，东北地区的产业集聚度与区域高技术产业产品创新效率之间不存在显著的相互影响，这可能与东北地区仅包含辽宁、吉林和黑龙江，致使截面样本过少有关，因此，本书沿用《中国高技术产业统计年鉴》对东、中、西三大地区的划分标准进行替代，具体而言，东部地区包括北京、天津、河北、辽宁、上海、江苏、浙江、福建、山东、广东、广西和海南；中部地区包括山西、内蒙古、吉林、黑龙江、安徽、江

---

① Battese G. E. , Coelli T. J. . A Model for Technical Inefficiency Effects in A Stochastic Frontier Production Function for Panel Data [J]. Empirical Economics, 1995, 20（2）: 325 –332.

西、河南、湖北和湖南；西部地区包括重庆、四川、贵州、云南、陕西、甘肃和宁夏①。

第二节　产业集聚对区域高技术产业技术
创新效率提升效应检验

遵循实证分析路径设计，本书首先对广义资本积累效应、知识本地溢出效应和创新环境优化效应分别进行检验，以细致考察相关集聚因素对区域高技术产业技术创新效率提升的直接和间接影响。

一、广义资本积累效应检验

以研发活动为基础的技术创新是高技术产业的持久发展动力和竞争优势来源。从这一角度看，高技术产业集聚不仅是生产活动的集聚，更是创新活动的集聚。在高技术产业集聚过程中，除存在物质资本和劳动型人力资本等一般性生产要素的地理集中之外，还必然存在创新创业型人力资本的跨区域流动以及区域知识资本存量的积累扩大。这些资本要素集聚一方面为集聚区的高技术产业技术创新提供了必备资源基础，从而有利于提升区域产业创新效率，另一方面也造成高技术产业创新资源空间分布不均衡，从而引发集聚区与非集聚区的产业创新效率差异。对此，本书借助 Battese 和 Coelli（1995）的技术效率模型对产业集聚的广义资本积累效应进行实证分析，以检验其是否对高技术产业技术创新效率及其空间分异产生了影响。

---

① 此处未包括因统计数据缺失较严重而被剔除的西藏、青海和新疆三个西部省域。

（一）模型指标设定

本书的广义资本具体包括以企业家为代表的创业型人力资本、以研发人员为代表的创新型人力资本、以普通劳动力为代表的劳动型人力资本以及物质资本和知识资本。这些资本要素又可进一步分为两类：一是作为技术创新活动直接投入的资本要素，即研发人员和知识资本；二是对技术创新活动绩效产生间接"随机扰动"影响的资本要素，即企业家、普通劳动力和物质资本。因此，本书利用 Battese 和 Coelli（1995）的技术效率模型对这些资本要素的效率效应进行实证分析，其中，前一类资本要素进入前沿生产函数，后一类资本要素作为创新效率因素纳入无效率效应函数。

需要指出，在技术效率模型中，若以超越对数函数作为前沿生产面形式，研发人员和研发资本的平方项、交叉相乘项的系数以及反映创新活动技术进步的时间趋势项的系数都不具有显著性。因此，本书将具体模型形式设定为：

前沿生产函数：$\ln y_{it} = \beta_0 + \beta_1 \ln RDP_{i(t-1)} + \beta_2 \ln RD_{i(t-1)} + v_{it} - u_{it}$ (5.1)

无效率效应函数：$m_{it} = \delta_0 + \delta_1 GC_{1,it-4} + \cdots + \delta_K GC_{K,it-4} + w_{it}$ (5.2)

其中，y_{it} 为省域 i 在 t 年的新产品产值，$RDP_{i(t-1)}$、$RD_{i(t-1)}$ 分别为省域 i 在 t−1 年的研发人员全时当量、研发资本存量，$GC_{k,it-4}$ 为省域 i 在 t−4 年的第 k 个广义资本变量，包括企业家人力资本（Entrepreneur Human Capital，EHC）、劳动型人力资本（Labor Human Capital，LHC）和物质资本（Physical Capital，PC），由于物质资本对其他资本要素具有"共生匹配效应"，本书还考虑加入物质资本变量与其他两个人力资本变量的交叉相乘项；δ_k 为相应变量的回归系数，w_{it} 为服从独立同标准正态分布的随机扰动项。

具体而言，本书以企业办科研机构数作为企业家人力资本变量的代理指标；以用受教育年限表示的人力资本存量（岳书敬和刘朝明，2006[①]）作为劳动型人力资本变量的代理指标，用 primary、junior、senior 和 college 分别表示具有小学、初中、高中和大专及以上学历的人口占 6 岁及以上总人口的比重，通常假设这四类人口的受教育年限分别为 6 年、9 年、12 年和 16 年，则人力资本存量为 HC = h × L，其中 h = 6 × primary + 9 × junior + 12 × senior + 16 × college，L 为高技术产业从业人员年平均人数；以不变价年末固定资产净值作为物质资本变量的代理指标，具体计算公式为：

$$K_{it} = K_{it_0} + \sum_{m=t_0+1}^{t} \left(\Delta k_{im} / \prod_{n=t_0+1}^{m} p_{in} \right) \qquad (5.3)$$

其中，K_{it} 为省域 i 在 t 年的 1998 年不变价高技术产业年末固定资产净值，K_{it_0} 为 1998 年省域 i 的高技术产业年末固定资产净值，Δk_{im} 为 m 年省域 i 的年末高技术产业固定资产净值增加量，等于 m 年、m − 1 年省域 i 的当年价年末高技术产业固定资产净值之差，p_{in} 为 n 年省域 i 的固定资产投资价格指数。最后，对以上三个广义资本变量的指标数据都取自然对数值，以降低异方差性。经过处理后，各投入、产出变量以及广义资本变量的统计特征如表 5 − 1 所示。

表 5 − 1　　　　　各投入、产出变量以及广义资本变量的统计特征

统计项	lny	lnRDP	lnRD	lnEHC	lnLHC	lnPC
均值	13.20	7.83	11.28	3.59	13.54	4.41
最大值	18.11	11.96	14.67	6.25	17.13	7.83
最小值	5.04	1.74	5.81	0.00	10.50	0.94
标准差	2.31	1.66	1.91	1.11	1.25	1.28
观测个数	308	308	308	308	308	308

[①] 岳书敬，刘朝明．人力资本与区域全要素生产率分析 [J]．经济研究，2006（4）：90 − 96，127．

前文已指出，在检验广义资本积累效应之前，应先确定产业集聚度与各广义资本变量是否显著正相关。对此，本书在对各指标数据进行无量纲化处理的基础上，进一步通过 Pearson 相关性分析进行考察，具体结果如表 5 - 2 所示。

表 5 - 2　　　　　　　产业集聚度与各广义资本变量的相关系数矩阵

变量	1997 年				2007 年			
	LQ	lnEHC	lnLHC	lnPC	LQ	lnEHC	lnLHC	lnPC
LQ	1.000				1.000			
lnEHC	0.759 ***	1.000			0.887 ***	1.000		
lnLHC	0.853 ***	0.426 ***	1.000		0.927 ***	0.497 ***	1.000	
lnPC	0.910 ***	0.512 ***	0.407 ***	1.000	0.945 ***	0.524 ***	0.453 ***	1.000

注：*** 表示具有 1% 的显著性水平。

表 5 - 2 显示，lnEHC、lnLHC、lnPC 都与 LQ 具有显著正相关性，各相关系数在 1997 ~ 2007 年间都存在不同程度的提高，从而表明本书对各代理指标的选取具有一定合理性。此外，就 lnEHC、lnLHC 和 ln-PC 而言，任意两者也都具有显著正相关性，但相关系数低于或接近0.5，因此，对后文随机前沿模型的系数估计不会产生严重的多重共线性影响。

（二）检验结果分析

在明确产业集聚度与广义资本变量之间存在显著统计正相关性之后，本书进而检验产业集聚如何通过广义资本积累效应对区域高技术产业技术创新效率及其差异产生影响，分别以全国和东、中、西部地区四个层面的样本数据对式（5.1）、式（5.2）进行参数估计，具体结果如表 5 - 3 和表 5 - 4 所示。

表 5-3　基于全国样本数据的广义资本积累效应检验结果

	变量	(1)	(2)	(3)	(4)	(5)	(6)	(7)	(8)
前沿生产函数	β_0	5.141*** (3.655)	10.449*** (11.987)	10.062*** (11.303)	12.479*** (26.595)	6.928*** (13.162)	10.677*** (12.173)	10.592*** (13.227)	11.617*** (16.572)
	$\ln RDP$	0.546*** (5.485)	0.341*** (4.895)	0.492*** (6.286)	0.430*** (4.500)	0.776*** (11.355)	0.395*** (5.906)	0.347*** (5.054)	0.339*** (6.426)
	$\ln RD$	0.493*** (5.776)	0.249*** (2.939)	0.168** (2.146)	0.034 (0.393)	0.120 (1.005)	0.180** (2.309)	0.215*** (2.727)	0.146** (2.075)
	δ_0	2.693** (2.504)	15.805*** (9.137)	6.567*** (10.257)	8.312*** (21.472)	-0.373 (-0.160)	5.435*** (5.446)	-1.181 (-0.356)	-18.129*** (-3.965)
无效率效应函数	$\ln EHC$	-0.270* (-1.752)			-0.321*** (-3.118)				-2.476*** (-5.315)
	$\ln LHC$		-0.973*** (-7.978)			0.454*** (3.357)	0.262 (1.122)	0.513** (1.958)	2.434*** (5.369)
	$\ln PC$			-0.920*** (-7.480)	-0.960*** (-11.894)	-1.063*** (-6.477)	-0.327 (-1.346)	2.804*** (3.401)	7.368*** (6.120)
	$\ln EHC \times \ln PC$						-0.148** (-2.470)		0.635*** (5.125)
	$\ln LHC \times \ln PC$							-0.260*** (-4.220)	-0.766*** (-6.521)

续表

变量	(1)	(2)	(3)	(4)	(5)	(6)	(7)	(8)
σ^2	1.191*** (7.840)	1.178*** (10.756)	1.063*** (10.130)	1.087*** (12.183)	0.898*** (13.743)	1.110*** (10.150)	1.095*** (9.728)	0.998*** (10.667)
λ	0.566** (2.055)	0.959*** (24.661)	0.918*** (12.828)	0.999*** (66.511)	0.825** (2.397)	0.937*** (18.506)	0.932*** (22.712)	0.949*** (39.428)
LR	3.551	36.748***	63.932***	70.914***	49.962***	74.923***	95.296***	123.525***
样本容量	308	308	308	308	308	308	308	308

注：*、**、***分别表示具有10%、5%、1%的显著性水平。

表 5 - 4   基于三大经济带样本数据的广义资本积累效应检验结果

	变量	东部地区	中部地区	西部地区
前沿生产函数	β_0	3.609 *** (3.600)	5.860 *** (10.110)	4.306 (1.473)
	lnRDP	0.490 *** (4.185)	0.148 (1.158)	0.318 ** (2.220)
	lnRD	0.599 *** (4.757)	0.529 *** (5.147)	0.685 *** (2.924)
无效率效应函数	δ_0	0.428 (0.421)	-7.476 (-0.719)	-2.093 (-0.637)
	lnEHC	-0.712 (-1.555)	-2.309 (-0.756)	0.867 ** (2.518)
	lnLHC	0.559 *** (3.013)	1.425 * (1.660)	0.277 (1.218)
	lnPC	0.218 (0.221)	-10.292 (-0.958)	-3.033 ** (-2.518)
	lnEHC × lnPC	0.191 (1.174)	-0.279 (-0.166)	-0.262 (-1.248)
	lnLHC × lnPC	-0.185 * (-1.680)	0.634 (0.665)	0.241 ** (1.955)
	σ^2	1.539 *** (5.711)	3.952 ** (2.206)	0.376 *** (3.442)
	λ	0.611 *** (5.460)	0.909 *** (18.712)	0.999 *** (39.428)
	LR	13.543 **	22.565 ***	25.109 ***
	样本容量	132	99	77

在表 5 - 3 中，模型（1）～模型（3）显示，lnEHC、lnLHC 和 lnPC 的系数都为负且具有显著性，表明这三种资本投入增加都有利于技术创新效率提升，从而验证了熊彼特关于"企业家对技术创新活动具有核心引导作用"的论断、新经济增长理论关于"人力资本投入有利于技术进步"的论断以及新经济地理学关于"产业集聚可通过物质资本积累提升地区生产率"的论断。模型（4）显示，lnEHC 和 lnPC 的系数同为负且

绝对值相对于模型（1）、模型（3）都增大，表明物质资本与企业家资本在相互促进中共同推动了技术创新效率提升，物质存量规模扩大有利于提高生产要素使用率，进一步产生规模经济效益，从而为企业家开发新产品、新市场提供有力的富余资金支持，以此促进技术创新效率提升。模型（5）显示，lnLHC 的系数相对于模型（2）而言由负变为正，lnPC 的系数始终为负且绝对值相对于模型（3）增大，表明物质资本对劳动型人力资本具有一定的替代作用，两者相互匹配才有助于提升技术创新效率，物质资本，特别是固定资本积累反映了物化的技术进步，因此，物质资本投入对劳动力投入具有一定的替代作用，在一定程度上有利于降低生产成本并获得规模效益，从而促使更多的人才、资金转移到技术创新活动中，以实现技术创新效率提升。模型（6）、模型（7）显示，企业家资本、劳动型人力资本分别与物质资本的交互影响都有利于技术创新效率提升，进一步印证了模型（4）、模型（5）的结论，特别是在模型（7）中，只有 lnLHC×lnPC 的系数为负且具有显著性，而 lnLHC 和 lnPC 的系数相对于模型（2）、模型（5）都由负变为正，表明劳动型人力资本与物质资本的共生匹配性对技术创新效率提升具有"1+1>2"的影响效果。模型（8）显示，各广义资本变量及其交互作用同时对技术创新效率产生了显著影响，进一步结合产业集聚度与各广义资本变量的相关性分析结论可认为，中国高技术产业集聚通过广义资本积累效应对各省域技术创新效率提升产生了一定的影响，其中，以企业家资本以及劳动型人力资本与物质资本交互作用的提升效应最为显著。

在表5-4中，东部地区的检验结果与全国类似，也反映出企业家资本以及一般性生产要素的共生匹配效应对技术创新效率具有提升作用，但 lnLHC 的系数为正且具有显著性，表明该地区可能存在"教育过度"的现象。尽管东部地区聚集了全国大量的专业化人才和教育培训资源，但也容易由此加剧人与人之间的相互竞争，致使个体在人际交往中形成一定的防备心理，在竞争对手之间不能营造出开放、活跃的创新氛围，从而抑制了技术创新效率提升。就中、西部地区而言，企业家资本、物质资本以及两者的交互作用都对技术创新效率提升产生了一定的促进作用，然而，劳动型人力资本及其与物质资本的交互作用却未表现出类似的影响效应。究其原因可能是中、西部地区的经济社会发展水平对东部地区而言仍相对落后，对高技术产业发展人才，特别是专业技能型高水平人才的培养和吸引能力都较弱，在一定程度上导致了大量优秀人员"孔雀东南飞"，加之中西部地区物质资本存量也缺乏规模优势，从而综合导致资本要素配置的低效率状态，最终抑制了中西部地区技术创新效率提升。

二、知识本地溢出效应检验

国内外研究已表明，高技术产业集聚不仅在于获取劳动力共享、本地市场效应以及产业垂直联系等金融外部性，更在于获取由企业地理临近和组织临近而产生的知识本地溢出效应，这种技术外部性通过集聚区内社会资本网络和集体学习机制加速了新技术、新知识在相关企业、机构之间的流动，从而有利于促进企业技术创新以及产学研协同创新，在此基础上，进一步提升区域产业技术创新效率。于是，本书借助 Battese 和 Coelli（1995）的技术效率模型对产业集聚的知识本地溢出效应进行实证分析，以检验其是否对区域高技术产业技术创新效率及其差异产生了影响。

（一）模型指标设定

本书主要区分了国际、国内两种知识溢出渠道，前者包括外资研发和国外技术引进，后者包括国内技术购买和大学等科研机构研发。此外，在考察知识本地溢出效应时，还应考虑受溢方对新知识、新技术的消化吸收能力，只有具备了一定的消化吸收能力，才能保证外界知识溢出有效地"内化"于企业技术创新活动，促使其更好地实现"二次创新"，从而有利于提升技术创新效率。对此，本书将具体的随机前沿模型形式为：

前沿生产函数：$\ln y_{it} = \beta_0 + \beta_1 \ln RDP_{i(t-1)} + \beta_2 \ln RD_{i(t-1)} + v_{it} - u_{it}$　（5.4）

无效率效应函数：$m_{it} = \delta_0 + \delta_1 KS_{1,it-4} + \cdots + \delta_K KS_{K,it-4} + w_{it}$ (5.5)

其中，$KS_{k,it-4}$ 为省域 i 在 t – 4 年的第 k 个知识溢出变量（k = 1, …, K），包括外资研发变量（Foreign R&D，FR&D）、国外技术引进变量（Foreign Technology Acquisition，FTA）、国内技术购买变量（Domestic Technology Acquisition，DTA）、大学研发变量（University R&D，UR&D）和技术消化吸收变量（Technology Assimilation，TA），由于消化吸收能力对各渠道知识溢出具有门槛效应和促进作用，本书还考虑加入技术消化吸收变量与其他知识溢出变量的交叉相乘项；δ_k 为相应变量的回归系数，w_{it} 为服从独立同标准正态分布的随机扰动项。

本书具体以外资企业研发内部经费支出作为外资研发变量的代理指标，以购买国外、国内技术经费支出分别作为国外技术引进变量、国内技术购买变量的代理指标，以高等教育机构研发内部经费支出作为大学研发变量的代理指标，为消除价格因素影响，要对各指标数据进行平减，具体方法与第四章中研发资本类似，进而对平减后的各指标数据取自然对数值以降低异方差性。经过处理后，各投入、产出变量以及知识溢出变量的统计特征如表 5 – 5 所示。

表 5 – 5   各投入、产出变量以及知识溢出变量的统计特征

统计项	lny	lnRDP	lnRD	lnFR&D	lnFTA	lnDTA	lnUR&D	lnTA
均值	13.20	7.83	11.28	10.40	9.04	7.42	11.00	7.06
最大值	18.11	11.96	14.67	15.66	13.63	10.74	14.54	12.76
最小值	5.04	1.74	5.81	5.27	1.76	1.76	6.39	2.45
标准差	2.31	1.66	1.91	2.08	2.89	2.19	1.64	2.46
观测个数	308	308	308	308	308	308	308	308

同样，在检验知识本地溢出效应之前，应先确定产业集聚度与各知识溢出变量是否显著正相关。对此，本书在对各指标数据进行无量纲化处理的基础上，进一步通过 Pearson 相关性分析进行考察，具体结果如表 5 – 6 所示。

表5-6　　　　　　　产业集聚度与各知识溢出变量的相关系数矩阵

变量		LQ	lnFR&D	lnFTA	lnDTA	lnUR&D	lnTA
1997 年	LQ	1.000					
	lnFR&D	0.563 ***	1.000				
	lnFTA	0.548 ***	0.563 ***	1.000			
	lnDTA	0.496 ***	0.665 ***	0.436 ***	1.000		
	lnUR&D	0.484 ***	0.275	0.484 ***	0.335 *	1.000	
	lnTA	0.563 ***	0.763 ***	0.457 ***	0.665 ***	0.275	1.000
2007 年	LQ	1.000					
	lnFR&D	0.642 ***	1.000				
	lnFTA	0.594 ***	0.563 ***	1.000			
	lnDTA	0.521 ***	0.632 ***	0.486 ***	1.000		
	lnUR&D	0.561 ***	0.331 *	0.561 ***	0.491 ***	1.000	
	lnTA	0.624 ***	0.785 ***	0.563 ***	0.665 ***	0.331 *	1.000

注：*、**、*** 分别表示具有10%、5%和1%的显著性水平。

表5-6 显示，lnFR&D、lnFTA、lnDTA、lnUR&D 及 lnTA 都与 LQ 具有显著正相关性，各相关系数在1997~2007 年间都存在不同程度的增大，但与表5-2 相比，各知识溢出变量与产业集聚度的相关系数相对较小。此外，就 lnFR&D、lnFTA、lnDTA、lnUR&D 及 lnTA 而言，任意两者也都具有显著正相关性，但相关系数在大多数情况下都低于或接近0.5，因此，对后文随机前沿模型的系数估计不会产生严重的多重共线性影响。综合而言，本书对各代理指标的选取仍具有一定合理性。

（二）检验结果分析

在明确产业集聚度与知识溢出变量之间存在显著统计正相关性之后，本书进而检验产业集聚如何通过知识本地溢出效应对区域高技术产业技术创新效率及其差异产生影响，分别以全国和东、中、西部地区四个层面的样本数据对式（5.4）、式（5.5）进行参数估计，具体结果如表5-7 和表5-8 所示。

表5-7　　基于全国样本数据的知识本地溢出效应检验结果

变量		(1)	(2)	(3)	(4)	(5)	(6)	(7)	(8)	(9)	(10)	(11)	(12)
前沿生产函数	β_0	7.017*** (11.972)	7.568*** (13.594)	1.194*** (4.466)	4.820*** (3.259)	4.934 (1.106)	10.523*** (12.494)	10.763*** (11.580)	7.731*** (10.002)	7.037*** (6.312)	1.878*** (5.389)	3.173*** (3.881)	10.236*** (10.108)
	lnRDP	0.596*** (8.532)	0.581*** (70.691)	0.643*** (8.193)	0.648*** (7.710)	0.609*** (7.312)	0.439*** (7.344)	0.499*** (7.718)	0.562*** (7.943)	0.509*** (5.835)	0.602*** (7.277)	0.628*** (5.909)	0.471*** (6.477)
	lnRD	0.312*** (4.897)	0.371 (0.886)	0.651*** (9.408)	0.440*** (4.829)	0.487*** (6.497)	0.161** (2.090)	0.103 (1.321)	0.278*** (3.880)	0.390*** (4.468)	0.615*** (8.799)	0.477*** (3.676)	0.155* (1.908)
无效率效应函数	δ_0	6.320*** (11.751)	4.514*** (4.097)	-0.554** (-2.400)	3.264** (2.301)	2.682 (0.605)	9.837*** (8.961)	9.904*** (10.232)	6.355*** (4.025)	1.915* (1.765)	-0.186 (-0.875)	0.452 (0.441)	11.786*** (6.366)
	lnFR&D	-0.421*** (-10.207)					-0.441*** (-11.171)	-0.437*** (-11.074)	-0.355*** (-2.594)				-0.244 (-1.441)
	lnFTA		-0.157*** (-0.869)				-0.209*** (-4.365)	-0.195*** (-4.115)		0.064 (0.731)			0.119 (0.766)
	lnDTA			0.122*** (2.779)			0.104** (2.061)	0.145*** (2.812)			0.209*** (4.530)		0.322** (2.054)
	lnUR&D				-0.149*** (-2.024)		-0.143** (-2.228)	-0.135** (-2.253)				0.043 (0.478)	-0.876*** (-4.374)
	lnTA					-0.098*** (-3.085)		-0.097*** (-2.798)	0.006 (0.038)	0.344** (2.013)	-0.108** (-2.476)	0.261 (0.836)	-0.518** (-2.018)

续表

变量		(1)	(2)	(3)	(4)	(5)	(6)	(7)	(8)	(9)	(10)	(11)	(12)
无效率效应函数	lnFR&D × lnTA								-0.010 (-0.602)				-0.029* (-1.679)
	lnFTA × lnTA									-0.040** (-2.497)			-0.054** (-2.005)
	lnDTA × lnTA										-0.005 (-0.995)		-0.035* (-1.712)
	lnUR&D × lnTA											-0.034 (-1.124)	0.125*** (3.922)
σ^2		0.819*** (10.909)	1.138*** (3.204)	1.105*** (15.203)	1.163*** (8.634)	1.097*** (12.305)	0.820*** (10.782)	0.810*** (10.554)	0.827*** (10.494)	1.142*** (9.745)	1.050*** (13.835)	1.125*** (4.900)	0.770*** (9.919)
λ		0.567** (2.461)	0.999* (1.837)	0.002 (0.587)	0.464 (1.185)	0.196 (0.731)	0.921*** (11.705)	0.914*** (12.838)	0.662*** (3.702)	0.753*** (4.083)	0.000 (0.664)	0.034 (0.152)	0.876*** (10.361)
LR		115.473***	10.390**	7.491**	4.302.	9.177**	147.787***	155.807***	123.944***	22.320***	25.432***	5.285	176.521***
样本容量		308	308	308	308	308	308	308	308	308	308	308	308

注a：*、**、***分别表示具有10%、5%、1%的显著性水平。

表 5 − 8　　　　　基于三大经济带样本数据的知识本地溢出效应检验结果

	变量		东部地区	中部地区	西部地区
(1)	前沿生产函数	β_0	14. 747 *** (39. 945)	6. 384 *** (10. 778)	6. 572 *** (5. 235)
		lnRDP	0. 496 *** (22. 103)	0. 125 (1. 129)	0. 251 *** (2. 573)
		lnRD	− 0. 177 *** (−3. 482)	0. 511 *** (5. 320)	0. 532 *** (4. 804)
	无效率效应函数	δ_0	10. 488 *** (15. 367)	18. 389 ** (2. 309)	5. 476 *** (4. 015)
		lnFR&D	− 0. 453 *** (−2. 569)	− 2. 503 *** (−4. 151)	− 0. 353 *** (−10. 058)
		lnFTA	− 0. 820 *** (−19. 575)	0. 426 (0. 854)	− 0. 118 ** (−2. 078)
		lnDTA	0. 481 *** (6. 559)	− 0. 850 ** (−2. 247)	0. 205 *** (2. 265)
		lnUR&D	0. 137 *** (7. 452)	0. 379 (0. 597)	− 0. 104 (−1. 137)
	σ^2		0. 504 *** (18. 857)	2. 847 *** (6. 632)	0. 192 *** (6. 286)
	λ		0. 999 *** (35. 033)	0. 913 *** (24. 463)	0. 999 *** (35. 885)
	LR		89. 890 ***	29. 462 ***	65. 229 ***
	样本容量		132	99	77
(2)	前沿生产函数	β_0	11. 333 *** (14. 827)	6. 053 *** (10. 807)	2. 826 *** (8. 623)
		lnRDP	0. 507 *** (6. 413)	0. 181 * (1. 621)	0. 222 ** (2. 376)
		lnRD	0. 028 (0. 331)	0. 505 *** (5. 449)	0. 720 *** (9. 660)

续表

变量		东部地区	中部地区	西部地区
(2) 无效率效应函数	δ_0	4.256 *** (5.688)	1.835 ** (2.008)	0.746 *** (5.290)
	lnFR&D × lnTA	0.007 (0.280)	− 0.362 *** (− 5.423)	− 0.050 *** (− 10.594)
	lnFTA × lnTA	− 0.230 *** (− 6.950)	0.054 (1.261)	− 0.024 *** (− 3.255)
	lnDTA × lnTA	0.243 *** (4.059)	− 0.103 *** (− 3.794)	0.065 *** (7.392)
	lnUR&D × lnTA	− 0.016 (− 0.435)	0.248 *** (5.673)	0.003 (0.598)
σ^2		0.907 *** (4.894)	3.497 *** (4.240)	0.160 *** (4.386)
λ		0.859 *** (13.033)	0.929 *** (33.036)	0.000 ** (2.543)
LR		109.021 ***	28.872 ***	78.178 ***
样本容量		132	99	77

在表 5 − 7 中，模型（1）~ 模型（5）显示，lnFR&D、lnFTA、lnUR&D 和 lnTA 的系数都显著为负，表明外资企业和大学的研发活动、国外技术引进以及消化吸收能力都有助于提升技术创新效率，但 lnDTA 的系数显著为正，表明以国内技术购买为渠道的知识溢出并未产生创新效率提升效应，究其原因可能是，在外资企业普遍采取核心技术封锁策略的背景下，国内技术购买主要发生在本土企业之间以及本土企业与大学、科研院所之间，由于这些单位的科技成果主要以实用新型和外观设计为主，对现有产品并未形成根本性差异，不利于开拓出"全新"的产品市场，从而降低了这种知识溢出的创新收益潜力，加之国内技术开发水平较低还在一定程度上抑制了购买方企业"二次创

新"的积极性，进而综合导致企业技术创新效率低下。模型（6）、模型（7）的估计结果进一步证实了以上结论，此外，lnFR&D、lnFTA、lnUR&D 和 lnTA 的系数绝对值依次减小，由此反映出这四种知识溢出因素在促进技术创新效率提升方面的作用强度不同。模型（8）~模型（10）、模型（12）显示，消化吸收能力与外资研发、国内外技术交易等知识溢出因素的交互影响都不同程度地促进了技术创新效率提升，但相应系数的绝对值较小且显著性不强，表明消化吸收能力对知识溢出的促进作用尚未充分发挥，中国高技术产业要摆脱技术创新效率"低端锁定"的困境，可能的有效途径之一就是适当加大对外溢技术消化吸收的资金投入，合理分配相关人员、设备等经费支出，切实提高"二次创新"能力。模型（12）显示，除 lnFTA 和 lnUR&D × lnTA 之外，其余知识溢出变量及其交叉相乘项的系数都显著为负，表明这些知识溢出因素在相互作用中共同对技术创新效率产生了积极影响，进一步结合产业集聚度与各知识溢出变量的相关性分析结论可认为，中国高技术产业集聚通过知识本地溢出效应对各省域技术创新效率提升发挥了一定的促进作用。需要指出，其一，在模型（2）、模型（6）和模型（7）中，lnFTA 的系数都为显著为负，在模型（9）、模型（12）中，lnFTA 的系数由负变为正且不具有显著性，但 lnFTA × lnTA 的系数始终显著为负，表明消化吸收能力促使以国外技术引进为渠道的知识溢出顺畅发生，这种交互作用对技术创新效率提升明显具有"1 + 1 > 2"的影响效果；其二，在模型（12）中，lnUR&D、lnTA 的系数都显著为负，但 lnUR&D × lnTA 的系数显著为正，表明消化吸收能力尚未对大学等科研机构的知识溢出发挥促进作用，在一定程度上反映出国内产学研在协同创新方面的对接仍不紧密，大学和科研院所等研发机构往往"只研不发"，由于缺乏市场操作经验，相关科技成果商品化进程通常较为缓慢，致使技术创新效率提升受阻。

在表 5-8 中，在不考虑消化吸收能力与各渠道知识溢出的交互影响时，东、西部地区的检验结果都显示，外资研发与国外技术引进显著促进了技术创新效率提升，但国内技术购买与大学研发却没有发挥相同作用；与此略有不同，中部地区的检验结果显示，外资研发和国内技术购买对技术创新效率提升具有显著的促进作用。在考虑消化吸收能力与各渠道知识溢出的交互影响时，东、西部地区的检验结果仍比较类似，都反映出消化吸收能力促进了以国外技术引进为渠道的知识溢出，从而对技术创新效率提升产生了"1 + 1 > 2"的影响效果，相反，消化吸收能力与大学研发的交互作用却未显现出对技术创新效率提升的有利影响；与此略有不同，中部地区的检验结果显示，消化吸收能力与外资企业研发、国内技术购买的交互作用都有利于提升技术创新效率，表明消化吸收能力有效促进了这两种渠道的知识溢出，但消化吸收能力与大学研发的交互作用却未产生相同影响。

三、创新环境优化效应检验

创新环境的概念最早由欧洲创新环境研究小组（Groupemetn de Recherche Eupoeen sue les Milieux Innovalieurs，GREMI）提出，旨在强调产业集聚区内各主体协同创新行为以及由此产生的集体创新效率。一些学者指出，非编码化的缄默知识是高技术产业技术创新的关键要素，这类知识的传播扩散主要通过非正式，甚至"不可见"的人际直接交往才能实现（梁琦，2004），因此，在产业集聚区内营造出良好的创新文化氛围对加速创新知识溢出、提升技术创新效率都具有重要意义。实际上，产业集聚区的创新环境不仅包括社会文化要素，还包括市场、技术、制度等多种要素，它们共同作用于区域产业创新系统，从而对技术创新效率产生综合影响。于是，本书借助 Battese 和 Coelli（1995）的技术效率模型对产业集聚的创新环境优化效应进行实证分析，以检验其是否对区域高技术产业技术创新效率及其差异产生了影响。

(一) 模型指标设定

本书主要从技术交易，需求潜力，政府支持以及金融、物流、通信等生产性服务业发展四个方面考察产业集聚的创新环境优化效应对区域高技术产业技术创新效率的影响。具体而言，技术交易变量反映了地区技术市场发育程度，通常，技术交易活动越频繁，越有利于激励技术创新行为，本书以技术交易合同量作为代理指标；需求潜力变量反映了市场对新产品的消费能力，巨大的需求潜力往往有利于降低产品创新风险，同时产生良好的市场收益，本书进一步区分了国内、国外两种需求潜力，前者以城镇居民消费水平作为代理指标，后者以高技术产业新产品出口占新产品销售收入的比重作为代理指标，此外，为全面考察产品市场因素的影响，本书还考虑加入本地同业竞争变量，依据 Jacobs 外部性和 Porter 外部性的观点，同业竞争在一定程度上可激励企业技术创新，从而有利于技术创新效率提升，本书以企业产值规模作为代理指标；政府支持变量反映了制度环境因素对区域产业创新系统运行绩效的影响，受数据可得性限制，本书以高技术产业科技活动筹集资金中政府资助的比重作为代理指标；生产性服务业对促进高技术产业集聚创新具有重要作用，一方面，金融体系相对完善有利于缓解高技术企业研发的融资压力和创新风险，本书以高技术产业科技活动筹集资金中银行贷款的比重作为代理指标，另一方面，物流、通信业的发展则为有效整合各类生产和创新资源提供必要的基础设施条件，本书以公路运输业、航空运输业、交通运输辅助业以及邮电通信业的职工人数作为代理指标。在此基础上，本书将具体的随机前沿模型形式为：

前沿生产函数：$\ln y_{it} = \beta_0 + \beta_1 \ln RDP_{i(t-1)} + \beta_2 \ln RD_{i(t-1)} + v_{it} - u_{it}$ （5.6）

无效率效应函数：$m_{it} = \delta_0 + \delta_1 IE_{1,it-4} + \cdots + \delta_K IE_{K,it-4} + w_{it}$ （5.7）

其中，$IE_{k,it-4}$ 为省域 i 在 t – 4 年的第 k 个创新环境变量（k = 1，…，K），包括技术交易变量（Technology Transaction，TT）、国内需求潜力变量（Domestic Demand，DD）、国外需求潜力变量（New Products Export，

EXP），本地同业竞争变量（Local Competition，COM），金融体系变量（Faniacial System，FAN），政府支持变量（Government，GOV）以及物流、通信业等基础设施变量（Infrastructure，INF）；δ_k 为相应变量的回归系数，w_{it} 为服从独立同标准正态分布的随机扰动项。为消除价格因素影响，需要用消费价格指数将历年城镇居民消费水平平减至 1997 年不变价；由于缺乏专门针对高技术产业的工业品出产价格指数，本书用制造业工业品出厂价格指数进行替代，以将历年高技术产业总产值平减至 1997 年不变价。此外，还要对 TT、DD 和 INF 的指标数据取自然对数值以降低异方差性。经过处理后，各投入、产出变量以及创新环境变量的统计特征如表 5 - 9 所示。

表 5 - 9　　　　各投入、产出变量以及创新环境变量的统计特征

统计项	lny	lnRDP	lnRD	lnTT	lnDD	EXP	COM	FAN	GOV	lnINF
均值	13. 22	7. 84	11. 29	8. 21	8. 91	0. 17	1. 08	0. 08	0. 13	2. 38
最大值	18. 11	11. 96˙	14. 67	10. 87	10. 11	1. 00	4. 49	0. 57	0. 56	3. 57
最小值	5. 04	1. 74	5. 81	3. 37	8. 08	0. 00	0. 18	0. 00	0. 00	0. 53
标准差	2. 30	1. 65	1. 90	1. 54	0. 36	0. 18	0. 80	0. 09	0. 13	0. 60
观测个数	307	307	307	307	307	307	307	307	307	307

同样，在检验创新环境优化效应之前，应先确定产业集聚度与各创新环境变量是否显著正相关。对此，本书在对各指标数据进行无量纲化处理的基础上，进一步通过 Pearson 相关性分析进行考察，具体结果如表 5 - 10 所示。

表 5 - 10　　　　产业集聚度与各创新环境变量的相关系数矩阵

变量		LQ	lnTT	lnDD	EXP	COM	FAN	GOV	lnINF
1997 年	LQ	1. 000							
	lnTT	0. 169	1. 000						
	lnDD	0. 382 **	0. 470 **	1. 000					

续表

变量		LQ	lnTT	lnDD	EXP	COM	FAN	GOV	lnINF
1997 年	EXP	0.283	- 0.176	0.113	1.000				
	COM	0.864 ***	0.403 **	0.569 ***	0.171	1.000			
	FAN	- 0.172	0.385 **	0.344 *	- 0.242	0.013	1.000		
	GOV	0.014	- 0.087	- 0.300	- 0.432 **	0.084	- 0.241	1.000	
	lnINF	0.073	0.694 ***	0.409 **	- 0.467 **	0.345 *	0.467 **	0.150	1.000
2007 年	LQ	1.000							
	lnTT	0.659 ***	1.000						
	lnDD	0.738 ***	0.650 ***	1.000					
	EXP	0.643 ***	0.520 ***	0.583 ***	1.000				
	COM	0.880 ***	0.580 ***	0.776 ***	0.683 ***	1.000			
	FAN	- 0.207	- 0.064	- 0.320 *	- 0.039	- 0.178	1.000		
	GOV	- 0.248	- 0.018	- 0.399 **	- 0.395 **	- 0.386 **	0.222	1.000	
	lnINF	0.394 ***	0.663 ***	0.270	0.290	0.253	0.031	1.000	

注：* 、** 、*** 分别表示具有 10% 、5% 和 1% 的显著性水平。

表 5 - 10 显示，lnTT、lnDD、EXP、COM 和 lnINF 都与 LQ 存在正相关关系，各相关系数在 1997 ~ 2007 年间都呈现较大幅度的提高，特别是 lnTT、EXP 和 lnINF 与 LQ 的相关系数显著性明显增强，FAN、GOV 与 LQ 却都表现出一定的负相关，但相关系数不具有显著性。总体而言，各创新环境变量之间的相关程度不强，相关系数或不具有显著性或绝对值较小，由此说明这些变量之间不存在严重的多重共线性问题，对后文随机前沿模型估计结果的有效性并不造成影响，从而表明本书对各代理指标的选取具有一定的合理性。

（二）检验结果分析

在明确产业集聚度与创新环境变量之间存在显著统计正相关性之后，本书进而检验产业集聚如何通过创新环境优化效应对区域高技术产业技术创新效率及其差异产生影响，分别以全国和东、中、西部地区四个层面的样本数据对式（5.6）、式（5.7）进行参数估计，具体结果如表 5-11 所示。

表 5-11　基于全国和三大经济带样本数据的创新环境优化效应检验结果

变 量		全国	东部地区	中部地区	西部地区
前沿生产函数	β_0	8.966 *** (14.143)	5.277 *** (4.667)	3.533 *** (6.413)	10.867 *** (16.105)
	lnRDP	0.340 *** (5.903)	0.802 *** (7.548)	0.103 (0.705)	0.165 * (1.787)
	lnRD	0.337 *** (5.530)	0.417 *** (3.703)	0.766 *** (6.287)	0.238 *** (2.635)
无效率效应函数	δ_0	13.891 *** (6.461)	-2.045 (-1.634)	0.652 (0.651)	13.051 *** (6.281)
	lnTT	-0.212 *** (-3.966)	-0.483 *** (-6.822)	0.167 (1.421)	0.230 *** (3.320)
	lnDD	-0.941 *** (-4.065)	0.718 *** (7.496)	-0.367 ** (-2.388)	-1.080 *** (-4.572)
	EXP	-2.186 *** (-5.303)	-1.046 *** (-2.753)	-2.009 * (-1.709)	-0.995 ** (-2.102)
	COM	-1.092 *** (-5.944)	-0.112 (-0.870)	-1.147 *** (-7.690)	-1.541 *** (-4.607)
	FAN	-1.081 * (-1.874)	0.004 (0.004)	-0.387 (-0.378)	-1.008 ** (-2.114)
	GOV	0.852 ** (2.022)	1.994 ** (2.320)	1.679 (1.529)	1.238 ** (2.345)
	lnINT	-0.118 (-0.833)	1.046 *** (5.563)	0.850 ** (2.221)	-0.948 *** (-4.852)

续表

变　　量	全国	东部地区	中部地区	西部地区
σ^2	0.696 *** (10.457)	0.470 *** (7.959)	0.599 *** (6.553)	0.162 *** (5.677)
λ	0.813 *** (10.487)	0.999 (28.703)	0.044 *** (4.352)	0.999 *** (24.062)
LR	214.480 ***	91.689 ***	28.839 ***	81.406 ***
样本容量	307	131	99	77

表 5-11 显示，就 lnTT 而言，全国和东部地区的系数显著为负，中、西部地区的系数则为正，表明技术交易变量有效促进了东部地区技术创新效率提升，但在中、西部地区却未产生相同影响，究其原因可能是，中、西部地区高技术产业技术水平和创新能力都相对较弱，倾向于通过市场交易获取先进技术，以节约研发成本、降低创新风险，但由于这些地区的技术市场发育不完善，相关交易合同主要以技术咨询和服务为主[①]，不能有效激励地区企业技术创新，反而在一定程度上容易诱使企业落入"技术依赖"和"低水平模仿"的发展陷阱，从而对技术创新效率提升产生不利影响。就 lnDD 和 EXP 而言，四个区域层面的系数几乎全部显著为负，表明国内、外需求潜力变量对技术创新效率提升发挥了明显的促进作用，唯一例外的是，东部地区的本地消费市场能力并未产生创新效率提升效应，究其原因可能是，东部地区高技术产业新产品出口比重较大，主要以开拓国外市场为导向，国内尚未形成具有规模效益的消费容量。就 COM 而言，全国和中、西部地区的系数都显著为负且绝对值依次增大，表明本地同业竞争变量对这些区域层面的技术创新效率都具有显著的提升作用，东部地区的系数虽为负但显著性不强，在

---

① 根据 2012 年《中国科技统计年鉴》的相关数据计算得出，2011 年，中部地区的技术咨询和服务合同数占技术合同总数的比重为 49.5%，西部地区的比重为 48.2%，而东部地区的比重为 46.1%。

一定程度上意味着与 Jacobs 外部性对应的多样化集聚可能是东部地区高技术产业技术创新效率提升的重要原因。就 GOV 而言，四个区域层面的系数都为正且具有一定的显著性，表明政府支持并未对技术创新效率提升发挥促进作用，究其原因可能是，政府对创新活动的支持通常重社会效益而轻经济效益，此外，由于国内对政策资金的监管机制尚未健全，政府支持政策还容易在寻租活动和行政关系的影响下发生"扶劣抑优"的现象，从而综合抑制了技术创新效率提升。就 FAN 而言，全国和西部地区的系数为负且具有显著性，中部地区的系数为负但显著性不强，东部地区的系数则几乎为零，表明商业银行等金融机构的支持对中、西部地区技术创新效率的提升效应明显，但对东部发达地区的技术创新效率提升并未产生明显的促进作用，究其原因可能是，东部地区的企业规模优势突出，金融中介服务体系也相对健全，从而使企业自筹资金的能力强、渠道多，但中、西部地区的企业规模普遍较小，加之地区金融深化进程缓慢，企业创新资金的筹集在一定程度上就容易银行贷款，致使西部地区的金融业发展有利于促进地区技术创新效率提升。就 lnINF 而言，东、中部地区的系数显著为正，西部地区的系数则显著为负，表明东、中部地区的基础设施建设已相对完善，从而对技术创新效率提升的促进作用不显著，相反，西部地区的经济发展水平相对落后，因此，加强基础设施建设能增进物流、通信等生产性服务业对高技术产业技术创新的基础保障作用，从而有利于提升技术创新效率。

第三节　产业集聚对区域高技术产业技术创新效率差异贡献测度

前文分别实证分析了广义资本积累效应、知识本地溢出效应和创新环境优化效应对中国高技术产业区域技术创新效率提升的促进作用。现实中，这三种集聚效应必然同时发生或相互继起，从而共同影响中国高技术产业技术创新效率区域差异的生成。于是，有必要进一步考察每种集聚效应对区域效率差异生成的贡献度，以明确哪种集聚效应以及与此相关的代理变量是导致中国高技术产业技术创新效率空间分异的主要动因。

一、产业集聚因素主成分分析

为测算广义资本积累效应、知识本地溢出效应和创新环境优化效应对中国高技术产业技术创新效率空间分异生成的贡献度，有必要将其纳入同一个随机前沿模型中进行分析。由于每种集聚效应都涉及多个代理变量，加之某些代理变量之间还存在交互作用，若将它们同时设为无效率效应函数的解释变量，容易引发多重共线性问题，因此，本书首先采用主成分分析法对每种集聚效应的代理变量进行降维处理，试图将其"压缩"成一个或两个综合变量，从而为每种集聚效应的区域高技术产业技术创新效率差异贡献度测算奠定基础。

主成分分析法（Principal Components Analysis，PCA）最早由哈罗德·霍特林（Hotelling Horald，1933[①]）提出，主要用于大量分析指标的降维处理，即在维持原有指标信息尽量完整的前提下，通过投影变换将其转化为少数综合指标，从而实现分析指标结构的简化。假设分析中涉及 p 个随机变量指标，记为 X_1，X_2，…，X_p，由它们构成的随机向量为 $X = (X_1，X_2，…，X_p)'$，其协方差矩阵为 $\sum$。对 X 进行线性变换后将得到新的随机向量 $Y = (Y_1，Y_2，…，Y_p)'$，即

$$\begin{pmatrix} Y_1 \\ Y_2 \\ \vdots \\ Y_p \end{pmatrix} = \begin{pmatrix} \alpha_{11} & \alpha_{12} & \cdots & \alpha_{1p} \\ \alpha_{21} & \alpha_{22} & \cdots & \alpha_{2p} \\ \vdots & \vdots & \ddots & \vdots \\ \alpha_{p1} & \alpha_{p2} & \cdots & \alpha_{pp} \end{pmatrix} \begin{pmatrix} X_1 \\ X_2 \\ \vdots \\ X_p \end{pmatrix} \tag{5.8}$$

[①] Hotelling H.. Analysis of A Complex of Statistical Variables into Principal Components [J]. Journal of Educational Psychology，1933，24（6）：417 –441，498 –520.

设 $\alpha_i = (\alpha_{i1}, \alpha_{i2}, \cdots, \alpha_{ip})'$，$i = 1, 2, \cdots, p$，可进一步得到：

$$var(Y_i) = \alpha'_i \sum \alpha_i, cov(Y_i, Y_j) = \alpha'_i \sum \alpha_j, i, j = 1, 2, \cdots, p \quad (5.9)$$

由式（5.9）可知，α_i 扩大任意倍数会使 Y_i 的方差无限增大，从而造成一定程度的"信息扭曲"。为保证 Y 完整、有效地反映 X 的信息，有必要对线性变换增加约束条件：

（1）$\alpha'_i \alpha_i = 1$，即 $\alpha_{i1}^2 + \alpha_{i2}^2 + \ldots + \alpha_{ip}^2 = 1$，$i = 1, 2, \cdots, p$。

（2）Y_1 在满足（1）时，其方差最大，Y_2 在满足（1）且与 Y_1 不相关时，其方差最大，Y_p 在满足（1）且与 Y_1，Y_2，$\cdots$，Y_{p-1} 都不相关时，其方差最大。

由满足上述约束条件的线性变换得到的新随机变量 Y_1，Y_2，$\cdots$，Y_p 分别称为原随机变量 X_1，X_2，$\cdots$，X_p 的第一主成分，第二主成分，$\cdots$，第 p 主成分，各主成分方差占总方差的比重依次递减。通常，只选取方差比重累计超过 85% 的前几个主成分。

（一）广义资本变量主成分分析

由表 5-3 可知，企业家资本、一般劳动力资本、物质资本及其与前两类人力资本的交互作用都对中国省域高技术产业技术创新效率具有显著影响。因此，本书对五个相关变量进行主成分分析，具体结果如表 5-12 所示。

表 5-12　广义资本变量第一主成分的特征向量及其方差贡献率

变量	1998 年	2000 年	2002 年	2004 年	2006 年	2008 年
lnEHC	0.427	0.434	0.435	0.430	0.435	0.436
lnLHC	0.447	0.445	0.447	0.451	0.452	0.450
lnPC	0.446	0.443	0.449	0.449	0.448	0.449
lnEHC × lnPC	0.461	0.459	0.453	0.453	0.451	0.451
lnLHC × lnPC	0.455	0.454	0.452	0.452	0.450	0.450
方差贡献率	0.919	0.927	0.958	0.953	0.966	0.968

表5-12显示，第一主成分对广义资本变量的历年总体方差贡献率都在90%以上，说明利用该主成分替代广义资本积累效应的原代理变量不会损失过多信息，从而保证后文实证分析结论的有效性。因此，本书选取第一主成分对原有广义资本变量进行综合表征。此外，从特征向量情况看出，第一主成分相对凸显了物质资本与人力资本的交互作用。

（二）知识溢出变量主成分分析

由表5-7可知，国内企业和大学的知识溢出、外资研发和国外技术引进的知识溢出、区域技术吸收能力及其与各渠道知识溢出的交互作用都对中国省域高技术产业技术创新效率具有显著影响。因此，本书对九个相关变量进行主成分分析，具体结果如表5-13和表5-14所示。

表5-13　　　　　　　知识溢出变量前三个主成分的方差贡献率

方差贡献率	1998 年	2000 年	2002 年	2004 年	2006 年	2008 年
PC1	0.762	0.763	0.764	0.764	0.765	0.765
PC2	0.090	0.089	0.088	0.088	0.088	0.088
PC3	0.084	0.084	0.084	0.084	0.083	0.083
合计	0.936	0.936	0.936	0.936	0.936	0.936

表5-14　　　　　　　知识溢出变量前三个主成分的特征向量

变量	PC1		PC2		PC3	
	1998 年	2008 年	1998 年	2008 年	1998 年	2008 年
lnFR&D	0.253	0.252	-0.181	-0.524	0.818	0.646
lnFTA	0.333	0.335	0.434	0.359	0.056	0.229
lnDTA	0.309	0.311	0.350	0.399	-0.238	-0.087
lnUR&D	0.270	0.272	0.612	0.456	0.236	0.494
lnTA	0.354	0.351	-0.308	-0.187	-0.255	-0.376
lnFR&D × lnTA	0.351	0.350	-0.381	-0.439	0.206	0.023
lnFTA × lnTA	0.375	0.375	-0.099	-0.019	-0.114	-0.135
lnDTA × lnTA	0.367	0.366	-0.111	0.018	-0.263	-0.293
lnUR&D × lnTA	0.365	0.365	-0.140	-0.046	-0.159	-0.180

　　表5－13显示，前三个主成分对知识溢出变量的历年总体方差累计贡献率都在90%以上，说明利用这些主成分替代知识本地溢出效应的原代理变量可保证数据信息的完整性。本书通过测算发现，若使用上述三个主成分考察知识本地溢出效应对区域高技术产业技术创新效率的影响，只有在单独考虑第一主成分或同时考虑第一、第三主成分时，技术效率模型的相关系数才全部通过显著性检验。考虑到第一主成分的方差贡献率稳定在76%左右，因此，本书同时选取第一、第三主成分对原有知识溢出变量进行综合表征。表5－14显示，第一主成分相对凸显了技术吸收能力及其与各渠道知识溢出的交互作用，第三主成分则凸显了外资研发的知识溢出。

（三）创新环境变量主成分分析

　　由表5－11可知，国内外消费需求、本地同业竞争、技术交易市场、政府支持以及生产性服务业发展等反映创新环境的代理变量都对中国省域高技术产业技术创新效率都具有显著影响。因此，本书对七个相关变量进行主成分分析，具体结果如表5－15和表5－16所示。

表5－15　　　　　　　创新环境变量前五个主成分的方差贡献率

方差贡献率	1998 年	2000 年	2002 年	2004 年	2006 年	2008 年
PC1	0.391	0.416	0.487	0.495	0.507	0.476
PC2	0.244	0.248	0.177	0.182	0.183	0.196
PC3	0.171	0.142	0.120	0.147	0.143	0.133
PC4	0.073	0.070	0.102	0.085	0.066	0.087
PC5	0.056	0.050	0.051	0.047	0.055	0.054
合计	0.934	0.926	0.936	0.956	0.953	0.945

表 5 – 16 创新环境变量前五个主成分的特征向量

变量	PC1		PC2		PC3		PC4		PC5	
	1998 年	2008 年	1998 年	2008 年	1998 年	2008 年	1998 年	2008 年	1998 年	2008 年
lnTT	0.505	0.432	− 0.011	0.408	0.012	− 0.140	0.000	− 0.003	0.131	− 0.192
lnDD	0.442	0.484	0.352	− 0.128	0.094	− 0.095	0.155	− 0.088	− 0.511	− 0.421
EXP	− 0.165	0.436	0.654	− 0.033	0.141	0.362	0.344	0.523	0.534	0.781
COM	0.347	0.479	0.236	− 0.105	0.612	0.140	0.178	0.133	0.181	− 0.084
FAN	0.369	− 0.146	− 0.040	0.429	− 0.575	0.831	− 0.047	0.413	0.541	− 0.307
GOV	− 0.051	− 0.249	0.564	0.563	0.516	− 0.273	0.804	0.660	0.333	0.274
lnINT	0.513	0.276	− 0.270	0.552	0.004	− 0.237	− 0.422	− 0.307	0.004	0.033

表 5 – 15 显示，前五个主成分对创新环境变量的历年总体方差累计贡献率都在 90% 以上，说明利用这些主成分替代创新环境优化效应的原代理变量可较大程度低保持数据信息的完整性。本书通过测算发现，若使用上述五个主成分考察创新环境优化效应对区域高技术产业技术创新效率的影响，只有在单独考虑第一主成分或同时考虑第一、第四主成分时，技术效率模型的相关系数才全部通过显著性检验。考虑到这两个主成分的方差贡献率都较低，因此，本书同时选取第一、第四主成分对原有创新环境变量进行综合表征。表 5 – 16 显示，第一主成分相对凸显了国内消费需求、技术交易市场和本地同业竞争的作用，第四主成分则凸显了国外消费需求和政府支持的作用。

二、基于集聚主成分因素的产业技术创新效率测算

为测算广义资本积累效应、知识本地溢出效应和创新环境优化效应分别对中国高技术产业技术创新效率空间分异的贡献度，本书通过主成分分析得到每种集聚效应的综合表征变量，然后将这些变量同时纳入 Battese 和 Coelli（1995）的技术效率模型，以全面考察 2001 ~ 2011 年产业集聚对区域高技术产业技术创新效率及其差异的影响。

（一）随机前沿模型估计结果

基于以上分析结论，本书最终选取广义资本变量的第一主成分，知识溢出变量的第一、第三主成分以及创新环境变量的第一、第四主成分对三种集聚效应的 23 个原有代理变量进行"压缩"，并将这些主成分依次记为 PC^{GC}、PC^{KS_1}、PC^{KS_3}、PC^{IE_1} 和 PC^{IE_4}。在此基础上，纳入产业集聚效应的中国高技术产业技术创新效率测度模型可具体设定为如下形式：

前沿生产函数：$\ln y_{it} = \beta_0 + \beta_1 \ln RDP_{i(t-1)} + \beta_2 \ln RD_{i(t-1)} + v_{it} - u_{it}$ （5.10）

无效率效应函数：$m_{it} = \delta_0 + \delta_1 PC^{GC}_{i,t-4} + \delta_2 PC^{KS_1}_{i,t-4} + \delta_3 PC^{KS_3}_{i,t-4} +$

$$\delta_4 PC^{IE_1}_{i,t-4} + \delta_5 PC^{IE_4}_{i,t-4} + w_{it} \qquad (5.11)$$

基于面板 Granger 因果检验结论，各主成分也滞后四期，进而采用极大似然法对式（5.10）、式（5.11）进行参数估计，具体结果如表 5-17 所示。

表 5-17　　　　考虑产业集聚因素的中国高技术产业技术

创新效率测度模型估计结果

	变量	系数估计值	标准差	t 检验值
前沿生产函数	β_0	1.239 ***	0.6989	17.7229
	lnRDP	0.287 ***	0.0571	7.4822
	lnRD	0.233 ***	0.0531	8.6725
无效率效应函数	δ_0	1.179 ***	0.0776	15.1953
	PC^{GC}	-0.097 ***	0.0301	-3.2770
	PC^{KS_1}	-0.087 ***	0.0237	-3.6901
	PC^{KS_3}	-0.186 ***	0.4043	-4.9230
	PC^{IE_1}	-0.178 ***	0.0018	-5.9868
	PC^{IE_4}	-0.148 ***	0.0286	-5.1691
	σ^2	0.123 ***	0.0108	11.3516

续表

变量		系数估计值	标准差	t 检验值
无效率效应函数	λ	0.864 ***	0.0573	15.0907
LR		226.097 ***		
样本容量		307		

注 a：*、**、*** 分别表示具有 10%、5%、1% 的显著性水平。LR 为似然比检验统计量，符合混合卡方分布（mixed chi-squared distribution）。

资料来源：Kodde D. A.，Palm F. C.. Wald Criteria for Jointly Testing Equality and Inequality Restrictions [J]. Econometrics，1986，54（5）：1243 – 1248.

表 5 – 17 显示，首先，LR、σ^2 和 λ 都通过了 1% 的显著性检验，λ 的估计值大于 0.8，说明采用随机前沿模型较合理。其次，研发人员、资本的创新产出弹性都具有显著性且两者之和小于 1，表明中国高技术产业技术创新活动仍处于规模报酬递减的低效率状态。此外，研发人员的创新产出弹性略大于研发资本的创新产出弹性，表明人力资本投入对中国高技术产业产品创新产出增长的促进作用更显著，这与单独考察每种产业集聚效应得到的结论一致。从经济含义看，$\beta_1 = 0.287$ 意味着，研发人员全时当量每增加 1%，区域高技术产业产品创新产出平均增长 0.287%；类似地，$\beta_2 = 0.233$ 意味着，研发资本存量每增加 1%，区域高技术产业产品创新产出平均增长 0.233%。最后，五个主成分的系数都为负且通过显著性检验，表明产业集聚通过广义资本积累、知识本地溢出和创新环境优化三条路径对区域高技术产业技术创新效率提升产生综合影响。其中，相对于 PC^{GC}、PC^{KS_1} 而言，PC^{KS_3}、PC^{IE_1} 和 PC^{IE_4} 的系数绝对值较大，表明由后三个主成分凸显的外资研发溢出、国内外市场环境和本地政府支持对区域高技术产业技术创新效率的提升作用更显著。

（二）技术创新效率测度结果

在表 5 – 17 的基础上，本书进一步得到 2001 ~ 2011 年考虑产业集聚因素后中国 28 个省域高技术产业产品创新效率，具体结果如表 5 – 18、图 5 – 1 所示。

表 5 - 18

中国省域高技术产业产品创新效率（基于技术效率模型）

地区		2001 年	2002 年	2003 年	2004 年	2005 年	2006 年	2007 年	2008 年	2009 年	2010 年	2011 年	年均增长率(%)
东部地区	北京	0.8088	0.7973	0.7057	0.7472	0.6066	0.5797	0.8631	0.8281	0.8985	0.8670	0.8700	0.73
	天津	0.8550	0.8958	0.8416	0.9478	0.8834	0.8672	0.8339	0.7643	0.7728	0.7834	0.6375	-2.89
	河北	0.2820	0.2856	0.2282	0.2094	0.2212	0.2332	0.2271	0.2267	0.1963	0.1998	0.1745	-4.69
	辽宁	0.4030	0.4392	0.4436	0.4476	0.3953	0.3708	0.3787	0.3629	0.2832	0.3636	0.3878	-0.38
	上海	0.9024	0.9415	0.8645	0.9026	0.9152	0.9218	0.8785	0.9012	0.8524	0.7844	0.7015	-2.49
	江苏	0.7304	0.7611	0.7088	0.7572	0.6602	0.6665	0.7501	0.8581	0.8851	0.8600	0.8634	1.69
	浙江	0.4697	0.4864	0.6152	0.5858	0.5157	0.5555	0.4994	0.5548	0.5765	0.5485	0.5987	2.46
	福建	0.6822	0.7045	0.8547	0.7962	0.7706	0.7664	0.7159	0.6974	0.6294	0.7338	0.6901	0.12
	山东	0.5560	0.6189	0.5341	0.6252	0.5593	0.5739	0.5644	0.5678	0.5829	0.6050	0.6203	1.10
	广东	0.7996	0.7896	0.8130	0.9246	0.8912	0.8784	0.7839	0.8759	0.9177	0.9528	0.9443	1.68
	广西	0.1864	0.1870	0.1562	0.1703	0.1659	0.1571	0.1549	0.1443	0.1321	0.1463	0.1643	-1.25
	海南	0.1661	0.1055	—	0.1088	0.0346	0.0330	0.0426	0.0821	0.1229	0.0615	0.0989	-5.05
中部地区	山西	0.2035	0.1848	0.1825	0.1391	0.2076	0.2125	0.2592	0.1969	0.2862	0.1792	0.1280	-4.53
	内蒙古	0.0323	0.0462	0.0468	0.1315	0.1381	0.1269	0.0690	0.0461	0.0766	0.1133	0.1053	12.54
	吉林	0.1756	0.1533	0.1996	0.2212	0.2144	0.2574	0.2449	0.2473	0.2706	0.1762	0.2203	2.29
	黑龙江	0.3226	0.3307	0.3304	0.1254	0.3041	0.1522	0.1744	0.1625	0.1148	0.1181	0.1157	-9.75
	安徽	0.1681	0.3095	0.2946	0.2038	0.2390	0.2491	0.2692	0.2252	0.2677	0.2260	0.3338	7.10

续表

地区		2001年	2002年	2003年	2004年	2005年	2006年	2007年	2008年	2009年	2010年	2011年	年均增长率(%)
中部地区	江西	0.1888	0.1985	0.2348	0.2389	0.2327	0.2246	0.2127	0.2138	0.2181	0.2489	0.2126	1.19
	河南	0.2797	0.3065	0.2992	0.3034	0.2572	0.2690	0.2647	0.2526	0.2687	0.2373	0.2171	-2.50
	湖北	0.2102	0.1897	0.1539	0.2350	0.1711	0.2727	0.2963	0.2970	0.3312	0.3775	0.3400	4.93
	湖南	0.2144	0.1995	0.1857	0.3292	0.2234	0.2245	0.2080	0.2599	0.2967	0.2938	0.3255	4.26
西部地区	重庆	0.2885	0.2920	0.2588	0.2805	0.3183	0.3222	0.2991	0.3273	0.3241	0.3721	0.4538	4.63
	四川	0.5680	0.3729	0.4711	0.4157	0.4473	0.4643	0.4745	0.4371	0.4807	0.2813	0.4518	-2.26
	贵州	0.2024	0.1817	0.2036	0.1536	0.2314	0.2268	0.1976	0.1934	0.1734	0.2149	0.1638	-2.09
	云南	0.2897	0.2270	0.1537	0.1628	0.1672	0.1840	0.2258	0.1958	0.1869	0.1831	0.1763	-4.85
	陕西	0.2635	0.2618	0.2397	0.2746	0.3096	0.3002	0.2758	0.2689	0.2190	0.2507	0.2309	-1.31
	甘肃	0.1320	0.1273	0.1110	0.1062	0.1407	0.1189	0.1476	0.1417	0.0893	0.1323	0.1118	-1.65
	宁夏	0.1014	0.1016	0.0995	0.0752	0.1329	0.1651	0.1502	0.1693	0.1048	0.1577	0.1243	2.06
全国平均水平		0.375	0.375	0.379	0.379	0.370	0.371	0.374	0.375	0.377	0.374	0.374	-0.03

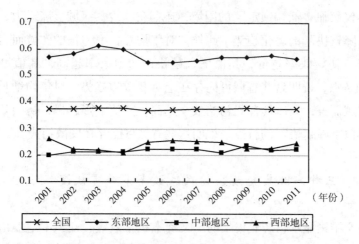

图 5-1 全国及三大经济区高技术产业产品创新效率均值变化趋势

表 5-18 显示，首先，除天津、福建、海南、内蒙古、云南和宁夏之外，其余省域的产品创新效率都高于表 4-9 中未考虑产业集聚因素的效率，但各省域效率排序大体一致，仍表现出"东高西低"的特点。图 5-1 显示，东部地区的历年效率均值明显高于全国同期平均水平，更为中、西部地区同期水平的两倍以上。此外，在表 4-9 中，宁夏、内蒙古的产品创新效率显著高于或相当于大多数东部省域的效率，这种情况与西部地区高技术产业发展及其技术创新能力相对落后的现状不太符合。但在表 5-17 中，以上两省域的产品创新效率较低，与其高技术产业专业化水平相吻合①，从而表明在测度中国高技术产业技术创新效率时，采用包含无效率效应函数的随机前沿模型更合理。

其次，2001～2011 年，12 个省域的产品创新效率年均增长率为正但普遍低于 2.5%，主要集中在长三角、珠三角及其腹地地区；其余省域的产品创新效率年均增长率为负且绝对值大都高于 2.5%，以环渤海地区和西部地区为主。这在一定程度上说明，中国高技术产业产品创新

---

① 根据《中国高技术产业统计年鉴》的相关数据计算得出，2001～2011 年，内蒙古、宁夏的高技术产业专业化指数均值分别为 0.2535、0.1922。

效率不仅面临"低端锁定"的困境，还存在"少数区域上涨乏力，多数区域下降较快"的恶化趋势。此外，对年均增长率为正的省域而言，大体具有"初始效率越低，其值增长越快；初始效率越高，其值增长越慢"的特点，说明这些省域可能存在绝对 β 收敛趋势。对年均增长率为负的省域而言，大体具有"初始效率越高，其值下降越慢；初始效率越低，其值下降越快"的特点，说明这些省域可能存在发散趋势。

三、三种产业集聚效应的区域效率差异贡献度

前文结论显示，产业集聚的广义资本积累效应、知识本地溢出效应和创新环境优化效应对区域高技术产业技术创新效率同时产生了提升作用。那么，这三种集聚效应各自对区域高技术产业技术创新效率差异形成的贡献度如何？对此，本书通过方差分解进行考察。

（一）区域产业技术创新效率的方差分解思路

样本方差综合反映了各样本数据对样本均值的偏离程度。通常，样本数据差异性越大，样本方差也相应越大。于是，本书基于表 5 – 16 的估计结果，对历年各省域高技术产业产品创新效率方差进行测度和分解，以此考察三种集聚效应的区域差异贡献度。具体而言，由式（5.11）得到：

$$\bar{m}_{it} = \delta_0 + \delta_1\,\bar{P}\,\bar{C}_{i,t-4}^{GC} + \delta_2\,\bar{P}\,\bar{C}_{i,t-4}^{KS_1} + \delta_3\,\bar{P}\,\bar{C}_{i,t-4}^{KS_3} + \tag{5.2}$$
$$\delta_4\,\bar{P}\,\bar{C}_{i,t-4}^{IE_1} + \delta_5\,\bar{P}\,\bar{C}_{i,t-4}^{IE_4} + \bar{w}_{it}$$

$$\sum_{i=1}^{N}(m_{it} - \bar{m}_{it})^2 =$$
$$\sum_{i=1}^{N}\begin{bmatrix}\delta_1(PC_{i,t-4}^{GC} - \bar{P}\bar{C}_{i,t-4}^{GC}) + \delta_2(PC_{i,t-4}^{KS_1} - \bar{P}\bar{C}_{i,t-4}^{KS_1}) + \\ \delta_3(PC_{i,t-4}^{KS_3} - \bar{P}\bar{C}_{i,t-4}^{KS_3}) + \delta_4(PC_{i,t-4}^{IE_1} - \bar{P}\bar{C}_{i,t-4}^{IE_1}) + \\ \delta_5(PC_{i,t-4}^{IE_4} - \bar{P}\bar{C}_{i,t-4}^{IE_4}) + (w_{it} - \bar{w}_{it})\end{bmatrix}^2 \tag{5.13}$$

其中，N 为样本省域数，由于本书从全国和东、中、西部地区四个层面进行考察，因此，N 分别取 28、12、9 和 7。式（5.13）可进一步处理为：

$$\sum_{i=1}^{N}(m_{it}-\bar{m}_{it})^{2}$$

$$=\delta_{1}^{2}\sum_{i=1}^{N}(PC_{i,t-4}^{GC}-\bar{P}\bar{C}_{i,t-4}^{GC})^{2}+\delta_{2}^{2}\sum_{i=1}^{N}(PC_{i,t-4}^{KS_{1}}-\bar{P}\bar{C}_{i,t-4}^{KS_{1}})^{2}+$$

$$\delta_{3}^{2}\sum_{i=1}^{N}(PC_{i,t-4}^{KS_{3}}-\bar{P}\bar{C}_{i,t-4}^{KS_{3}})^{2}+\delta_{4}^{2}\sum_{i=1}^{N}(PC_{i,t-4}^{IE_{1}}-\bar{P}\bar{C}_{i,t-4}^{IE_{1}})^{2}+$$

$$\delta_{5}^{2}\sum_{i=1}^{N}(PC_{i,t-4}^{IE_{4}}-\bar{P}\bar{C}_{i,t-4}^{IE_{4}})^{2}+交叉相乘项 \tag{5.14}$$

式（5.14）又可表示为：

$$var(m_{it})=\delta_{1}^{2}var(PC_{i,t-4}^{GC})+\delta_{2}^{2}var(PC_{i,t-4}^{KS_{1}})+\delta_{3}^{2}var(PC_{i,t-4}^{KS_{3}})+$$

$$\delta_{4}^{2}var(PC_{i,t-4}^{IE_{1}})+\delta_{5}^{2}var(PC_{i,t-4}^{IE_{4}})+交叉相乘项 \tag{5.15}$$

在技术效率模型中，Battese 和 Coelli（1995）假设 u_{it} 服从均值为 m_{it}、方差为 σ_{u}^{2}、在 0 处截尾的正态分布。为得到式（5.15）中的 $var(m_{it})$，本书用 u_{it} 近似代替 m_{it}，于是，由 $TE_{it}=exp(-u_{it})$ 得到 $m_{it}=ln(1/TE_{it})$。在此基础上，本书将 $\delta_{1}^{2}var(PC_{i,t-4}^{GC})/var(m_{it})$ 定义为广义资本积累效应对区域高技术产业产品创新效率差异的贡献度，将 $[\delta_{2}^{2}var(PC_{i,t-4}^{KS_{1}})+\delta_{3}^{2}var(PC_{i,t-4}^{KS_{3}})]/var(m_{it})$ 定义为知识本地溢出效应的区域差异贡献度，将 $[\delta_{4}^{2}var(PC_{i,t-4}^{IE_{1}})+\delta_{5}^{2}var(PC_{i,t-4}^{IE_{4}})]/var(m_{it})$ 定义为创新环境优化效应的区域差异贡献度。

（二）三种集聚效应的方差贡献度测算

按照以上思路，本书从全国和东、中、西部地区四个层面测算了 2001～2011 年三种集聚效应对区域高技术产业产品创新效率差异的贡献度，具体结果如表 5－19 所示。

表 5－19　　　　产业集聚效应的区域效率差异贡献度　　　单位：%

年份	广义资本积累效应	知识本地溢出效应	创新环境优化效应	各集聚效应的交互影响
2001	7.8	9.5	17.6	65.2
2002	7.9	9.7	19.4	63.1

年份	广义资本积累效应	知识本地溢出效应	创新环境优化效应	各集聚效应的交互影响
2003	7.2	9.2	18.7	65.0
2004	8.3	9.6	22.0	60.1
2005	8.6	10.1	23.6	57.7
2006	8.4	9.9	22.1	59.6
2007	8.3	9.8	22.7	59.2
2008	8.3	9.9	21.7	60.1
2009	8.5	9.8	22.8	58.9
2010	8.8	10.3	22.1	58.8
2011	8.9	10.3	23.1	57.7
东部地区	2.2	67.7	56.1	-25.9
中部地区	6.5	7.3	11.4	74.8
西部地区	1.1	52.2	0.7	45.9

表 5-19 显示，就全国而言，三种集聚效应及其交互影响对各省域高技术产业产品创新效率差异的影响强度较稳定，其中，广义资本积累效应的方差贡献度小幅上升但始终不足 9%，知识本地溢出效应的方差贡献度略高但也普遍低于 10%，创新环境优化效应的方差贡献度较大且维持在 20% 左右，各集聚效应的交互影响对引发区域效率差异的作用最强，其方差贡献度稳定在 60% 左右。

然而，东、中、西部地区的情况有所不同。首先，基于 12 个东部省域面板数据的模型估计结果显示，PC^{KS_1}、PC^{KS_3} 和 PC^{IE_1} 的系数绝对值明显大于 PC^{GC}、PC^{IE_4} 的系数绝对值，表明前三个主成分对各东部省域的产品创新效率影响较大，同时，河北、辽宁、广西和海南在知识溢出渠道、技术吸收能力以及创新环境建设方面都明显落后于其余东部省域，致使两组省域的 PC^{KS_1}、PC^{KS_3} 和 PC^{IE_1} 也差异较大，从而综合导致知识本地溢出效应和创新环境优化效应对东部地区内部省域效率差异的贡献度最大。其次，基于 7 个西部省域面板数据的模型估计结果显示，PC^{KS_1} 和 PC^{KS_3} 的系数绝对值明显大于 PC^{GC}、PC^{IE_1} 和 PC^{IE_4} 的系数绝对值，表明知识溢出变量主成分对各西部省域的产品创新效率影响较大，同时，这些省域在 PC^{GC}、PC^{IE_1} 和 PC^{IE_4} 方面的差异相对较小，从而导致知识本地溢出效应和各集聚效应的交互影响对西部地区内部省域效率差异的贡献度最大。最后，由于各中部省域的高技术产业发展水平大体相当，在五个主成分方面的差异相对较小，因此，各集聚效应的交互影响对其内部省域效率差异的贡献度最大且明显高于全国平均水平，三种集聚效应各自的贡献度则较小。

以上结论反映出，中国高技术产业向东部地区，特别是三大经济增长极集聚，在一定程度上有利于促使区域创新环境优化，具体体现为居民消费潜力增强、技术市场发育良好、本地同业市场竞争激烈等，这些有利条件都将对地区高技术企业有效开展创新活动发挥一定的激励作用。同时，高技术产业集聚又将带动东部沿海发达地区金融、物流、通信等生产性服务业发展，加之国内重点大学、科研院所、外资研发机构等也集中分布于此，进一步强化了地区创新资源和基础设施的综合优势，从而有利于形成较强的知识溢出效应，并对地区高技术企业技术创新活动顺利开展提供必要的配套保障。由此看出，优化区域创新环境是低创新效率地区实现追赶的一种有效途径，区域创新环境优化既有利于促进创新知识溢出，也有利于加速创新创业型人才积累，从而对区域高技术产业技术创新效率产生提升效应。

第四节　本章小结

本章主要分为三个部分：首先，设计了实证分析路径，指出应从两个相互递进的层面考察产业集聚对中国高技术产业技术创新效率空间分异的影响，即先分别检验广义资本积累效应、知识本地溢出效应和创新环境优化效应对区域高技术产业技术创新效率提升的影响机理，然后，利用主成分分析法抽离出每种产业集聚效应的主成分变量，以此测算它们对区域高技术产业技术创新效率差异生成的贡献大小。此外，基于面板 Granger 因果检验结果，本章主要实证分析产业集聚对中国高技术产业产品创新效率的影响，具体从全国和东、中、西部地区四个区域层面展开。

其次，借助 Pearson 相关性分析证实了产业集聚度与各集聚效应变量之间存在显著正相关性，在此基础上，利用 Battese 和 Coelli（1995）的技术效率模型考察每种集聚效应对区域高技术产业技术创新效率的影响，结论显示：第一，就全国而言，各广义资本投入都有利于创新效率提升，特别是物质资本与企业家资本的相互促进对创新效率提升具有 "1＋1＞2" 的影响效果，但物质资本对劳动型人力资本具有一定替代性，两者相互匹配才能显著提升创新效率；第二，劳动型人力资本投入不利于东部地区创新效率提升，说明该地区可能存在"教育过度"现象，企业家资本、物质资本及其交互作用都显著提升了中、西部地区创新效率；第三，就全国而言，外资研发、国外技术引进、大学研发和消化吸收能力等知识溢出因素都有利于提升创新效率且作用强度依次递减，以国内技术购买为渠道的知识溢出却不利于提升创新效率，消化吸收能力薄弱使其对各渠道知识溢出的促进效应未充分显现，致使这些交互作用未显著提升创新效率；第四，以外资研发为渠道的知识溢出有利于东、中、西部地区创新效率提升，消化吸收能力促进了东、西部地区以国外技术引进为渠道的知识溢出，也促进了中部地区以外资研发、国内技术购买为渠道的知识溢出，这些交互作用有利于提升创新效率，但消化吸收能力与大学研发的交互作用对三大经济带的创新效率都未形成有利影响；第五，技术市场化程度高低在一定程度上引发了三大经济带的创新效率差异，国内外市场的新产品消费潜力显著促进了各区域层面的创新效率提升，本地同业竞争有利于中、西部地区创新效率提升，东部地区的多样化集聚使 Jacobs 外部性对创新效率的影响更显著，社会效益导向和监管机制不健全等导致政府支持尚未显著提升创新效率，生产性服务业发展有利于促进西部地区创新效率提升，但对东、中部地区的促进作用有限。

最后，利用主成分分析法对每种集聚效应的代理变量进行降维处理，最终抽离出五个产业集聚主成分因素并将它们纳入技术效率模型的无效率效应函数中，从而对 2001～2011 年中国各省域高技术产业技术创新效率进行再测度，在此基础上，进一步考察每种集聚效应对区域高技术产业技术创新效率差异的影响，结论显示：第一，在考虑产业集聚因素之后，各省域创新效率普遍提高，但在全国范围内依然存在"东高西低"的态势，东部地区的效率均值基本为中、西部地区的两倍；第二，2001～2011 年，一些省域的创新效率提高但增速较慢，另一些省域的创新效率降低且减速较快，其中，对前一类省域而言，大体具有"初始效率越低，其值增长越快；初始效率越高，其值增长越慢"的特点，说明这些省域可能存在创新效率的绝对 β 收敛趋势，对后一类省域而言，大体具有"初始效率越高，其值下降越慢；初始效率越低，其值下降越快"的特点，说明这些省域可能存在创新效率的发散趋势；第三，就全国而言，创新环境优化效应以及各集聚效应的交互影响是导致各省域产品创新效率差异的主要原因，其差异贡献度在 2001～2011 年分别稳定在 20% 左右和 60% 左右，就三大经济带内部而言，知识本地溢出效应和创新环境优化效应对东部各省域创新效率差异的贡献度最大，其差异贡献度在 2011 年分别为 67.7% 和 56.1%，各集聚效应的交互影响对中部各省域创新效率差异的贡献度最大，其差异贡献度在 2011 年为 74.8%，知识本地溢出效应和各集聚效应的交互影响对西部各省域创新效率差异的贡献度最大，其差异贡献度在 2011 年分别为 52.2% 和 45.9%。

第六章　中国高技术产业技术创新效率空间收敛性分析

本书在第三章中构建了高技术产业集聚创新分析框架，以试图阐明产业集聚对区域高技术产业技术创新效率差异生成的影响机理，在第五章中则基于全国和东、中、西部地区四个层面的区域样本数据对上述理论框架进行经验检验，以实证产业集聚通过广义资本积累、知识本地溢出和创新环境优化三种途径对区域高技术产业技术创新效率提升及分异发挥作用。接下来，一个尚未解决的问题是，产业集聚视角下中国高技术产业技术创新效率空间分异的动态演化趋势如何，是否呈现收敛性？这种收敛性在不同区域层面上是否表现一致？对这些问题的考察是本书实证分析的另一任务。

第一节　基于传统方法的收敛性判别

目前，针对区域经济差异及其收敛性问题的分析主要包括 σ 收敛、β 收敛和俱乐部收敛三种。其中，σ 收敛通常涉及对数标准差、Gini 系数和 Theil 指数等分析工具，β 收敛根据收敛条件的不同假设具体分为绝对 β 收敛和条件 β 收敛，俱乐部收敛则指"只有初始条件相似、结构特征相同的经济才会趋同增长（Quah，1996[①]）"。在考虑产业集聚效应的情况下，本书借助 Battese 和 Coelli（1995）的技术效率模型测度了 2001～2011 年中国 28 个省域高技术产业产品创新效率并发现，一些省域之间可能存在创新效率的绝对 β 收敛，另一些省域之间则可能存在创新效率的发散趋势。于是，本书采用三种传统增长收敛性判别方法对以上结论进行实证检验。

一、σ 收敛

σ 收敛是最直观的经济增长收敛性判别方法，若存在 σ 收敛，则意味着各样本之间的经济发展差距会随时间推移而逐渐缩小[②]。由于 Gini 系数和 Theil 指数都涉及各样本数据占全国总量的比重，就本书而言，由各省域创新效率加总得到的"全国效率总量"没有合理的经济含义，无法据此计算各省域的效率比重，因此，本书不适合采用 Gini 系数和 Theil 指数进行收敛性判别。因此，本书主要采用偏差平方和对数标准差对中国不同区域层面的高技术产业技术创新效率 σ 收敛情况进行考察。

借鉴 Theil 指数的构造思路，本书尝试对偏差平方和进行分解以期得到能够反映组间、组内差距的部分。假设全体样本可分为 k 组，n_j、$\bar{x}_j$（$j=1$，…，k）分别为第 j 组的样本容量和均值，n、$\bar{x}$ 分别为总样本容量和均值，则总样本的偏差平方和可分解如下：

$$\sum_{i=1}^{n} (x_i - \bar{x})^2$$
$$= \sum_{j=1}^{k} \sum_{i=1}^{n_j} (x_i - \bar{x})^2$$
$$= \sum_{j=1}^{k} \sum_{i=1}^{n_j} \left[(x_i^j - \bar{x}^j)^2 + (\bar{x}^j - \bar{x})^2 + 2(x_i^j - \bar{x}^j)(\bar{x}^j - \bar{x}) \right]$$

① Quah D.. Galton's Fallacy and Tests of the Convergence Hypothesis［J］. The Scandinavian Journal of Economics，1993，95（4）：427–443.

② 吴利学. 中国地区增长收敛研究——基于内生制度变迁增长模型的理论解释与实证分析［M］. 北京：经济管理出版社，2010：10.

$$= \underbrace{\sum_{j=1}^{k} \sum_{i=1}^{n_j} (x_i^j - \overline{x}^j)^2}_{(1)} + \underbrace{\sum_{j=1}^{k} n_j (\overline{x}^j - \overline{x})^2}_{(2)}$$

$$+ \underbrace{2 \sum_{j=1}^{n_j} \sum_{i=1}^{n_j} (x_i^j - \overline{x}^j)(\overline{x}^j - \overline{x})}_{(3)} \qquad (6.1)$$

式（6.1）中，由于（3）= 0，故总样本的偏差平方和 =（1）+（2），（1）为各子样本的偏差平方和加总得到的组内差距，（2）为反映各子样本均值与总样本均值差异性的组间差距。本书主要涉及全国和东、中、西部地区四个区域层面，故 k = 3，即全国 28 个省域高技术产业技术创新效率差异可视为由三大经济带的组内差距及其组间差距共同构成。基于上述思路，本书测算了 2001～2011 年全国和三大经济带高技术产业产品创新效率的对数标准差以及三大经济带高技术产业产品创新效率的组内、组间差距，具体结果如图 6 - 1 和图 6 - 2 所示。

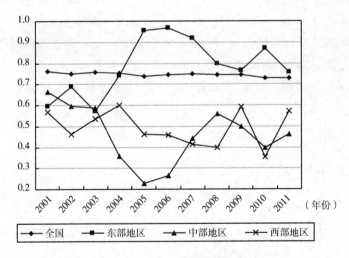

图 6 - 1　全国及三大经济带高技术产业产品
创新效率的对数标准差

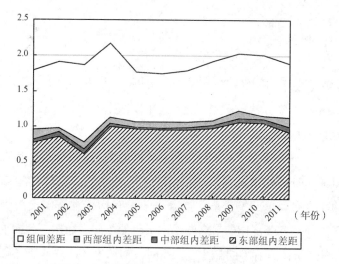

**图6-2　全国及三大经济带高技术产业产品
创新效率的组内、组间差距**

图6-1显示，就全国而言，各省域创新效率的对数标准差无明显变化且稳定维持在0.75左右，在一定程度上暗示在全国范围内可能不存在显著的创新效率收敛趋势。就三大经济带而言，东部各省域创新效率的对数标准差大体上先升后降，表明东部地区的组内差距相应呈现"先扩大后缩小"的变化趋势，这与图6-2反映的情况吻合；中部各省域创新效率的对数标准差则大体上先降后升，表明中部地区的组内差距相应呈现"先缩小后扩大"的变化趋势，这与图6-2反映的情况也吻合；西部各省域创新效率的对数标准差始终在0.4~0.6之间起伏波动，中部各省域创新效率的对数标准差则长期低于0.5，在一定程度上意味着中、西部地区的组内差距对全国总体差距的贡献较小，正如图6-2所示，三大经济带的组间差距和东部地区的组内差距是全国总体差距的主要构成，两者对全国总体差距的贡献度分别为40%左右和50%左右。

二、β 收敛

β 收敛是用于判别经济增长趋同性的常见方法，根据各经济体是否具有相同稳态，该方法又具体分为绝对 β 收敛（Barro & Sala-i-Martin，1992[①]）和条件 β 收敛（Barro & Sala-i-Martin，2004[②]）。假设各经济体具有相同的稳态，于是，初始发展水平较低的经济体与稳态的差距较大，从而具有较高的增长率，初始发展水平较高的经济体与稳态的差距较小，从而具有较低的增长率。换言之，只有初始发展水平与增长率负相关，才能保证各经济体的最终发展水平收敛于同一稳态，此即绝对 β 收敛。假设各经济体具有不同的稳态，此时，初始发展水平高低不能反映各经济体与自身稳态的差距，但在控制了一系列稳态特征之后，各经济体的增长率与其初始发展水平之间依然存在负相关性，换言之，初始发展水平较低的经济体以较高的增长率到达自身问题，此即条件 β 收敛。

一方面，β 收敛是 σ 收敛的必要非充分条件，若发达经济体的增长快于落后经济体，必然导致两者差距扩大以至于不存在 σ 收敛。但经济差距往往受多种因素影响，落后经济体的较高增长率并不一定导致 σ 收敛（Sala-i-Martin，1996[③]）。另一方面，绝对 β 收敛与俱乐部收敛之间还存在一定关联。具体而言，若某些经济体的增长存在绝对 β 收敛，但全部经济体却没有相同的收敛特征，则这些经济体就构成一个俱乐部收敛（Hobijn & Franses，2002[④]）。

① Barro R. J. , Sala-i-Martin X. . Convergence ［J］. Journal of Political Economy，1992，100 (2)：223 – 251.

② Sala-i-Martin X. . Cross-sectional Regressions and the Empirics of Economic Growth ［J］. European Economic Review，1994，38（3 – 4）：739 – 747.

③ Sala-i-Martin X. . Regional Cohesion：Evidence and Theories of Regional Growth and Convergence ［J］. European Economic Review，1996，40（6）：1325 – 1352.

④ Hobijn B. , Franses P. H. . Asymptotically Perfect and Relative Convergence of Productivity ［J］. Journal of Applied Econometrics，2002，15（1）：59 – 81.

（一）绝对 β 收敛

为检验中国高技术产业产品创新效率在全国和东中西部地区是否存在绝对 β 收敛，本书以各省域 2001 年的创新效率自然对数值作为自变量，将各省域在 2001～2011 年的创新效率年均增长率作为因变量，分别以全国和东、中、西部地区的样本数据进行一元线性回归，具体回归方程形式为：

$$\tau_{iT} = \beta_0 + \beta_1 \ln TE_{i0} + \varepsilon_{iT} \qquad (6.2)$$

其中，τ_{iT} 为省域 i 在 2001～2011 年的创新效率年均增长率，TE_{i0} 为省域 i 的 2001 年创新效率，ε_{iT} 为随机扰动项，β_0 为常数项，β_1 为收敛系数。在此基础上，原始数据和回归结果分别如表 6－1 和表 6－2 所示。

表 6－1　　　　中国 28 个省域高技术产业产品创新效率
初始水平及年均增长率

省域	初始效率	年均增长率（%）	省域	初始效率	年均增长率（%）
北京	0.8088	0.73	上海	0.9024	-2.49
广东	0.7996	1.68	天津	0.8550	-2.89
江苏	0.7304	1.69	四川	0.5680	-2.26
福建	0.6822	0.12	辽宁	0.4030	-0.38
山东	0.5560	1.10	黑龙江	0.3226	-9.75
浙江	0.4697	2.46	云南	0.2897	-4.85
重庆	0.2885	4.63	河北	0.2820	-4.69
湖南	0.2144	4.26	河南	0.2797	-2.50
湖北	0.2102	4.93	陕西	0.2635	-1.31
江西	0.1888	1.19	山西	0.2035	-4.53
吉林	0.1756	2.29	贵州	0.2024	-2.09
安徽	0.1681	7.10	广西	0.1864	-1.25
宁夏	0.1014	2.06	海南	0.1661	-5.05
内蒙古	0.0323	12.54	甘肃	0.1320	-1.65

表6-2   **全国及三大经济带高技术产业产品创新**

效率的绝对 β 收敛判别

地区	常数项	收敛系数	F 统计量	R^2
全国	-0.0259*	-0.0214**	4.15**	0.1376
东部地区	0.0073	0.0212*	3.31*	0.2487
中部地区	-0.1172**	-0.0770***	10.47***	0.5993
西部地区	-0.0291	-0.0145	0.37	0.0687

注: *、**、*** 分别表示具有10%、5%、1%的显著性水平。

表6-1显示,2001~2011年,14个省域的高技术产业产品创新效率存在不同程度的提高且集中于东、中部地区,除江西、吉林和宁夏的年均增长率较低之外,其余省域的初始效率与年均增长率之间呈现较明显的负相关性,在一定程度上意味着东、中部地区都可能存在绝对 β 收敛的情况;14个省域的高技术产业产品创新效率存在不同程度的降低,除陕西、广西和甘肃的年均增长率绝对值较小之外,其余省域的初始效率与年均增长率之间呈现一定的正相关性,从而意味着这些省域的创新效率可能存在发散趋势。

表6-2显示,全国和中部地区的收敛系数都显著为负,表明这两个区域层面都存在省域创新效率的绝对 β 收敛趋势,其中,中部地区的收敛速度为7.7%,明显高于2.14%的全国平均水平;西部地区的收敛系数为负但不具有显著性,表明西部省域创新效率的收敛趋势尚不明显;东部地区的收敛系数显著为正,表明其内部各省域创新效率存在明显的发散趋势。实际上,从表6-1看出,北京、广东、江苏、福建、山东、浙江6个省域的创新效率在2001~2011年呈现缓慢增长,年均增速普遍低于2%,上海、天津、辽宁、河北、广西、海南6个省域的创新效率在同期却呈现较快下降,年均降速大都高于2%,特别是初始效率较低的河北、海南,其创新效率下降得更快,这种内部分化必然促使东部地区的省域创新效率呈现发散趋势。

（二）条件 β 收敛

表 6 - 2 显示，东部地区的省域创新效率大致以 2%/年的速度发散，西部地区的省域创新效率也未表现出明显的绝对 β 收敛趋势。那么，在式（6.2）中加入一些控制变量是否会得出"东、西部地区存在条件 β 收敛"的结论呢？表 5 - 17 显示，广义资本积累、知识本地溢出和创新环境优化三种产业集聚效应的主成分对中国高技术产业技术创新效率提升具有显著的促进作用，于是，本书在进行条件 β 收敛判别时，考虑引入 PC^{GC}、PC^{KS_1}、PC^{KS_3}、PC^{IE_1} 和 PC^{IE_4} 五个主成分变量。为尽量保证样本充足，本书参照林毅夫和刘明兴（2003）的做法[①]，将回归方程形式设定为：

$$\tau_{it} = \beta_0 + \beta_1 \ln TE_{i,t-1} + \theta_1 PC^{GC}_{i,t-4} + \theta_2 PC^{KS_1}_{i,t-4} + \theta_3 PC^{KS_3}_{i,t-4} +$$
$$\theta_4 PC^{IE_1}_{i,t-4} + \theta_5 PC^{IE_4}_{i,t-4} + \varepsilon_{it} \tag{6.3}$$

其中，τ_{it} 为省域 i 的 t 年创新效率相对于 t - 1 年的同比增长率，$TE_{i,t-1}$ 为省域 i 的 t - 1 年创新效率，β_0 为常数项，β_1 为收敛系数，θ_i（i = 1，2，3，4，5）为各主成分变量的系数，ε_{it} 为随机扰动项，考虑到每种集聚效应对区域高技术产业技术创新效率影响的时滞性，PC^{GC}、PC^{KS_1}、PC^{KS_3}、PC^{IE_1} 和 PC^{IE_4} 依然滞后四期。需要指出，其一，为使式（6.3）的回归结果更合理、有效，本书剔除了系数估计值不具有显著性的主成分变量；其二，由于海南缺少 2003 年的创新效率，导致无法计算出 2003 ~ 2004 年海南创新效率的同比增长率，因此，全国和东部地区的样本个数分别减至 27 和 11。在此基础上，对式（6.3）进行多元线性回归，具体结果如表 6 - 3 所示。

---

① 林毅夫，刘明兴. 中国的经济增长收敛与收入分配 [J]. 世界经济，2003（8）：3 - 14.

表6-3　全国及三大经济带高技术产业产品创新效率的条件 β 收敛判别

变量	全国	东部地区	中部地区	西部地区
lnTE	-0.7728 *** (-11.334)	-0.5827 *** (-6.048)	-0.7663 *** (-6.236)	-0.7689 *** (-6.865)
PC^{GC}		0.0676 *** (2.571)		
PC^{KS_1}				0.1301 *** (5.416)
PC^{KS_3}		0.1527 ** (1.955)		0.1126 *** (2.828)
PC^{IE_1}	0.0730 *** (2.684)		0.1329 * (1.816)	0.0658 ** (1.9850)
常数项	-0.8967 *** (-10.885)	-0.5414 *** (-5.431)	-1.0650 *** (-5.641)	-0.8774 *** (-6.367)
F 统计量	3.3008 ***	4.1062 ***	1.8380 *	2.9042 **
R^2	0.3843	0.3212	0.3640	0.4214
D-W 统计量	2.0751	2.0351	2.0834	2.0337
样本容量	270	110	90	70

注：*、**、*** 分别表示具有10%、5%、1%的显著性水平。

表6-3 显示，加入控制变量后，全国和东、中、西部地区的省域创新效率同比增长率与期初效率值具有显著的负相关关系，即在四个区域层面上都存在省域高技术产业技术创新效率的条件 β 收敛趋势，但创新效率收敛动因不完全相同。就全国和中部地区而言，反映国内消费潜力、技术市场发育和本地同业竞争状况的主成分变量 PC^{IE_1} 是促使各省域创新效率收敛的显著因素；就东部地区而言，反映物质资本与人力资本交互作用的主成分变量 PC^{GC} 以及反映外资研发知识溢出的主成分变量 PC^{KS_3} 是促使各省域创新效率收敛的显著因素；就西部地区而言，除 PC^{IE_1} 和 PC^{KS_3} 之外，反映技术吸收能力及其与各渠道知识溢出的交互作用的主成分变量 PC^{KS_1} 也是使各省域创新效率收敛的显著因素。

三、俱乐部收敛

本书对中国高技术产业技术创新效率的 σ 收敛、β 收敛判别侧重于从不同区域层面进行，但这种空间维度的考察无法细致反映出不同时点上各省域创新效率的分布特点及其差异的动态演化。正如表 5 – 18 显示，除长三角、珠三角和环渤海三大经济增长极的历年创新效率绝对领先之外，其余省域的创新效率大体相当，那么，若以效率水平高低为考察维度，中国 28 个省域高技术产业技术创新效率的历年分布状况如何，是否存在"双峰型"的俱乐部收敛，即一些省域的创新效率向某一低水平集中，另一些省域的创新效率向某一高水平集中？对此，本书主要采用非参数的核密度估计法进行考察。

在对样本数据进行统计分析时，往往要推断总体分布。如果采用参数估计法，就必须先假定总体分布的具体形式，如正态分布 N（μ，σ^2），进而估计相关参数，如 μ、σ，以得到总体分布的概率密度函数。然而，这种处理方法存在一定的风险，若真实的总体分布与假定的不同，甚至相差较大，那么，由参数估计法得到的结论就缺乏有效性和可信度。对此，学者们逐渐利用非参数估计法，即不事先假定总体分布的具体形式，对总体分布进行统计推断，尤以核密度估计法（kernel density estimation）较为普遍。假设连续型随机变量 x 在 x_0 处的概率密度为 f（x_0），由核密度估计法得到的估计值为：

$$\hat{f}(x_0) = \frac{1}{nh} \sum_{i=1}^{n} K\left(\frac{x_i - x_0}{h}\right) \tag{6.4}$$

其中，{x_1，…，x_n}为 x 的一组独立样本，K（ · ）为核函数；h 为带宽，通常，h 越大，估计的概率密度函数 $\hat{f}(x)$ 越光滑。只要明确核函数 K（ · ）形式和带宽 h，就可得到 $\hat{f}(x_0)$。借助核密度估计法，本书考察了 2001 ~ 2011 年中国高技术产业技术创新效率分布演化情况，以此判别在全国范围内各省域创新效率是否存在"双峰型"的俱乐部收敛特征，具体结果如图 6 – 3 所示。

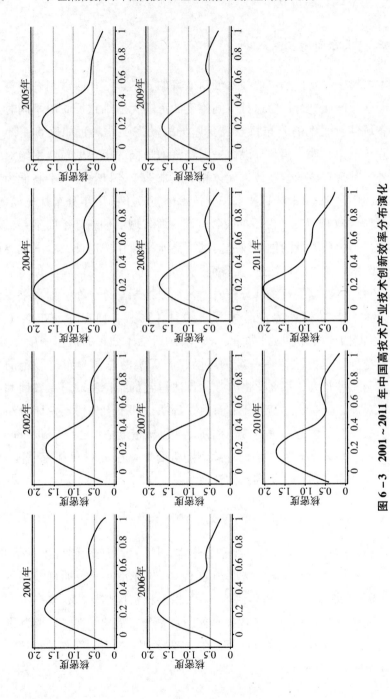

图 6 - 3 2001 ~ 2011 年中国高技术产业技术创新效率分布演化

　　2001～2011 年，各省域创新效率基本呈现双峰分布，右峰主要由北京、天津、上海、江苏、福建和广东的创新效率远高于其他省域造成，致使两峰高度相差较大，即低创新效率的出现频次明显大于高创新效率，因此，这种双峰分布在一定程度上也可视为以左峰为主的单峰分布。具体而言，左峰位置较稳定，大致以 0.25 为众数，大多数省域的创新效率都集中在 0.1～0.4 之间，直观反映出中国高技术产业技术创新效率"低端锁定"的发展困境；相对地，右峰位置不太稳定，2001～2004 年、2007～2010 年都大致以 0.8 为众数且右峰较明显，2005～2006 年则大致以 0.7 为众数但右峰不明显，2011 年，创新效率介于 0.5～0.7 之间的省域增多故导致右峰几乎消失，从而表明低效率省域组和高效率省域组之间的效率均值差距呈现"先缩小、后增大、再缩小"的变化态势。综上所述，中国高技术产业技术创新效率大体上存在"双峰型"的俱乐部收敛，低效率俱乐部包括中、西部省域以及河北、辽宁、广西和海南等少数欠发达东部省域，高效率俱乐部则主要包括京津鲁、沪苏浙、粤闽三大增长极的核心省域，两大俱乐部的效率差距基本维持在 0.6 左右。

第二节　基于空间相关性的收敛性判别

　　实际上，基于传统方法的收敛性分析隐含了各省域高技术产业技术创新效率相互独立的假设前提，但前文分析结论显示，高效率省域主要集中于东部沿海发达地区且地理位置邻近，低效率省域则普遍分布在中、西部地区，这意味着各省域创新效率不仅具有空间异质性，还表现出一定的空间依赖性。现实中，不同区域的产业创新活动总能通过要素流动、产业关联、知识扩散等途径发生联系，这些联系的强弱又根据区域之间地理距离的远近而存在差异，致使区域产业创新绩效在空间分布上具有某种相关性。正如地理学第一定律所言，"任何事物之间都存在相关性，只是离得近的事物之间总比离得远的事物之间联系得更紧密"（Tobler，1979）[①]。因此，本书有必要借助空间统计方法对中国高技术产业技术创新效率的空间分布特征进行再考察，以明确"东高西低"的省域创新效率分布模式是随机产生还是暗含了某种空间效应。换言之，各省域创新效率与其周边省域创新效率之间是否存在统计相关性？若存在，是高效率省域集体扎堆，还是高、低效率省域彼此邻近？对此，本书将从全域和局域两个层面加以考察，从而为中国高技术产业技术创新效率收敛性判别提供来自空间统计学的经验证据。

一、全域空间相关性

全域空间相关性分析（Global Spatial Autocorrelation Analysis）通常用于考察观测数据在整个区域范围内的空间分布特征，即判别邻近样本区位的观测数据主要呈现相似（空间正相关）、相异（空间负相关）还是相互独立的关系。现实中，学者们普遍使用的分析指标为全域 Moran's I 指数（Cliff & Ord，1970[②]），具体计算公式为：

$$\text{Moran's I} = \frac{\sum_{i=1}^{n} \sum_{j=1}^{n} w_{ij}(x_i - \bar{x})(x_j - \bar{x})}{s^2 \sum_{i=1}^{n} \sum_{j=1}^{n} w_{ij}} \qquad (6.5)$$

其中，n 为样本区位数，x_i 为样本区位 i 的观测数据，$s^2 = \sum_{i=1}^{n}(x_i - \bar{x})^2/n$，$\bar{x} = \sum_{i=1}^{n} x_i/n$；$w_{ij}$ 为空间权重以反映样本区位 i、j 之间的邻近程度，本书具体采用"车"相邻（rook contiguty）原则对 w_{ij} 进行赋值，若省域 i、j 有共同边界，则 $w_{ij} = 1$，否则，$w_{ij} = 0$。

---

① Tobler W. R. . Lattice Tuning［J］. Geographical Analysi，1979，11（1）：36 – 44.
② Cliff A. D. , Ord K. . Spatial Autocorrelation：A Review of Exiting and New Mearsures with Applications［J］. Economic Georaphy，1970，46（3）：262 – 292.

实际上，全域 Moran's I 指数为 x_i 与其空间滞后项 $w\_x_i = \sum_j w_{ij} x_{ij} /$ $\sum_j w_{ij}$ 之间的相关系数，故其取值介于 $-1 \sim 1$ 之间，正值表明属性相似的观测数据聚集在一起，即高值相互邻近、低值相互邻近；负值表明属性相异的观测数据聚集在一起，即高、低值相互邻近；零值或接近零值表明观测数据随机分布，不具有空间相关性。若假设观测数据渐进服从正态分布，可进一步考察全域 Moran's I 指数的显著性，相应的 Z 检验统计量为：

$$Z_n = \frac{Moran's\ I_n - E(Moran's\ I_n)}{\sqrt{Var(Moran's\ I_n)}} \tag{6.6}$$

$$E(Moran's\ I_n) = -\frac{1}{n-1} \tag{6.7}$$

$$Var(Moran's\ I_n) = \frac{n^2 w_1 + n w_2 + 3 w_0^2}{w_0^2(n^2-1)} - [E(Moran's\ I_n)]^2 \tag{6.8}$$

在式（6.8）中，$w_0 = \sum_{i,j} w_{ij}, w_1 = [\sum_{i,j}(w_{ij}+w_{ji})^2]/2, w_2 = \sum_i (w_{i\cdot} + w_{\cdot i})^2, w_{i\cdot}, w_{\cdot i}$ 分别为空间权重矩阵第 i 行、第 i 列的元素之和。

基于此，本书测算出 2001～2011 年中国高技术产业技术创新效率的全域 Moran's I 指数及其散点图，具体结果如表 6-4、图 6-4 所示。

表 6-4　　中国高技术产业技术创新效率全域 Moran's I 指数

指数	2001年	2002年	2004年	2005年	2006年	2007年	2008年	2009年	2010年	2011年
Moran's I	0.35	0.40	0.37	0.30	0.32	0.37	0.39	0.38	0.38	0.35
Z 值	3.08	3.56	3.28	2.70	2.86	3.23	3.42	3.36	3.35	3.12

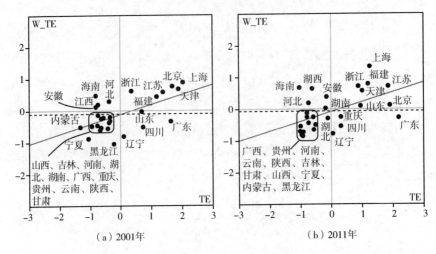

（a）2001年   （b）2011年

图6－4　中国28个省域高技术产业技术创新效率的Moran's I散点图

表6－4显示，全域Moran's I指数始终为正，由于历年Z值都大于2.58，故全域Moran's I指数还具有1%的较强显著性，从而表明各省域创新效率分布存在一定的空间正相关性，换言之，与高效率省域邻近的省域通常也具有较高的创新效率，与低效率省域邻近的省域则大多具有较低的创新效率，并且符合这种空间关系的省域占绝大多数。此外，全域Moran's I指数的大小仅围绕0.36小幅波动，意味着各省域创新效率的空间相关性仍较弱，产业集聚区的创新优势尚未充分发挥，从而对周边地区创新活动的辐射带动作用相对乏力。

图6－4显示，2001年，落在第一、第三象限的省域明显多于落在第二、第四象限的省域，其中，第一象限全部为具有较高创新效率的东部沿海发达省域，第三象限则主要为具有较低创新效率的中、西部省域，2011年的情况基本类似，从而在一定程度上印证了前文关于"中国高技术产业技术创新效率存在'双峰型'俱乐部收敛"的结论。

二、局域空间相关性

全域空间相关性分析偏重从整体上把握各样本区位之间的关联模式，而无法细致考察局部范围内邻近样本区位的相互影响，对此，Anselin（1995）提出了局域空间相关性分析（Local Spatial Autocorrelation Analysis），同时构建了空间关联局域指标（Local Indicators of Spatial Association，LISA）①，具体计算公式为：

$$\text{Moran's } I_i = \frac{(x_i - \bar{x})}{s^2} \sum_{j=1}^{n} w_{ij}(x_j - \bar{x}) \tag{6.9}$$

其中，各变量含义与前文一致。类似地，局域 Moran's I 指数的取值也介于 -1~1 之间，正值表明样本区位 i 与其邻近区位存在"高—高"或"低—低"的观测数据集群属性，负值表明样本区位 i 与其邻近区位存在"高—低"或"低—高"的观测数据集群属性。此外，局域 Moran's I 指数的显著性同样可借助 Z 检验进行考察，相关统计量为：

$$Z_{n,i} = \frac{\text{Moran's } I_{n,i} - E(\text{Moran's } I_{n,i})}{\sqrt{\text{Var}(\text{Moran's } I_{n,i})}} \tag{6.10}$$

其中，各变量的计算方法与前文类似。基于此，本文进一步对中国高技术产业技术创新效率分布进行局域空间相关性分析，具体结果如表 6-5 所示。

表6-5　　　中国高技术产业创新效率的 LISA 分析结果

年份	省域	统计显著性	局域空间自相关类型
2001	内蒙古	**	低—低
	黑龙江	*	低—低

① Anselin L . Local Indicators of Spatial Association—LISA［J］. Geographical Analysis，1995，27（2）：93-115.

续表

年份	省域	统计显著性	局域空间自相关类型
2001	宁夏	*	低—低
	陕西	*	低—低
	海南	**	低—高
2005	内蒙古	*	低—低
	陕西	*	低—低
	浙江	*	高—高
	海南	**	低—高
2008	内蒙古	*	低—低
	宁夏	*	低—低
	陕西	*	低—低
	山西	*	低—低
	江苏	*	高—高
	上海	*	高—高
	浙江	*	高—高
	海南	**	低—高
2011	内蒙古	**	低—低
	宁夏	**	低—低
	陕西	*	低—低
	山西	*	低—低
	江苏	*	高—高
	浙江	*	高—高
	海南	**	低—高

注：＊＊代表局域 Moran's I 指数通过了显著性水平为 1% 的统计检验，＊代表局域 Moran's I 指数通过了显著性水平为 5% 的统计检验。

2001～2011 年，在局域 Moran's I 指数具有显著性的省域中，除海南为"低—高"型效率集群分布之外，其余都为同高或同低的效率集群分布，其中，山西、内蒙古、陕西和宁夏为"低—低"型，江苏、浙江为"高—高"型。不难看出，上述四个中、西部省域的邻近省域几乎都分布在中、西部地区，对江苏、浙江而言，除安徽、江西为低创新效率的中部省域之外，与其邻近的上海、山东、福建都为高创新效率的东部沿海发达省域。以上情况表明，中国高技术产业技术创新效率存在较显著的全域空间正相关性，主要与山西、内蒙古、陕西、宁夏、江苏和浙江存在显著的局域空间正相关性有关，这些省域的地理位置再次印证了中国高技术产业技术创新效率呈现"东高西低"的两大俱乐部收敛。

第三节　本章小结

本章主要分为两个部分：首先，基于传统的经济增长收敛性判别考察了 2001～2011 年中国高技术产业技术创新效率空间分异的动态演化，结论显示：第一，东、中、西部地区的组间差距以及东部地区的组内差距对全国总体差距的贡献最大，两者占全国总体差距的比重共计 90% 左右；第二，仅全国和中部地区存在省域高技术产业技术创新效率的绝对 β 收敛，两者的收敛速度分别为 2.14% 和 7.7%，在加入一定控制变量后，全国和东、中、西部地区都存在省域高技术产业技术创新效率的条件 β 收敛，其中，国内技术、产品市场环境优化有利于全国和中部地区的各省域创新效率收敛，创新资本匹配、外资研发知识溢出有利于东部地区的各省域创新效率收敛，就西部地区而言，除上述因素之外，技术消化吸收能力提升也有利于各省域创新效率收敛；第三，中国高技术产业技术创新效率存在两大俱乐部收敛，低效率俱乐部包括中、西部省域以及河北、辽宁、广西和海南等少数欠发达东部省域，高效率俱乐部则包括京津鲁、沪苏浙、粤闽等三大增长极的核心省域。

其次，基于空间统计方法考察了同期中国高技术产业技术创新效率分布的空间相关性，结论显示，各省域创新效率具有全域空间正相关特点，即表现出高效率省域相互邻近、低效率省域相互邻近的空间分布模式，这种全域正相关性主要由山西、内蒙古、陕西、宁夏、江苏和浙江的局域正相关性导致，从而在一定程度上印证了前文有关"中国高技术产业技术创新效率呈现'东高西低'两大俱乐部收敛"的结论。

第七章 结论、启示及展望

第一节 主要结论

至此,本书已从理论研究和经验检验两个层面较系统地探讨了产业集聚对中国高技术产业技术创新效率空间分异的影响机理及效应,取得了一些结论并总结如下:

(1)将高技术产业集聚动因归纳为具有创新创业精神的企业家、缄默知识溢出本地化、产业垂直关联效应、区域创新资源优势、外商直接投资以及政府推动等方面,由此提炼出广义资本积累、知识本地溢出和创新环境优化三个途径,以此解释产业集聚对高技术产业技术创新效率空间分异的影响机理。

(2)借助区域集中度、空间 Gini 系数和产业地理集聚度等指标考察了 1997～2011 年中国高技术产业集聚演进态势并发现,5 个细分高技术行业都不同程度地存在产业集聚化趋势;利用 Battese 和 Coelli(1992)的误差因素随机前沿模型测度了 1998～2011 年中国 28 个省域高技术产业的产品创新、研发创新都普遍存在无效率状态,其中,产品创新效率"东高西低"而研发创新效率"西高东低",表明东部地区技术交易市场发育良好,从而有利于加速创新成果市场化;在此基础上,对两者的面板 Granger 因果检验显示,产业集聚度变动只显著引起了区域高技术产业产品创新效率变动,但这种影响存在时间滞后效应。

(3)利用 Battese 和 Coelli(1995)的技术效率模型分别考察了广义

资本积累、知识本地溢出、创新环境优化三种集聚效应对区域高技术产业技术创新效率提升的影响并发现，第一，物质资本与企业家资本的相互促进对创新效率提升具有"1+1＞2"的影响效果，但物质资本与劳动型人力资本只有相互匹配才能显著提升创新效率；第二，外资研发、国外技术引进、大学研发和消化吸收能力等知识溢出因素都有利于提升创新效率，但以国内技术购买为渠道的知识溢出却具有反向作用，消化吸收能力薄弱使其对各渠道知识溢出的促进效应未充分显现；第三，技术市场化和国内外市场的新产品消费潜力都有利于创新效率提升，但政府支持的促进作用不显著，本地同业竞争和生产性服务业发展都有利于中、西部地区创新效率提升。

（4）利用主成分分析法抽离出5个集聚效应主成分变量并借助 Battese 和 Coelli（1995）的技术效率模型重新测度了2001～2011年中国28个省域高技术产业产品创新效率，以综合考察每种集聚效应对区域高技术产业技术创新效率差异的贡献并发现，第一，在考虑产业集聚因素后，各省域创新效率普遍提高，但存在"东高西低"的分布特点；第二，就全国而言，创新环境优化效应以及各集聚效应的交互影响是导致各省域创新效率差异的主要原因，知识本地溢出效应和创新环境优化效应对东部各省域创新效率差异的贡献最大，各集聚效应的交互影响对中部各省域创新效率差异的贡献最大，知识本地溢出效应和各集聚效应的交互影响对西部各省域创新效率差异的贡献最大。

（5）借助传统收敛性判别方法和空间统计方法对2001～2011年中国高技术产业技术创新效率的空间收敛性进行了考察并发现，第一，东、中、西部地区的组间差距以及东部地区的组内差距对全国总体差距的贡献最大；第二，仅全国和中部地区存在省域创新效率的绝对 β 收敛，但全国和东、中、西部地区都存在省域创新效率的条件 β 收敛；第三，各省域创新效率具有全域空间正相关特点，即表现出高效率省域相互邻近、低效率省域相互邻近的空间分布模式，从而印证了中国高技术产业技术创新效率存在"东高西低"两大俱乐部收敛。

第二节　政策启示

近几年，各级地方政府都争相鼓励发展高新技术产业，以加快实现经济增长方式向创新驱动型转变。在此背景下，区域高技术产业技术创新效率的过度差距就会加剧业已扩大的区域经济发展不平衡，从而与新时期中国构建社会主义和谐社会的发展思路相悖。在一定程度上，本书的实证研究结论为解决上述问题提供了有益的政策启示。

一、注重培育企业家能力，优化地区人力资本结构

本书研究发现，企业家资本有利于提升区域高技术产业技术创新效率，因此，各地区政府应注重培育企业家能力。具体而言，其一，完善企业家激励约束机制。一方面，综合运用年薪制、股票期权制、绩效付酬制等分配方式，同时肯定优秀企业家的社会地位和贡献，做到物质激励和精神激励并行；另一方面，加强对企业家能力的常态化考核和监督，提高企业经营者的任职门槛，充分发挥企业董事会、监事会以及会计、审计等中介机构对企业家经营行为绩效的监督约束作用。其二，加快企业家市场化进程。一方面，尝试以选聘制逐渐替代国有企业经营者的行政委任制，优化民营企业发展环境以促进民营企业家成长；另一方面，消除企业家晋升流动的文化、制度障碍，建立公开、真实的企业家工作履历信息平台，完善企业家资质评估体系，健全企业家职位竞争机制。其三，加强企业和大学、科研院所的创新人才联合培养模式。其中，科研机构负责培养企业家必备的专业理论素质，企业则提供实践机会以帮助受训人员获取先进管理经验。

此外，还应优化地区人力资本结构，促使创新人才跨地区流动。一方面，东部地区聚集了全国大量的专业技术人员和教育培训资源，但也

由此加剧优秀人才之间的过度竞争，在一定程度上抑制了创新潜力的自由发挥，对此，东部地区应逐步强化开放、和谐、活跃的创新氛围，支持具有探索和冒险精神的人才成长；另一方面，中、西部地区对高技术产业发展人才，特别是专业技能型人才的培养和吸引能力都较弱，始终存在"孔雀东南飞"的现象，对此，中、西部地区应全面加强优秀人才的社会保障体系建设，切实提升人才吸引力，从而为增进地区人力资本储备奠定坚实基础。

二、完善财政、金融体系，发挥物质资本匹配效应

本书研究发现，物质资本、国内市场对新产品的消费潜力以及金融业发展都有利于提升区域高技术产业技术创新效率，因此，各地区政府应进一步完善财政、金融体系。具体而言，其一，加强各类财政优惠政策的支持力度，通过财政贴息、地方反税、所得税减免等方式鼓励企业加大创新资金投入，有效落实企业研发投入的税前扣除以及对购买先进科学研究仪器和设备给予必要的减免税等激励措施，在此基础上，促使企业有效增加技术创新活动的物资资本存量，从而提升创新效率。其二，除直接的财政资助之外，各地方政府可通过政府采购扩大本地市场对新产品的需求潜力，在具体操作中，要建立专门负责政府采购的业务部门和监察机构，健全政府采购的财政专款机制，在此基础上，充分发挥政府采购对其他社会需求的示范和带动效应，有利于拓展新产品的利益空间，有效降低市场开发风险。其三，除适时加大各级政府的科技财政支持力度之外，还可建立以财政投入为先导，企业为主体、银行贷款为支撑、社会集资和引进外资为补充、优惠政策做扶持的"多位一体"科技投入体系，既缓解了政府预算压力，又激发了财政政策的乘数效应。

此外，还应进一步完善金融服务体系，优化区域产业创新环境。具体而言，推动中关村代办股份转让系统试点扩容，稳妥发展风险投资和私募股权基金并合理引导这类资金流向成长期的高新技术企业，针对

中、小型高新技术企业融资难问题适时探索金融制度创新，如建立以民间投资为主、股权债权结合的科技银行以及由政府、银行和电子商务运营商共同组建的网络银行等，加强银行、证券公司和保险公司的业务合作以建立金融服务支持企业技术创新的长效机制，培育和规范中介服务机构，建立知识产权交易所，创新适合高新技术企业的金融产品，健全中、小型企业信用担保体系。

三、深化产学研合作机制，构建"官产学研中金"战略联盟

本书研究发现，大学研发及其与企业技术消化吸收能力的交互作用并未显著促进区域高技术产业技术创新效率提升，从而反映出国内产学研合作仍收效胜微。然而，大学、科研院所的高新技术成果占全国总量比重较大，同时拥有大批高素质科技人才，在促进高技术产业技术创新方面理应发挥重要作用。为深化产学研合作机制，充分发挥其创新优势，各地方政府可推动建立"官产学研中金"战略联盟，即以企业为创新主体、高校和科研院所为技术依托、科技中介机构为沟通桥梁、金融机构为资金服务者，通过合作机制以实现优势互补、合作共赢的多主体有机系统。具体而言，其一，发挥政府部门对战略联盟有效运行的保障作用，特别是在联盟成立初期，适度加强社会宣传以形成有关各方对联盟必要性和重要性的共识，同时提供稳定的引导性财政支持，从而为协同创新成功奠定基础。其二，建立健全利益共享与风险共担机制。一方面，坚持以知识产权为核心的利益分配原则，明确各联盟方在协同创新中的责任、权力、利益与义务，有效落实创新利益共享；另一方面，切实按照相关合同规定共同承担由创新失败导致的利益损失，而非由企业全部承担。其三，建立彼此互信机制，竭力避免"搭便车""棘轮效应"以及"囚徒困境"等不利于联盟长期稳定的现象出现，因此，有必要加强各种信息平台建设，积极开展正式、非正式的技术交流会，完善信誉信任评价机制，以共同促进各联盟方的相互了解。

四、促进技术交易市场化，加强知识产权保护力度

本书研究发现，技术市场化水平相对较高有力促进了东部地区高技术产业技术创新效率提升，但中、西部地区由于技术市场发育程度较低未能产生类似的创新效应，因此，各地方政府应大力推进技术交易市场化进程。具体而言，其一，逐步确立企业的技术市场主体地位，加强企业与大学、科研院所等其他技术市场主体之间的合作交流，推动应用型科研机构、设计单位向企业转制。其二，借鉴国外先进理念和经验，促进国内科技中介服务体系的体制创新和功能完善，适度鼓励股份制、私营及中外合资等非国有技贸机构发展，建立符合市场规律的新型产业创新服务组织。其三，建立健全科技中介服务业的准入制，适度提高相关人员的从业门槛，着力培育具备技术、法律、管理等多方面知识背景的复合型技术经纪人才。其四，加强技术市场与其他创新要素市场的良性互动，实现技术转化过程中各种资源的有效整合与优化配置，缩短技术商品产业化周期。

此外，在推动技术市场化进程中，还应加大知识产权保护力度。为保障高技术产业集聚健康、有序发展，各级政府部门应严厉打击侵权行为，建立健全技术许可制度，重视地区行业协会在知识产权保护方面的重要作用，加强企业知识产权保护意识，创新知识产权保护渠道，优化企业技术创新的法律制度环境，建立健全有利于知识产权保护的从业资格制度和社会信用制度，最大限度地激励高技术产业集聚区内部各企业技术创新。

第三节　研究展望

尽管本书试图较全面、系统地研究产业集聚对中国高技术产业技术

创新效率空间分异的影响机理及效应，但依然存在有待完善之处，具体如下：

（1）受到数据可得性限制，本书主要从中国高技术产业整体出发进行分析，一方面，不同高技术行业的区位布局和技术水平各异，以某一个（类）高技术行业为研究对象，可能会在产业集聚对区域产业技术创新效率提升效应和分异贡献等方面得出稍有不同的结论；另一方面，在中国高技术产业的外资经济比重始终较高的背景下，以内资，特别是国有高技术产业为研究对象，可能更有利于揭示中国高技术产业自主创新绩效的现状和问题。因此，在数据可得条件下，分行业和分所有制类型是本书进一步的研究方向。

（2）由于资料搜集困难且不易指标化，本书在产业集聚的创新环境优化效应中未考虑制度环境因素。实际上，在中国由计划经济向市场经济转型过程中，制度对高技术产业发展具有重要作用，正如吴敬琏（2002）指出，"要发展中国的高新技术产业，必须以有利于技术创新的体制存在为前提"①。因此，在可操作条件下，加入制度环境因素也是本书进一步的研究方向。

---

① 吴敬琏. 发展中国高新技术产业：制度重于技术 [M]. 北京：中国发展出版社，2002.

参 考 文 献

中文参考文献：

[1] [英] 阿尔弗雷德·马歇尔. 经济学原理（上）[M]. 朱志泰译. 北京：商务印书馆，2010.

[2] [德] 阿尔弗雷德·韦伯. 工业区位论 [M]. 李刚剑等译. 北京：商务印书馆，2010.

[3] [美] 埃德加·M. 胡佛. 区域经济学导论 [M]. 王翼龙译. 北京：商务印书馆，1990.

[4] 白重恩，杜颖娟，陶志刚等. 地方保护主义及产业地区集中度的决定因素和变动趋势 [J]. 经济研究，2004（4）：29 - 40.

[5] 白俊红. 企业规模，市场结构与创新效率——来自高技术产业的经验证据 [J]. 中国经济问题，2011（5）：65 - 78.

[6] 白俊红，江可申，李婧. 中国区域创新效率的收敛性分析 [J]. 财贸经济，2008（9）：119 - 123.

[7] 白俊红，江可申，李婧. 应用随机前沿模型评测中国区域研发创新效率 [J]. 管理世界，2009（10）：51 - 61.

[8] 白俊红，江可申，李婧等. 区域创新效率的环境影响因素分析——基于 DEA-Tobit 两步法的实证检验 [J]. 研究与发展管理，2009，21（2）：96 - 102.

[9] [美] 保罗·克鲁格曼. 地理和贸易 [M]. 张兆杰译. 北京：北京大学出版社，中国人民大学出版社，2000.

[10] 蔡秀玲. 试析政府在营造企业集群区域创新环境中的职能定

位 [J]. 当代经济研究, 2004 (6): 42 – 45.

[11] 蔡莉, 柳青. 科技型创业企业集群共享性资源与创新绩效关系的实证研究 [J]. 管理工程学报, 2008, 22 (2): 19 – 23, 40.

[12] 蔡宁, 吴结兵. 产业集群的网络式创新能力及其集体学习机制 [J]. 科研管理, 2005, 26 (4): 21 – 28.

[13] 陈柳钦. 高新技术产业集群中的社会资本效应分析 [J]. 当代经济管理, 2008, 30 (11): 77 – 85.

[14] 陈敏, 李建民. 金融中介对我国区域科技创新效率的影响研究——基于随机前沿的距离函数模型 [J]. 中国科技论坛, 2012 (11): 85 – 90.

[15] 陈平. 论高科技产业集群成长的驱动因素 [J]. 科学学与科学技术管理, 2006 (12): 80 – 86.

[16] 陈修德, 梁彤缨. 中国高技术产业研发效率及其影响因素 [J]. 科学学研究, 2010, 28 (8): 1198 – 1205.

[17] 成力为, 孙玮, 王九云. 引资动机、外资特征与我国高技术产业自主创新效率 [J]. 中国软科学, 2010 (7): 45 – 57, 164.

[18] 成力为, 孙玮, 王九云. 要素市场不完全视角下的高技术产业创新效率——基于三阶段 DEA – Windows 的内外资配置效率和规模效率比较 [J]. 科学学研究, 2011, 29 (6): 930 – 938, 960.

[19] 池仁勇. 企业技术创新效率及其影响因素研究 [J]. 数量经济技术经济研究, 2003 (6): 105 – 108.

[20] 池仁勇, 孙浩. 不同专利申请动机下企业 R&D 效率研究——以浙江高新技术企业为例 [J]. 技术经济, 2011, 30 (8): 7 – 10.

[21] 池仁勇, 唐根年. 基于投入与绩效评价的区域技术创新效率研究 [J]. 科研管理, 2004, 25 (4): 23 – 27.

[22] 戴魁早. 中国高技术产业 R&D 效率及其影响因素——基于面板单位根及面板协整的实证检验 [J]. 开发研究, 2011 (1): 56 – 60.

[23] 邓路, 高连水. 研发投入、行业内 R&D 溢出与自主创新效

率——基于中国高技术产业的面板数据（1999 – 2007）[J]. 财贸经济，2009（5）：9 – 14.

[24] 窦红宾，王正斌. 网络结构、吸收能力与企业创新绩效——基于西安通信装备制造产业集群的实证研究 [J]. 中国科技论坛，2010（5）：25 – 30.

[25] 盖文启. 论区域经济发展与区域创新环境 [J]. 学术研究，2002（1）：60 – 63.

[26] 盖翊中. 区位因素与高科技产业空间集聚的相关模型 [J]. 财贸经济，2005（6）：66 – 70.

[27] 范方志，周剑，谭燕芝. 对外直接投资、外部经济与高新技术产业集群 [J]. 财贸研究，2004（1）：13 – 18.

[28] 樊华. 中国省际科技创新效率演化及影响因素实证研究 [J]. 中国科技论坛，2010（12）：36 – 42.

[29] 范剑勇. 产业集聚与中国地区差距研究 [M]. 上海：格致出版社，上海三联书店，上海人民出版社，2008.

[30] 菲利普·阿吉翁，彼特·霍依特. 内生增长理论 [M]. 陶然等译. 北京：北京大学出版社，2004：88.

[31] 冯文娜，杨蕙馨. 政府在产业集群成长运行中的作用研究——基于博弈的分析 [J]. 山东社会科学，2007（11）：119 – 125.

[32] 高铁梅主编. 计量经济分析方法与建模——Eviews 应用及实例（第二版）[M]. 北京：清华大学出版社，2009.

[33] 高雪莲. 北京高科技产业集群衍生效应及其影响分析——基于中关村科技园区的案例研究 [J]. 地域研究与开发，2009，28（1）：47 – 52.

[34] 顾群，翟淑萍. 融资约束、代理成本与企业创新效率——来自上市高新技术企业的经验证据 [J]. 经济与管理研究，2012（5）：73 – 80.

[35] 顾新. 区域创新系统的失灵与完善措施 [J]. 四川大学学报

（社会科学版），2001（1）：137 – 141.

[36] 顾新. 区域创新系统论 [D]. 四川：四川大学，2002.

[37] 官建成，陈凯华. 我国高技术产业技术创新效率的测度 [J]. 数量经济技术经济研究，2009（10）：19 – 33.

[38] 郭政，雷如桥，陈继祥. 高科技企业集聚定位决策研究 [J]. 研究与发展管理，2008，20（2）：81 – 85.

[39] 韩晶. 中国高技术产业创新效率研究——基于 SFA 方法的实证分析 [J]. 科学学研究，2010，28（3）：467 – 472.

[40] 胡志坚，苏靖. 区域创新系统理论的提出和发展 [J]. 中国科技论坛，1999（6）：19 – 23.

[41] 黄鲁成. 关于区域创新系统研究内容的探讨 [J]. 科研管理，2000，21（2）：43 – 48.

[42] 蒋金荷. 我国高技术产业同构性与集聚的实证分析 [J]. 数量经济技术经济研究，2005（12）：91 – 97，149.

[43] 蒋天颖，孙伟. 网络位置、技术学习与集群企业创新绩效——基于对绍兴纺织产业集群的实证考察 [J]. 经济地理，2012，32（7）：87 – 92，106.

[44] [澳] 寇里（Coelli T. J.）等. 效率和生产率分析导论 [M]. 刘大成译. 北京：清华大学出版社，2009.

[45] 赖永剑. 集聚、空间动态外部性与企业创新绩效——基于中国制造业企业面板数据 [J]. 产业经济研究，2012（2）：9 – 17.

[46] 蓝庆新. 我国高科技产业创新效率的经验分析：2001 – 2008 年 [J]. 财经问题研究，2010（10）：26 – 32.

[47] 李建玲，孙铁山. 推进北京高新技术产业集聚与发展中的政府作用研究 [J]. 科研管理，2003，24（5）：92 – 97.

[48] 李婧，谭清美，白俊红. 中国区域创新效率及其影响因素 [J]. 中国人口·资源与环境，2009，19（6）：142 – 147.

[49] 李邃，江可申，郑兵云等. 高技术产业研发创新效率与全要素

生产率增长 [J]. 科学学与科学技术管理, 2010, 31 (11): 169-175.

[50] 李习保. 区域创新环境对创新活动效率影响的实证研究 [J]. 数量经济技术经济研究, 2007 (8): 13-24.

[51] 李向东, 李南, 白俊红, 谢忠秋. 高技术产业研发创新效率分析 [J]. 中国软科学, 2011 (2): 52-61.

[52] 李正卫, 池仁勇, 刘慧. 集群网络学习与企业创新绩效: 基于嵊州领带生产企业集群的实证分析 [J]. 经济地理, 2005, 25 (5): 612-615.

[53] 李志刚, 汤书昆, 梁晓艳等. 产业集群网络结构与企业创新绩效关系研究 [J]. 科学学研究, 2007, 25 (4): 777-782.

[54] 梁平, 梁彭勇, 黄馨. 中国高技术产业创新效率的动态变化——基于 Malmquist 指数法的分析, 2009 (3): 23-28, 78.

[55] 梁琦. 高技术产业集聚的新理论解释 [J]. 广东社会科学, 2004 (2): 46-51.

[56] 梁琦. 产业集聚论 [M]. 北京: 商务印书馆, 2004.

[57] 梁晓艳, 李志刚, 汤书昆等. 我国高技术产业的空间集聚现象研究——基于省际高技术产业产值的空间计量分析 [J]. 科学学研究, 2007, 25 (3): 453-460.

[58] 林毅夫, 刘明兴. 中国的经济增长收敛与收入分配 [J]. 世界经济, 2003 (8): 3-14.

[59] 刘思明, 赵彦云, 侯鹏. 区域创新体系与创新效率——中国省级层面的经验分析 [J]. 山西财经大学学报, 2011, 33 (12): 9-17.

[60] 刘义圣, 林其屏. 产业集群的生成与运行机制研究 [J]. 东南学术, 2004 (6): 130-137.

[61] 陆正华, 李瑞娜. 广东省大中型工业企业研发效率区域差异及其收敛性 [J]. 技术经济, 2012, 31 (6): 1-8, 65.

[62] Martin Schaaper. OECD 划分高技术产业, 测度 ICT 和生物技术产业的方法 [J]. 科技管理研究, 2005 (12): 60-62, 78.

[63] 迈克·E. 波特著. 簇群与新竞争经济学 [J]. 郑海燕译. 经济社会体制比较, 2000 (2): 21-31.

[64] 毛广雄. 高新技术产业集聚的城市化响应与反馈机制研究 [J]. 世界地理研究, 2006, 15 (1): 9-15.

[65] 毛军. 人力资本与高技术产业集聚——以京津、长三角、珠三角为例的分析 [J]. 北京社会科学, 2006 (5): 82-86.

[66] 倪卫红, 董敏, 胡汉辉. 对区域性高新技术产业集聚规律的理论分析 [J]. 中国软科学, 2003 (11): 140-144.

[67] 聂鸣, 蔡铂. 学习、集群化与区域创新体系 [J]. 研究与发展管理, 2002, 14 (5): 16-20.

[68] 潘雄锋, 刘凤朝. 中国区域工业企业技术创新效率变动及其收敛性研究 [J]. 管理评论, 2010, 22 (2): 59-64.

[69] 彭澎, 蔡莉. 基于协同学理论的高技术产业集群生成主要影响因素研究 [J]. 山东大学学报 (哲学社会科学版), 2007 (1): 72-78.

[70] 彭中文, 何新城. 外资 R&D 溢出与高技术产业集聚的实证分析 [J]. 中央财经大学学报, 2008 (10): 85-88.

[71] 施海燕. 中国高技术产业时空演变、集聚适宜度及要素优化配置 [J]. 科学学与科学技术管理, 2012, 33 (7): 96-102.

[72] 师萍, 韩先锋. 研发创新全要素生产率的空间趋同分析 [J]. 财经科学, 2011 (6): 44-51.

[73] 史修松, 赵曙东, 吴福象. 中国区域创新效率及其空间差异研究 [J]. 数量经济技术经济研究, 2009 (3): 45-55.

[74] 仇怡, 吴建军. 国际贸易、产业集聚与技术进步——基于中国高技术产业的实证研究 [J]. 科学学研究, 2010, 28 (9): 1347-1353.

[75] 曲婉, 康小明. 高技术产业创新效率区域差异研究 [J]. 中国科技论坛, 2012 (8): 70-74.

[76] 苏英, 穆荣平, 宋河发等. 高技术产业集群的竞争优势论

[J]. 科学学与科学技术管理, 2007 (2): 120 – 126.

[77] 孙玉涛, 刘凤朝, 徐茜. 中国高技术产业空间分布效应演变实证研究 [J]. 科研管理, 2011, 32 (11): 37 – 44.

[78] 唐中赋, 任学锋, 顾培亮. 我国高新技术产业集聚水平的评价——以电子及通信设备制造业为例 [J]. 西安电子科技大学学报 (社会科学版), 2005, 15 (3): 57 – 61.

[79] [日] 藤田昌久, [美] 保罗·克鲁格曼, [英] 安东尼·J. 维纳布尔斯. 空间经济学——城市、区域与国际贸易 [M]. 梁琦等译. 北京: 中国人民大学出版社, 2011.

[80] 王国顺, 张涵, 邓路. R&D 存量、所有制结构与技术创新效率 [J]. 湘潭大学学报 (哲学社会科学版), 2010, 34 (2): 71 – 75.

[81] 王国新. 集群要素禀赋、集群间关系与集群成长——基于54 个高新技术开发区的实证研究 [J]. 科研管理, 2010, 31 (5): 131 – 140.

[82] 王缉慈. 创新的空间——企业集群与区域发展 [M]. 北京: 北京大学出版社, 2001.

[83] 王缉慈. 产业集群和工业园区发展中的企业邻近与集聚辨析 [J]. 中国软科学, 2005 (12): 91 – 98.

[84] 王鹏, 赵捷. 区域创新环境对创新效率的负面影响研究——基于我国 12 个省份的面板数据 [J]. 暨南学报 (哲学社会科学版), 2011 (5): 40 – 46.

[85] 王玮, 方虹. FDI 与我国高新技术产业集聚关系的实证研究 [J]. 贵州大学学报 (社会科学版), 2008, 26 (1): 97 – 102.

[86] 王晓娟. 知识网络与集群企业创新绩效——浙江黄岩模具产业集群的实证研究 [J]. 科学学研究, 2008, 26 (4): 867, 874 – 879.

[87] 王子龙, 谭清美, 许萧迪. 高技术产业集聚水平测度方法及实证研究 [J]. 科学学研究, 2006, 24 (5): 706 – 714.

[88] 魏洁云, 江可申, 李雪冬. 我国高技术产业研发创新效率及TFP 变动研究 [J]. 技术经济, 2011, 30 (11): 28, 72.

[89] [美] 沃尔特·艾萨德. 区位与空间经济：关于产业区位、市场区、土地利用、贸易和城市结构的一般理论 [M]. 杨开忠等译. 北京：北京大学出版社，2011.

[90] 邬滋. 集聚结构、知识溢出与区域创新绩效——基于空间计量的分析 [J]. 山西财经大学学报，2010，32 (3)：15-22.

[91] 邬爱其，李生校. 从"到哪里学习"转向"向谁学习"——专业知识搜寻战略对新创集群企业创新绩效的影响 [J]. 科学学研究，2011，29 (12)：1906-1913.

[92] 吴敬琏. 发展中国高新技术产业：制度重于技术 [M]. 北京：中国发展出版社，2002.

[93] 吴利学. 中国地区增长收敛研究——基于内生制度变迁增长模型的理论解释与实证分析 [M]. 北京：经济管理出版社，2010.

[94] 吴延兵. R&D 存量、知识函数与生产效率 [J]. 经济学（季刊），2006，5 (4)：1129-1156.

[95] 席艳玲，吉生保. 中国高技术产业集聚程度变动趋势及影响因素——基于新经济地理学的视角 [J]. 中国科技论坛，2012 (10)：51-57.

[96] 肖仁桥，钱丽，陈忠卫. 中国高技术产业创新效率及其影响因素研究 [J]. 管理科学，2012，25 (5)：85-98.

[97] 谢润邦，胡美林. 风险资本的集聚对高新技术产业集群发展的影响分析 [J]. 湖南大学学报（社会科学版），2006，20 (2)：70-73.

[98] 谢子远，鞠芳辉. 产业集群对我国区域创新效率的影响——来自国家高新区的证据 [J]. 科学学与科学技术关系，2011，32 (7)：69-73.

[99] 徐光瑞. 中国高技术产业集聚与产业竞争力——基于 5 大行业的灰色关联分析 [J]. 中国科技论坛，2010 (8)：47-52.

[100] 宣烨，宣思源. 产业集聚、技术创新途径与高新技术企业出

口的实证研究 [J]. 国际贸易问题, 2012 (5): 136 -146.

[101] 薛伟贤, 陈小辉, 张月华. 高技术产业集群模式比较研究 [J]. 科学学与科学技术管理, 2009 (9): 130 -136.

[102] 杨皎平, 金彦龙, 戴万亮. 网络嵌入、学习空间与集群创新绩效: 基于知识管理的视角 [J]. 科学学与科学技术管理, 2012, 33 (6): 51 -59.

[103] 颜克益, 芮明杰, 巫景风. 产业集聚视角下高技术产业创新绩效影响因素研究 [J]. 经济与管理研究, 2010 (12): 57 -67.

[104] 尹伟华. 基于网络 SBM 模型的区域高技术产业技术创新效率评价研究 [J]. 情报杂志, 2012, 31 (5): 94 -98, 127.

[105] 于明超, 申俊喜. 区域异质性与创新效率——基于随机前沿模型的分析 [J]. 中国软科学, 2010 (11): 182 -192.

[106] 虞晓芬, 李正卫, 池仁勇. 我国区域技术创新效率: 现状与原因 [J]. 科学学研究, 2005, 23 (2): 258 -264.

[107] 余泳泽. 我国高技术产业技术创新效率及其影响因素研究 [J]. 经济科学, 2009 (4): 62 -74.

[108] 余泳泽. 创新要素集聚、政府支持与科技创新效率——基于省域数据的空间面板计量分析 [J]. 经济评论, 2011 (2): 93 -101.

[109] 余泳泽, 武鹏. 我国高技术产业研发效率空间相关性及其影响因素分析——基于省际面板数据的研究 [J]. 2010, 9 (3): 71 -86.

[110] 余泳泽, 周茂华. 制度环境、政府支持与高技术产业研发效率差异分析 [J]. 财经论丛, 2010 (5): 1 -5.

[111] 袁红林. 高科技企业集群的动因——基于企业知识观的视角 [J]. 江西财经大学学报, 2006 (6): 9 -11.

[112] [美] 约瑟夫·A. 熊彼特. 经济发展理论: 对利润、资本、信贷、利息和经济周期的探究 [M]. 叶华译. 北京: 中国社会科学出版社, 2009.

[113] 岳书敬, 刘朝明. 人力资本与区域全要素生产率分析 [J].

经济研究，2006（4）：90 - 96，127.

[114] 岳书敬. 中国区域研发效率差异及其影响因素——基于省级区域面板数据的经验研究 [J]. 科研管理，2008，29（5）：173 - 179.

[115] 张长征，黄德春，马昭洁. 产业集聚与产业创新效率：金融市场的联结和推动——以高新技术产业集聚和创新为例 [J]. 产业经济研究，2012（6）：17 - 25.

[116] 张明倩. 中国产业集聚现象统计模型及应用研究 [M]. 北京：中国标准出版社，2007.

[117] 张铁山，赵光. 集群对高技术企业创新能力的影响分析 [J]. 中国科技论坛，2009（1）：31 - 35.

[118] 张晓峒. 应用数量经济学 [M]. 北京：机械工业出版社，2009.

[119] 张昕，李廉水. 制造业集聚、知识溢出与区域创新绩效——以我国医药、电子及通信设备制造业为例的实证研究 [J]. 数量经济技术经济研究，2007（8）：35 - 43，89.

[120] 张秀武，胡日东. 区域高技术产业创新驱动力分析——基于产业集群的视角 [J]. 财经研究，2008，34（4）：37 - 49.

[121] 张宇. FDI、产业集聚与产业技术进步——基于中国制造行业数据的实证检验 [J]. 财经研究，2008，34（1）：72 - 82.

[122] 张元智. 高科技产业开发区集聚效应与区域竞争优势 [J]. 中国科技论坛，2001（3）：20 - 23.

[123] 赵玉林，魏芳. 基于熵指数和行业集中度的我国高技术产业集聚度研究 [J]. 科学学与科学技术管理，2008（11）：122 - 126，180.

[124] 郑华良. 地理搜寻对集群企业创新绩效的影响：吸收能力的调节作用 [J]. 科学学与科学技术管理，2012，33（5）：46 - 55.

[125] 郑坚. 高技术产业技术创新效率评价的改进 DEA 方法研究 [D]. 哈尔滨：哈尔滨工业大学，2008.

[126] 中国科技发展战略研究小组. 中国区域创新能力报告

（2002）［M］. 经济管理出版社，2003.

［127］周国红，陆立军. 非正式网络学习对集群企业创新绩效的影响程度研究——基于1184家集群企业问卷调查与分析［J］. 科学学与科学技术管理，2009（2）：74 – 77.

［128］周立群，邓路. 企业所有权性质与研发效率——基于随机前沿函数的高技术产业实证研究［J］. 当代经济科学，2009，31（4）：70 – 75.

［129］周明，李宗植. 基于产业集聚的高技术产业创新能力研究［J］. 科研管理，2011，32（1）：15 – 21，28.

［130］朱平芳，徐伟明. 政府的科技激励政策对大中型工业企业R&D投入及其专利产出的影响——上海市的实证研究［J］. 经济研究，2003（6）：45 – 53.

［131］朱有为，徐康宁. 中国高技术产业研发效率的实证研究［J］. 中国工业经济，2006（11）：38 – 45.

［132］庄卫民，龚仰军. 产业技术创新［M］. 上海：东方出版中心，2005.

［133］庄小将. 知识溢出支撑集群企业创新跨越研究［J］. 技术经济与管理研究，2012（2）：31 – 34.

英文参考文献：

［1］Ackley G. . Spatial Competition in a Discontinuous Market［J］. Quarterly Journal of Economics，1942，56（2）：212 – 230.

［2］Acs Z. J. ，Audretsch D. B. ，Feldman M. P. . R&D Spillovers and Recipient Firm Size［J］. The Review of Economics and Statistics，1994，76（2）：336 – 340.

［3］Aigner G. ，Lovell C. A. K. ，Schmidt P. . Formulation and Estimation of Stochastic Frontier Production Function Models［J］. Journal of Econometrics，1977，6（1）：21 – 37.

［4］Akira Goto and Kazuyuki Suzuki. R&D Capital，Rate of Return on R&D Investment and Spillover of R&D in Japanese Manufacturing Industries [J]. The Review of Economics and Statistics, 1989, 71 (4): 555 – 564.

[5] Amiti M.. New Trade Theories and Industrial Location in the EU: A Survey of Evidence [J]. Oxford Review of Economic Policy, 1998, 14 (2): 45 – 53.

[6] Anselin L.. Local Indicators of Spatial Association—LISA [J]. Geographical Analysis, 1995, 27 (2): 93 – 115.

[7] Asheim B. , Isaksen A.. Regional innovation systems: the integration of local 'sticky' and global 'ubiquitous' knowledge [J]. Journal of Technology Transfer, 2002, 27 (1): 77 – 86.

[8] Audretsch D. B. , Feldman M. P.. R&D Spillovers and the Geography of Innovation and Production [J]. The American Economic Review, 1996, 86 (3): 630 – 640.

[9] Baldwin R. E.. Agglomeration and Endogeous Capital [J]. European Economic Review, 1999, 43 (2): 253 – 280.

[10] Baldwin R. E. , Ottaviano G. I. P. , Forslid R.. Economic Geography and Public Policy [M] . Princeton N. J. : Princeton University Press, 2003.

[11] Barell R. , Pain N.. Foreign Direct Investment, Technological Change and Economic Growth within Europe [J]. The Economic Journal, 1997, 107 (445): 1770 – 1786.

[12] Barro R. J. , Sala-i-Martin X.. Convergence [J]. Journal of Political Economy, 1992, 100 (2): 223 – 251.

[13] Battese G. E. , Coelli T. J.. Frontier Production Functions, Technical Efficiency and Panel Data: With Application to Paddy Farmers in India [J]. Journal of Productivity Analysis, 1992, 3 (1 – 2): 153 – 169.

[14] Battese G. E. , Coelli T. J.. A Model for Technical Inefficiency

Effects in A Stochastic Frontier Production Function for Panel Data [J]. Empirical Economics, 1995, 20 (2): 325 –332.

[15] Behrens K.. Agglomeration Without Trade: How Non-Traded Goods Shape the Space-Economy [J]. Journal of Urban Economics, 2004, 55 (1): 68 –92.

[16] Behrens K. , Yasusada Murata. General Equilibrium Models of Monopolistic Competition: A New Approach [J]. Journal of Economic Theory, 2007, 136 (1): 776 –787.

[17] Breitung J.. The Local Power of Some Unit Root Tests for Panel Data. In Baltagi B. H. , Fomby T. B. , Hill R. C. , eds. Nonstationary Panels, Panel Cointegration and Dynamic Panels, Advances in Econometrics, 2000, 15, Amterdam: Emerald Group Publishing Limited: 161 – 177.

[18] Bertrand J.. Théorie mathématique de la richesse société [J]. Journal des Savants, 1883: 499 –508.

[19] Camagni R. P.. The Concept of Innovative Milieu and Its Relevance for Public Policies in European Lagging Regions [J]. Regional Science, 1995, 74 (4): 317 –340.

[20] Maillat D.. The Innovation Process and the Role of the Milieu [M]. London: Cassel, 1991.

[21] Chamberlin E.. The Theory of Monopolistic Competition: A Re-orientation of The Theory of Value [M]. Cambridge MA: Harvard University Press, 1938, 3rd edition, Appendix C.

[22] Cliff A. D. , Ord K.. Spatial Autocorrelation: A Review of Exiting and New Mearsures with Applications [J]. Economic Georaphy, 1970, 46 (3): 262 –292.

[23] Coe D. T. , Helpman E.. International R&D Spillovers [J]. European Economic Review, 1995, 39 (5): 859 –887.

[24] Cohen W. M. , Levinthal D. A.. Absorptive Capacity: A New Per-

spective on Learning and Innovation [J]. Administrative Science Quarterly, 1990, 35 (1): 128 – 152.

[25] Cooke P.. Regional Innovation Systems: Competitive Regulation in the New Europe [J]. Geoforum, 1992, 23 (3): 365 – 382.

[26] Cooke P., Schienstock G.. Structural Competitiveness and Learning Regions [J]. Enterprise and Innovation Management Studies, 2000, 1 (3): 265 – 280.

[27] Dahl M. S., Pedersen C. Ø. R.. Knowledge Flows Through Informal Contacts in Industrial Clusters: Myth or Reality? [J]. Research Policy, 2004, 33 (10): 1673 – 1686.

[28] DiPasquale D., Glaeser E. L.. Incentives and Social Capital: Are Homeowners Better Citizens? [J]. Journal of Urban Economics, 1999, 45 (2): 354 – 384.

[29] Dixit A. K., Stiglitz J. E.. Monopolistic Competition and Optimum Product Diversity [J]. The American Economic Review, 1977, 67 (3): 297 – 308.

[30] Doloreux D.. What we should know about regional systems of innovation [J]. Technology in Society, 2002, 24 (3): 243 – 263.

[31] Eaton J., Kortum S.. Trade in Ideas Patenting and Productivity in the OECD [J]. Journal of International Economics, 1996, 40 (3 – 4): 251 – 278.

[32] Edgeworth F. Y.. Papers Relating to Political Economy, Vol. 1 [M]. London: Macmillan, 1925: 116 – 126.

[33] Ellision G., Glaeser E. L.. Geographic Concentration in U. S. Manufacturing Industries: A Dartboard Approach [J]. Journal of Political Economy, 1997, 105 (5): 889 – 927.

[34] E. M. Hoover. Location Theory and the Shoe and Leather Industries [M]. Cambridge: Harvard University Press, 1937, Chapter Ⅵ.

［35］ Forslid R. , Ottaviano G. I. P. . An Analytically Solvable Core-Periphery Model ［J］. Journal of Economic Geography, 2003, 3 （3）: 229 - 240.

［36］ Daghfous A. Absorptive Capacity and the Implementation of Knowledge-intensive Best Practices ［J］. SAM Advanced Management Journal, 2004, 69: 21 - 27.

［37］ Glaeser E. L. , Mare D. C. . Cities and Skills ［J］. Journal of Labor Economics, 2001, 19 （2）: 316 - 342.

［38］ Gong B. H. , Sickles R. C. . Finite Sample Evidence on the Performance of Stochastic Frontiers and Data Envelopment Analysis Using Panel Data ［J］. Journal of Econometrics, 1992, 51 （1 - 2）: 259 - 284.

［39］ Granstrand O. . The Economics and Management of Technology Trade: Towards A Prolicensing Era? ［J］. International Journal of Technology Management, 2004, 27 （2 - 3）: 209 - 240.

［40］ Griliches, Z. . R&D and Productivity: The Econometric Evidence ［M］. Chicago: The University of Chicago Press, 1998: 287 - 343.

［41］ Guimaraes P. , Figueiredo O. , Woodward D. . Agglomeration and The Location of Foreign Direct Investment in Portugal ［J］. Journal of Urban Economics, 2000, 47 （1）: 115 - 135.

［42］ Hardi K. . Testing for Stationalrity in Heterogeneous Panel Data ［J］. The Econometrics Journal, 2000, 3 （2）: 148 - 161.

［43］ Hobijn B. , Franses P. H. . Asymptotically Perfect and Relative Convergence of Productivity ［J］. Journal of Applied Econometrics, 2002, 15 （1）: 59 - 81.

［44］ Hotelling H. . Stability in Competition ［J］. The Economic Journal, 1929, 39 （1）, 41 - 57.

［45］ Hotelling H. . Analysis of A Complex of Statistical Variables into Principal Components ［J］. Journal of Educational Psychology, 1933, 24

（6）：417 – 441，498 – 520.

［46］ Hurlin C. . Un test simple de I' hypothèse de non causalité dans un modéle de panel hétérogène ［J］. Revue Economique，2005，56（3）：799 – 809.

［47］ Im K. S. ，Pesaran M. H. ，Shin Y. . Testing for Unit Roots in Heterogeneous Panels ［J］. Journal of Econometrics，2003，115（1）：53 – 74.

［48］ Jacobs J. . The Economy of Cities ［M］. New York：Random House，1970.

［49］ Jaffe A. B. ，Trajtenberg AM. ，Henderson R. . Geographic Localiazation of Knowledge Spillovers as Evidenced by Patent Citations ［J］. Quatertly Journal of Economics，1993，108（3）：577 – 598.

［50］ Jaffe，S. A. . A Price Index For Deflation of Academic R&D Expenditure ［M］. Washington D. C. ：The National Science Foundation，1972.

［51］ Judge G. G. ，W. E. Griffiths，R. C. Hill，H. Lutkepohl，T. C. Lee. The Theory and Practice of Econometrics（2nd edition）［M］. New York：John Wiley，1985.

［52］ Kalirajan K. . An Econometric Analusis of Yield Variability in Paddy Production ［J］. Canadian Journal of Agricutural Economics，1981，29（3）：283 – 294.

［53］ Kao C. . Spurious Regression and Residual – Based Tests for Cointegration in Panel Data ［J］. Journal of Econometrics，1999，90（1）：1 – 44.

［54］ Kodde D. A. ，Palm F. C. . Wald Criteria for Jointly Testing Equality and Inequality Restrictions ［J］. Econometrica，1986，54（5）：1243 – 1248.

［55］ Krugman P. . Geography and Trade ［M］. Cambridge M. A. ：MIT Press，1991.

［56］ Krugman P. . Increasing Returns and Economic Geography ［J］. Journal of Political Economy，1991，99（3）：483 – 499.

[57] Krugman P. , Venables A. J. . Globalization and the Inequality of Nations [J]. Quarterly Journal of Economics, 1995, 110 (4): 857 – 880.

[58] Kumbhakar S. C. . Esitimation of Technical Inefficiency in Panel Data Models with Firm-and time-specific effects [J]. Economics Letters, 1991, 36 (1): 43 – 48.

[59] Lerner A. P. , Singer H. W. . Some Notes on Duopoly and Spatial Competition [J]. Journal of Political Economy, 1937, 45 (2): 145 – 186.

[60] Levin A. , Lin C. F. , Chu C. S. J. . Unit Root Tests in Panel Data: Asymptotic and Finite-Sample Properties [J]. Journal of Econometrics, 2002, 108 (1): 1 – 24.

[61] Love I. , Zicchino L. . Financial Development and Dynamic Investment Behavior: Evidence from Panel VAR [J]. The Quarterly Review of Economics and Finance. 2006, 46 (2): 190 – 210.

[62] Maddala G. S. , Wu S. W. . A Comparative Study of Unit Root Tests with Panel Data and a New Simple Test [J]. Oxford Bulletin of Economics and Statistics, 1999, 61 (S1): 631 – 652.

[63] Masih A. M. M, Masih R. . Energy Consumption, Real Income and Temporal Causality: Results from a Multi-country Study based on Cointegration and Error-correction Modeling Techniques [J]. Energy Economics, 1996, 18 (3): 165 – 183.

[64] Meeus M. , Oerlemans L. , van Dijck J. . Regional Systems of Innovation From within-an Empirical Specification of the Relation between Technological Dynamics and Interaction between Multiple Actor in a Dutch region, ECIS Working Paper, 1999.

[65] Meeusen W. , J. van Den Broeck. Efficiency Estimation From Cobb-Douglas Production Functions With Composed Error [J]. International Economic Review, 1977, 18 (2): 435 – 444.

[66] Ottaviano G. I. P. , Takatoshi Tabuchi, Jacques-Francois

Thisse. Agglomeration and Trade Revisited [J]. International Economic Review, 2002, 43 (2): 409 –435.

[67] Ottaviano G. I. P. , Robert-Nicoud F. . The 'genome' of NEG Models with Vertical Linkages: A Positive and Normative Synthesis [J]. Journal of Economic Geography, 2006, 6 (2): 113 – 139.

[68] Pedroni P. . Critical Values for Cointegration Tests in Hetergeneous Panels with Multiple Regressors [J]. Oxford Bulletin of Economics and Statistics, 1999, 61 (S1): 653 –670.

[69] Pitt M. M. , Lung-Fei Lee. The Mearsurement and Sources of Technical Inefficiency in the Indonesian Weaving Industry [J]. Journal of Development Economics, 1981, 9 (1): 43 –64.

[70] Polanyi M. . Personal Knowledge: Towards a Post-Critical Philosophy [M]. Chicago: University of Chicago Press, 1958.

[71] Quah D. . Galton's Fallacy and Tests of the Convergence Hypothesis [J]. The Scandinavian Journal of Economics, 1993, 95 (4): 427 –443.

[72] Robert-Nicoud F. . A Simple Model of Agglomeration with Vertical Llinkages and Perfect Capital Mobility. . Chapter1 in New Economic Geography: Welfare, Multiple Equilibria and Political Economy [D]. PhD Thesis, London School of Economics, 2002.

[73] Rotemberg J. J. , Saloner G. . Visionaries, Managers and Strategic Direction [J]. The RAND Journal of Economics, 2000, 31 (4): 693 –716.

[74] Sala-i-Martin X. . Cross-sectional Regressions and the Empirics of Economic Growth [J]. European Economic Review, 1994, 38 (3 – 4): 739 –747.

[75] Sala-i-Martin X. . Regional Cohesion: Evidence and Theories of Regional Growth and Convergence [J]. European Economic Review, 1996, 40 (6): 1325 –1352.

[76] Smithies A. . Optimum Location in Spatial Competition [J]. Jour-

nal of Political Economy, 1941, 49 (3): 423 -439.

[77] Storper M. , Venables A. J.. Buzz: Face to Face Contact and the Urban Economy [J]. Journal of Economic Geography, 2004, 4 (4): 351 - 370.

[78] Tobler W. R.. Lattice Tuning [J]. Geographical Analysi, 1979, 11 (1): 36 -44.

[79] Utterback J. M. , Abernathy W. J.. A Dynamic Model of Process and Product Innovation [J]. Omega, 1975, 3 (6): 639 -656.

[80] Waldorf B. S.. Is Human Capital Accumulation A Self-propelling Process? Comparing Educational Attainment Levels of Movers and Stayers [J]. The Annals of Regional Science, 2009, 43 (2): 323 -344.

[81] Wang H. J. , Schmidt P.. One-Step and Two-Step Estimation of the Effects of Exogenous Variables on Technical Efficiency Levels [J]. Journal of Productivity Analysis, 2002, 18 (2): 129 -144.

[82] Wiig H.. The learning region: isntitutions, innovation and regional renewal [J]. Regional Study, 1995, 31 (5): 49 -53.

[83] Yankow J. J.. Why Do Cities Pay More? An Empirical Examination of Some Competing Theories of the Urban Wage Premium [J]. Journal of Urban Economics, 2006, 60 (2): 139 -161.

[84] Zahra S. A. , George G.. Absorptive Capacity: A Review, Reconceptualization and Extension [J]. The Academy of Management Review, 2002, 27 (2): 185 -203.

[85] Stevenson R. E.. Likelihood Functions for Generalised Stochastic Frontier Estimation [J]. Journal of Econometrics, 1980, 13 (1): 57 -66.

[86] Greene W. H.. A Gamma-distributed Stochastic Frontier Model [J]. Journal of Econometrics, 1990, 46 (1 -2): 141 -163.

致　　谢

　　时光荏苒，岁月如梭。转眼间，我已在南开度过了近三年光阴。回首这三年的求学经历，不禁自问，我到底收获了什么？是专业知识的扩充、科研能力的增进，还是人生阅历的丰富、个人心智的成熟？静心想来，应该都有，只是这些成长和进步大都与压力，甚至是苦痛结伴而来，所以，每每回想起，内心总是思绪万千，个中滋味只有自己能最真切、最深刻地体会到。尽管如此，我还是喜爱在南开的生活的，毕竟，阳光总在风雨后，或许，我享受的正是这种"痛并快乐着"的状态。

　　博士论文的构思、写作过程历时两年，融入了自己的所学、所思、所悟，是对自己全部学术思想活动的一次总结。在这一过程中，思路卡壳时的沮丧、不安以及克服困难后的喜悦都无以言表，它们真实地化作一字一句，最终形成这十几万字的"劳动"成果。然而，除去自己的付出和努力之外，论文成稿还离不开老师、同学和家人的巨大支持，对此，我真诚地向他们表示感谢。

　　首先要感谢我的导师王燕教授，从论文选题、写作和成稿都倾注了王老师的大量心血，每当我在论文写作中遇到疑问和困难时，王老师的点拨和启迪总能帮助我打开思路，突破瓶颈。没有王老师的指导、鼓励和支持，我是无法顺利完成毕业论文写作的。此时，对王老师的无私付出还无以回报，唯有在日后的教学和科研工作中，严格要求自己，努力取得出色成绩，才能不辜负导师的昔日恩情！

　　同时还要感谢在博士论文开题报告会中对我的论文选题提出宝贵意见的白雪洁教授、杜传忠教授，感谢老师们对我的指导和帮助。特别是白雪洁教授，在开题后不久，与您的那次沟通交流对我后期的论文写作帮助很大。最后，还要感谢新疆师范大学法经学院马海霞教授，感谢马老师在我博二期间就抛来"橄榄枝"，使我不必受找工作的困扰，从而能更加安心、投入地撰写毕业论文。

此外，还要感谢南开大学城市与区域经济研究所的各位同学，他们在学习、生活上给予我的关怀和帮助，支持着我在这三年离家的日子里能够坚持完成学业。其中，我要特别感谢的是谢蕊蕊、吴蒙、武文凤、陈岑、王小洁、徐宁、席强敏，与你们一起走过的日子让我终生难忘、受益匪浅。

最后，我要感谢我的父母、爱人对我的默默支持，你们是我生活动力的最大源泉，为了你们，我会更好地生活！

徐　妍

2017 年 4 月于南开园